Enciclopédia
do bebê
e da criança

JUDITH S. PALFREY
Escola de Medicina de Harvard,
Hospital Infantil de Boston.

IRVING SCHULMAN
Centro Médico
da Universidade de Stanford.

SAMUEL L. KATZ
Centro Médico
da Universidade de Duke.

MARIA I. NEW
Hospital de Nova York,
Universidade de Cornell.

Enciclopédia
do bebê e da criança

Como acompanhar o desenvolvimento de seu filho até os seis anos,
saber ministrar primeiros socorros
e reconhecer as doenças comuns a esse período da infância

Dados Internacionais de Catalogação na Publicação (CIP)
(Câmara Brasileira do Livro, SP, Brasil)

Enciclopédia do bebê e da criança / Judith S. Palfrey...[et al.]; ilustrações Briar Lee Mitchell; tradução Bárbara Susanne Metzner. – São Paulo: Paulinas, 2003.

Outros autores: Irving Schulman, Samuel L. Katz, Maria I. New
Título original: The Disney Encyclopedia of baby and child care.
ISBN 85-356-0979-2

1. Bebês - Cuidados - Enciclopédias 2. Crianças - Criação 3. Crianças - Cuidados - Enciclopédias 4. Pais e filhos I. Palfrey, Judith S. II. Schulman, Irving. III. Katz, Samuel L.. IV. New, Maria I.. V. Mitchell, Briar Lee.

03-5324   CDD-613.043203

Índice para catálogo sistemático:
1. Bebês e crianças: Cuidados: Promoção da saúde:
Enciclopédias 613.043203
2. Enciclopédias: Bebês e crianças: Cuidados:
Promoção da saúde 613.043203

Título original da obra: *The Disney Encyclopedia of Baby and Child Care*
© 1995 DSH Communications, Inc.
Originalmente publicado por Hyperion
Ilustrações: © 1995 Briar Lee Mitchell

Direção geral: *Flávia Reginatto*
Editora responsável: *Noemi Dariva*
Tradução: *Barbara Susane Metzner*
Copidesque: *Patrícia M. Martins e Cristina L. Paixão*
Adaptações: *Marília Muraro*
Gerente de produção: *Felício Calegaro Neto*
Coordenação de revisão: *Andréia Schweitzer*
Revisão: *Mônica Elaine G. S. da Costa*
Direção de arte: *Irma Cipriani*
Foto capa: *© by ReproLit GmbH*
Produção de arte: *Cristina Nogueira da Silva*
Editoração eletrônica: *Valéria Calegaro Pereira*

Nenhuma parte desta obra poderá ser reproduzida ou transmitida por qualquer forma e/ou quaisquer meios (eletrônico ou mecânico, incluindo fotocópia e gravação) ou arquivada em qualquer sistema ou banco de dados sem permissão escrita da Editora. Direitos reservados.

Paulinas
Rua Pedro de Toledo, 164 – Vila Clementino
04039-000 – São Paulo – SP (Brasil)
Tel.: (11) 2125-3549 – Fax: (11) 2125-3548
http://www.paulinas.org.br – editora@paulinas.org.br
Telemarketing e SAC: 0800-7010081

© Pia Sociedade Filhas de São Paulo – São Paulo, 2003

ALERTA

Este livro está baseado em pesquisas médicas e, de acordo com a opinião abalizada de todos os especialistas envolvidos na edição, seu conteúdo é correto e válido. Contudo, isso não autoriza o leitor a utilizar as informações aqui contidas para substituir dietas prescritas por seu médico ou para usar medicamentos sem a orientação de um profissional especializado.

Sumário

PRIMEIRA PARTE
O desenvolvimento do bebê
e da criança

Do nascimento aos três meses: um começo surpreendente

As famosas primeiras semanas.................................. 12
Características inatas.. 16
Nutrição e higiene... 20
Materiais adequados.. 34
O caminho da saúde e do crescimento........................ 41
Padrões de desenvolvimento...................................... 42
Indícios de problemas... 44
Medidas de segurança... 45

Dos três aos seis meses: descobrindo a vida

Habilidades em desenvolvimento............................... 48
Novas necessidades no dia-a-dia............................... 53
Rotinas importantes.. 61
Cuidados especiais.. 65
Padrões de desenvolvimento...................................... 66

Dos seis aos dez meses: conhecendo o mundo

Treinando novas habilidades...................................... 71
Nutrição, repouso... e muita brincadeira.................... 75

Cuidados especiais.. 81
Padrões de desenvolvimento...................................... 84

Dos dez aos 24 meses: para cima e se espalhando

Como atender à necessidade de brincar...................... 88
Primeiras palavras e primeiros passos........................ 96
Ajustando a rotina do dia-a-dia................................ 102
Padrões de desenvolvimento.................................... 108
Cuidados especiais.. 110

Dos dois aos três anos: seu pequeno decola

Novas habilidades, mais entendimento...................... 114
A vida com um ex-bebê: o mapa da mina.................... 116
O que muda no brincar e na alimentação.................. 120
Cuidados especiais.. 126
Padrões de desenvolvimento.................................... 129
Educação para uso do banheiro................................ 133
Como lidar com os acessos de raiva.......................... 137

Dos três aos cinco anos: novidades e desafios... para todos

Mudanças significativas... 141
Desenvolvimento social, auto-confiança
   e sexualidade... 143
A vida com a criança "independente"........................ 146

A transição da casa para a escola................................ 153

Padrões de desenvolvimento.. 157

Saúde, nutrição e segurança.. 159

Imaginação fértil, medo e indisciplina....................... 165

Dos cinco aos seis anos: emerge o ser social

Os avanços e as fronteiras.. 171

O valor da rotina e do brincar.................................... 172

Saúde e padrões de desenvolvimento......................... 179

Linguagem, magia e sexualidade............................... 181

Prontidão para a escola formal.................................. 184

Problemas de linguagem?... 190

SEGUNDA PARTE
Primeiros socorros a crianças de até seis anos

Procedimentos básicos... 196

Técnicas de primeiros socorros.................................. 198

Engasgo.. 207

Estado de choque... 209

Sangramento.. 214

Hipersensibilidade e anafilaxia.................................. 221

Intoxicação ou envenenamento................................... 223

Convulsões e ataques.. 227

Queimaduras e eletrocussão....................................... 229

Ferimentos ortopédicos... 235

Ferimentos diversos.. 247

TERCEIRA PARTE
Sintomas de doenças comuns na infância

Dor abdominal... 258

Perda de apetite... 260

Problemas de sangramento... 262

Prisão de ventre... 265

Tosse.. 267

Choro... 269

Dor de ouvido.. 271

Febre.. 273

Deficiência de desenvolvimento................................. 279

Dor de cabeça.. 282

Irritabilidade... 283

Prurido... 285

Erupções.. 287

Dor de garganta.. 290

Glânglios inchados.. 292

Vômito.. 294

Primeira parte

O desenvolvimento do bebê e da criança

Do nascimento aos três meses: um começo surpreendente

Que época excitante... e desafiadora! Se este é o primeiro filho, pai e mãe estarão embarcando na realidade de se tornarem responsáveis por um bebê praticamente sem experiência e com milhões de dúvidas. Mas, depois dos primeiros meses, os fundamentos e o ritmo dos cuidados com o bebê já serão a sua segunda natureza. E o mais importante: quer seja este o primeiro ou o quinto filho, logo você, pai ou mãe, estará apto(a) a *conhecer* um ser ímpar que entrou em sua família com um vigoroso grito. A vida irá adiante, enriquecida pela alegria e pelas sempre envolventes experiências da maternidade e da paternidade.

Cada criança se desenvolve em seu próprio ritmo, alcançando alguns estágios mais rapidamente do que a média, e outros, mais devagar. Porém, diferenças individuais à parte, é preciso dizer que os primeiros dois ou três meses de vida constituem um período muito importante, durante o qual os bebês passam por uma transição especial, ou seja, passam da dependência completa da vida intra-uterina para uma vida mais independente no meio externo. Como o organismo do recém-nascido precisa amadurecer, ele estará submetido aos cuidados de um adulto, para todas as suas necessidades, praticamente 24 horas por dia. No final desse período, o vínculo passa a ficar um pouco menos unilateral, à medida que a relação do bebê com as pessoas e com o ambiente começa a tornar-se mais interativa.

Os primeiros meses são um período de grande intimidade entre os pais e o filho, um período de adaptação em que se aprende a reconhecer e responder às necessidades do bebê. Como é uma fase de aprendizado, os pais devem ser pacientes consigo, até mesmo quando as coisas não andarem "de acordo com o livro". O bebê não necessita de uma família perfeita; amor e atenção dos pais lhe bastam. Quanto mais os pais puderem relaxar e desfrutar do recém-nascido, melhor as coisas correrão para todos.

Os primeiros dias e semanas de vida requerem uma apresentação especial entre pai, mãe e bebê. Depois disso, ocorre uma visão mais panorâmica do desenvolvimento da criança e dos cuidados para os primeiros dois meses.

As famosas primeiras semanas

As primeiras semanas com um novo bebê em casa serão emocionantes, cansativas e de absoluta novidade. Nada poderá preparar os pais completamente para as mudanças, principalmente se forem "marinheiros de primeira viagem". Afinal de contas, esse bebê tem um temperamento peculiar, exclusivo, e demonstra predileções — mas, como tudo é novidade, haverá alguma aflição e ocasionais erros à medida que começarem a se conhecer. (Veja "Adotando a mamadeira" à página 21.)

Até que o bebê estabeleça padrões definidos de alimentação e sono, a vida de seus pais poderá parecer bastante caótica. Muitas coisas acontecem durante esse período de adaptação e tanto a mãe como o pai freqüentemente se preocupam em estar fazendo tudo certo. Se você acha que está precisando de aconselhamento, não hesite em procurar o pediatra para se tranqüilizar.

Os bebês têm índoles diferentes — alguns são fáceis, outros mais difíceis. Se você tiver um bebê calmo e tranqüilo, a adaptação será mais simples. Se, por outro lado, seu bebê estiver passando por um período duro de ajustamento fora do útero, essa fase poderá parecer a doma de um animal bravio — o que é perfeitamente normal.

Quer seu bebê seja fácil, difícil, ou se situe em algum ponto entre os dois termos, familiares e amigos podem ser de grande ajuda durante as primeiras semanas. Se pessoas próximas a você estiverem vindo para ajudar, não hesite em lhes dizer do que está precisando. Assegure-se, no entanto, de confiar em seu próprio bom senso quando for cuidar do recém-nascido. Amigos bem-intencionados e familiares podem oferecer conselhos a respeito de tudo, desde alimentação até posições para dormir ou roupas apropriadas. Embora essa sabedoria popular seja válida, grande parte dela está ligada a conhecimentos errôneos, desatualizados ou simplesmente sem valor para os pais e o bebê. Em vez de seguir os conselhos, procure tornar-se sensível às "dicas" *do seu bebê* — sabendo, está claro, que você terá de atravessar um período de inquietude e de erros antes de descobrir o que realmente dá certo.

O aspecto do recém-nascido

Ao olhar para o seu bebê, há algumas coisas importantes para observar. Veja a seguir.

O CORDÃO UMBILICAL. O coto umbilical deve secar e cair espontaneamente no prazo de dez dias a algumas semanas. Não tente apressar o processo natural. Uma enfermeira pode lhe mostrar como fazer uma limpeza cuidadosa em volta do cordão, com cotonete e álcool. Para proteger o

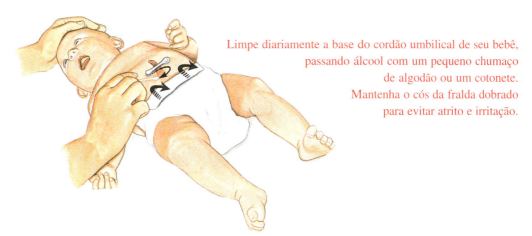

Limpe diariamente a base do cordão umbilical de seu bebê, passando álcool com um pequeno chumaço de algodão ou um cotonete. Mantenha o cós da fralda dobrado para evitar atrito e irritação.

coto de atrito, corte a fralda na altura da cintura e dobre, de maneira que a frente fique abaixo do coto, ou use fraldas para recém-nascidos que tenham um orifício na frente. Chame o médico se o coto sangrar mais do que um pouco ou se a pele em volta ficar vermelha e edemaciada, denotando infecção grave.

COLORAÇÃO DA PELE. Ao nascer, normalmente as crianças são recobertas por uma substância acinzentada chamada VÉRNIX. Alguns bebês também têm tufos de pêlos no corpo (mais freqüentemente nas costas ou nos ombros), que podem permanecer em torno de uma semana. A pele sadia de um recém-nascido pode ser manchada e rósea, ou matizada, devido à circulação sangüínea que ainda é um pouco lenta. Muitos recém-nascidos são também enrugados. Alguns têm pele seca e descamante.

A pele dos recém-nascidos com freqüência tem tom amarelado durante os primeiros dias de vida. Essa coloração é chamada de ICTERÍCIA e é causada pelo desdobramento de glóbulos vermelhos (BILIRRUBINA). Geralmente o organismo do bebê se encarrega de remover a substância naturalmente, e não existe motivo para preocupação. Se o bebê estiver muito ictérico, seu médico poderá pedir exames de sangue para determinar os níveis de bilirrubina. Se os níveis estiverem altos, o bebê pode ser colocado em banho de luz ultravioleta por um ou mais dias, para acelerar a remoção da bilirrubina do organismo.

SINAIS DE NASCENÇA. Os sinais encontrados com freqüência em recém-nascidos têm nomes curiosos, como "bicada de cegonha" (pontos rosados no pescoço, cabeça ou face), "morango" (manchas salientes vermelho-escuras) ou "manchas mongóis" (áreas de pigmentação azulada, geralmente nas costas ou nas nádegas de bebês de pele escura). Em geral, essas manchas desaparecem durante a primeira infância. Seu bebê pode ter uma pequena bolha ou calosidade por chupar o polegar ou a mão durante a permanência no útero. A face pode apresentar equimoses ou inchaço por causa de uma passagem acidentada pelo canal do parto. Dentro de poucos dias as manchas devem desaparecer, mas pode levar um pouco mais de tempo para a cabeça do bebê alcançar uma forma normal, simétrica.

Alguns sinais de nascença podem permanecer, embora, nessa fase, provavelmente seja cedo demais predizer quais ficarão. Mas esclareça com o seu médico sobre quaisquer manchas que preocupem você.

Do nascimento aos três meses: um começo surpreendente

CABEÇA. A cabeça de um bebê constitui cerca de um quarto de todo o seu comprimento — proporção muito superior à do adulto. Apesar de seu tamanho, a cabeça parece frágil, em parte por causa de regiões moles (FONTANELAS) no alto, nas quais os ossos cranianos ainda não se soldaram. Nas fontanelas ou "moleiras" você pode perceber a pulsação de seu bebê. Essas partes são recobertas por uma membrana resistente que protege o cérebro, por isso é perfeitamente seguro lavar a cabeça do bebê.

Como os recém-nascidos não conseguem sustentar a própria cabeça, você precisa apoiar a parte posterior do crânio de seu bebê e a nuca quando for levantá-lo. Entretanto, não há motivo para susto se a cabeça dele cair para a frente ou para o lado quando estiver no assento do carro, num balanço ou num carregador.

ÓRGÃOS SEXUAIS E SEIOS. Uma dose pesada de hormônios maternos durante o nascimento pode fazer os seios e os órgãos genitais parecerem um tanto grandes e inchados em crianças de ambos os sexos. As meninas podem até mesmo apresentar um discreto sangramento vaginal. Isso é normal e logo cede.

As primeiras refeições

Amamentar é o melhor método de alimentação, embora um recém-nascido também possa ficar bem alimentado com fórmulas lácteas apropriadas. Caso seu filho possa ser alimentado ao seio, é importante que mãe e filho tenham um bom começo. (Veja "Os fundamentos da amamentação" à página 22.) E quanto mais cedo começarem, melhor.

O leite materno produzido nos primeiros dias é uma substância rala e aquosa chamada "colostro". No passado se pensava que esse leite inicial não era suficientemente nutritivo. Hoje, sabemos que é o contrário: a natureza destinou esse tipo de alimento ao recém-nascido para que ele tenha um perfeito equilíbrio de líquidos e nutrientes, e para que receba imunidade protetora. Os bebês não têm necessidade de muito alimento durante os primeiros dias, mas precisam de água e, se possível, dos anticorpos do sistema imunológico da mãe, que apenas a amamentação pode fornecer. Depois de alguns dias surge o leite normal do seio, trazendo os nutrientes de que o bebê necessita para crescer e se desenvolver.

Quer o bebê seja alimentado ao seio ou com a mamadeira (ou utilize uma combinação dos dois), esse período será mais fácil se os pais deixarem seu filho determinar quando ele quer mamar. Em geral os recém-nascidos precisam mamar ao seio ou ter uma mamadeira a cada poucas horas, mas alguns podem ter fome com mais freqüência.

Mãe: se o hospital permitir, mantenha o bebê com você, no quarto, o mais possível. (Esse procedimento, hoje em dia, é considerado uma rotina saudável para bebês e mães, em muitos hospitais.) Dessa forma, você poderá oferecer alimento mais de acordo com o horário fisiológico de seu bebê do que na enfermaria. Se a rotina hospitalar interferir no seu propósito de amamentar, notifique o médico ou a enfermeira chefe.

Enciclopédia do bebê e da criança

Nos casos em que a alimentação tem de ser feita por mamadeira, será preciso usar bicos especiais (ou fazer um pequeno orifício com uma agulha em um bico inteiriço), porque as perfurações padronizadas são muito grandes para os recém-nascidos.

Uma vez em casa, o tempo se encarrega de criar uma rotina de mamadas. Durante esse período, é importante os pais se lembrarem que nem todo choro é de fome: cansaço, mal-estar e excitação também fazem o recém-nascido chorar. Por outro lado, recusar alimento ao bebê antes de um determinado prazo — digamos, três horas — pode deixar tanto os pais quanto ele irritados e exaustos.

Na alimentação ao seio, a chave para sessões de mamadas bem-sucedidas é deixar o bebê marcar o compasso. Você, mãe, entrará num ritmo agradável, no qual entenderá os indícios do bebê que revelam disposição para mamar e satisfação da fome. Contudo, quando começar a amamentar, é natural que tanto você quanto o bebê estejam um tanto desajeitados, até estabelecerem uma rotina. Uma diretriz útil é oferecer cada um dos seios durante cinco minutos. Com o tempo, você desenvolverá uma noção nítida sobre quando e durante quanto tempo seu bebê está disposto a mamar. (Veja mais em "Fundamentos da alimentação por mamadeira" à página 26.)

Bebês saudáveis ganham peso rapidamente — mas não de imediato. Na verdade, seu bebê pode perder peso (principalmente na forma de líquidos) durante a primeira semana, e não recuperá-lo antes da segunda semana. Mães lactantes podem ficar particularmente receosas de que seus bebês não estejam recebendo bastante alimento, uma vez que não podem avaliar quanto leite ele ingere em cada mamada. Se o bebê mamar com regularidade e parecer razoavelmente satisfeito, então é provável que esteja recebendo leite suficiente. O melhor indicador é a verificação do crescimento do bebê em avaliação rotineira com o pediatra. Se o crescimento estiver normal, a ingestão de alimento está satisfatória. O bebê também deve apresentar evacuações diárias, bem como seis a oito fraldas molhadas por dia.

Cuidados com o recém-nascido

Profissionais especializados podem dar aos pais uma boa orientação sobre alimentação, banho e trocas do bebê. É provável que os alertem, também, para indícios de problemas que requeiram chamar o pediatra. Se os pais ainda não tiverem escolhido um pediatra, este é o momento para encontrar um bem qualificado, com consultório de fácil acesso e com quem tenham empatia. Será bom se no consultório do pediatra escolhido existir um "horário para telefonemas", durante o qual os pais possam fazer perguntas. Freqüentemente o exame do bebê é agendado para duas semanas depois do parto, mas os pais poderão precisar dele antes, principalmente se surgirem problemas.

Em casa, os pais descobrirão, rapidamente, a melhor maneira de deixar o bebê à vontade e feliz. Os bebês diferem muito em seus desejos e aversões, bem como em seu modo de ser e em seu ritmo fisiológico — por exemplo, nos ciclos de sono e nos horários de eliminação. Logo o

Do nascimento aos três meses: um começo surpreendente

padrão peculiar de comportamento de seu bebê irá se tornar óbvio. Mãe e pai, à sua maneira, descobrirão que o calor específico do seu bebê, seu cheiro de recém-nascido e os movimentos suaves despertam os seus próprios padrões de cuidados, que capacitarão os dois a suprir as necessidades peculiares daquele filho.

Intervalo para os pais

Pais de primeira viagem às vezes hesitam em reservar um tempo para si durante as primeiras — e intensivas — semanas, mas devem tentar fazê-lo. Para as mulheres que se tornaram mães após longos meses de gestação, as semanas depois do parto significam mais do que apenas recuperação física: alterações de humor, crises de choro e sentimentos de tristeza são freqüentes. As mudanças nos níveis hormonais após a gravidez são, pelo menos em parte, responsáveis por essas alterações. No entanto, se a mãe ficar muito introspectiva ou com uma depressão persistente nas semanas seguintes ao parto, deve ser levada ao médico.

De início, a maioria dos pais certamente ansiará por um pouco de sono ininterrupto. Podem se revezar e tentar um cochilo enquanto o bebê dorme. Todo o trabalho doméstico não essencial deve ser negligenciado por ora, ou então, amigos, familiares ou vizinhos podem dar uma mão.

Caso as exigências do recém-nascido estejam exaurindo você, consiga pequenas interrupções, ainda que seja só uma volta pelo quarteirão ou um demorado e relaxante banho quente. E, se você estiver enfrentando problemas graves, sobretudo se seu bebê tiver algum problema de saúde, considere contratar o serviço de uma enfermeira especializada em bebês ou de uma doméstica que dê conta de todas as tarefas do lar.

A cada dia que passa, o recém-nascido se desenvolve mais, vai ficando forte e sofre mudanças, aparentes ou não, que por certo se tornam o fascínio de pais, avós e amigos. O trecho a seguir detalha as grandes mudanças que pai e mãe podem aguardar durante os primeiros meses de vida de seu filho.

Características inatas

Os pais muitas vezes se perguntam o quanto seus recém-nascidos conseguem perceber e entender do ambiente que os cerca. A resposta é que todos os sentidos estão ativos desde o nascimento (e talvez até antes), mas o enfoque e a sensibilidade são diferentes em relação a crianças maiores e a adultos.

Os recém-nascidos chegam ao mundo com pouca experiência além da que adquiriram no ventre materno. Conhecer o ambiente externo implica uma lenta evolução à medida que suas habilidades se desenvolvem. Logo após o nascimento, parece que tudo o que o bebê faz é comer, dormir e ficar deitado no berço, às vezes olhando em volta de maneira vaga. No entanto, ele está começando a colher informações sobre texturas, odores, formas, sons e sabores de um universo repleto de estímulos.

Enciclopédia do bebê e da criança

Os recém-nascidos têm algumas aptidões especiais — e limitações — que os distinguem de bebês e de crianças maiores. Sob o ponto de vista neurológico, eles estão ainda em processo de maturação, uma vez que muitas terminações nervosas estão reservadas à função do aprendizado e das experiências dos primeiros meses de vida.

Nos primeiros estágios, a maioria dos sistemas orgânicos do bebê ainda está se adaptando à vida extra-uterina. Manter a temperatura corporal, metabolizar os alimentos e crescer são as principais tarefas dele, nesse momento. De fato, durante os primeiros seis meses de vida, o bebê duplicará ou triplicará seu peso. É claro que em nenhuma outra época da vida existe um crescimento tão rápido.

Os sentidos de seu bebê: todos os sistemas funcionam

Os recém-nascidos podem enxergar quando nascem, e os outros sentidos, do paladar, do olfato e da audição, estão em ordem para trabalhar igualmente bem. Na realidade, o olfato do bebê é muito mais sensível do que o do adulto, e parte de seu comportamento é dirigido por sua habilidade em distinguir cheiros. Mas, de todos os sentidos, o tato é o mais apurado, desde o início da vida. Veja, a seguir, um resumo do universo sensorial do recém-nascido.

Visão

Os bebês conseguem focar objetos próximos a uma distância de 20 cm mais ou menos — exatamente a distância entre as faces da mãe e da criança durante a amamentação. Gostam de cores fortes e padrões bem contrastantes, porém, mais que tudo, adoram olhar rosto, principalmente os de seus pais. Em mais ou menos um mês, tornaram-se capazes de seguir o movimento de objetos com os olhos e de reconhecer a face da mãe e do pai, ou da pessoa que vê com mais constância. Às vezes, pode parecer que o bebê imita a expressão facial dos adultos. Mas a maioria dessas expressões é aleatória; o assim chamado *sorriso social,* que indica consciência de reciprocidade entre a criança e seus pais, não aparece antes do terceiro mês de vida.

Dê algo para seu bebê olhar, como um móbile pendurado no berço ou um desenho expressivo, colorido ou não, pendurado em proximidade segura. Os olhos dele parecem não seguir uma única linha de visão (e, às vezes, parecem estar cruzados), mas a coordenação ocular correta se desenvolve nestes primeiros meses.

Audição

Existe uma boa justificativa para a antiga tradição das canções de ninar: os bebês são sensíveis a vozes acalentadoras, principalmente às dos pais. Bebês com uma semana de vida reconhecem e voltam-se para a direção da voz da mãe. Gostam também de carícias, de sons rítmicos e de alguns sons inusitados, como o do motor de carro. (Veja "Choro, consolo... e cólicas" à página 43 e "Cólicas: a tristeza do recém-nascido" à página 45.) Os bebês se sobressaltam

Do nascimento aos três meses: um começo surpreendente

com ruídos fortes, apesar de conseguirem dormir tranqüilamente durante a algazarra doméstica do dia-a-dia, pelo menos durante as primeiras semanas.

Caso seu bebê pareça não reagir a ruídos, avise o médico prontamente. Qualquer situação de surdez, mesmo nessa idade, pode excluir importantes informações que um dia ajudarão o bebê a falar.

Paladar e olfato

Os bebês têm um olfato apurado. Os amamentados ao seio provavelmente reconhecem o odor característico do leite de sua mãe. Preferem sabores doces a salgados, mas o paladar deles nem sempre é como o dos adultos. Em pesquisa feita com bebês amamentados ao seio, aqueles cujas mães comeram alho (e assim produziam leite cheirando a alho) mamaram mais do que aqueles aos quais faltava esse aroma intenso!

Tato

Os bebês reagem a carinho, cadência, calor e movimentos suaves. No entanto, eles diferem muito entre si quanto a outros estímulos táteis. Enquanto um bebê pode gostar de um banho ou de movimentos fortes de sobe-e-desce, outro pode achá-los assustadores. A maioria dos bebês parece gostar de ser embrulhada ou "enfaixada". Freqüentemente, é possível acalmar um bebê agitado tocando de leve em seu rosto e em suas costas.

Reflexos: programação para sobreviver

Os bebês nascem com capacidade para executar determinados atos instintivos ou movimentos reflexos. Alguns desaparecem e nunca mais voltam; outros permanecem durante a vida; alguns diminuem e reaparecem mais tarde, quando o momento for propício para desenvolver novas habilidades. Veja, a seguir, quais são os principais reflexos.

Sucção, deglutição e rotação

Os bebês precisam *sugar*, não apenas para se nutrir, mas também para se sentirem confortáveis. Sabem *deglutir* desde o útero, pois engolem o líquido amniótico que os circunda; alguns até chupam seus polegares. Quando recém-nascidos, sabem procurar por comida, pelo menos dentro dos limites do universo infanto-maternal, graças ao *reflexo de rotação*: se você acariciar a face do bebê levemente, ele se vira para o lado, com os lábios abertos para sugar. Na fase em que o bebê aprende a se alimentar por iniciativa própria, esse reflexo diminui.

Preensão

É surpreendente sentir como é firme o aperto dos pequeninos dedos de um recém-nascido. Essa força — suficiente para sustentar o peso do próprio bebê — pode ser um retrocesso evolutivo ao tempo em que nossos ancestrais primatas tinham de se agarrar ao corpo de suas mães. A intensidade desse reflexo vai enfraquecendo à medida que a primeira infância se desenvolve.

Enciclopédia do bebê e da criança

Se você colocar seu dedo na mão de um recém-nascido, ele é capaz de agarrá-lo, mas alcançá-lo e apreendê-lo é uma ação mais complicada. Um bebê de três meses pode bater com força em um brinquedo distante poucos centímetros de sua face, mas a seqüência coordenada de avaliar a distância correta, pegar e largar acontece somente alguns meses mais tarde.

Marcha automática

Uma criança pequena, erguida para ficar ereta, faz movimentos com os pés e as pernas que parecem passos. Esse reflexo de marcha desaparece dentro de poucos meses, para ceder lugar às fases normais de engatinhar e andar.

Abraçamento

Um bebê que é assustado ou movido de repente, como se fosse cair, atira braços e pernas para fora e, em seguida, os fecha de volta junto ao corpo, lentamente, numa espécie de abraço. Esse gesto, chamado *reflexo de Moro*, desaparece em torno do quinto ou sexto mês de vida. Se seu bebê apresentar esse reflexo com freqüência, pode significar que sua forma de lidar com ele está sendo brusca demais.

A linguagem do corpo

Depois do nascimento, as diversas áreas do cérebro se desenvolvem em ritmos diferentes. Como resultado, a habilidade motora amadurece primeiro para movimento da cabeça e do pescoço, e, depois, progride para as partes debaixo do corpo.

Um recém-nascido pode ficar deitado de costas ou de bruços, com a cabeça virada para o lado. Muitos bebês são capazes de erguer por um tempo a cabeça enquanto deitados de bruços, já em torno do primeiro mês. No segundo mês, podem levantar a cabeça durante mais tempo e, quando mantidos erguidos, apresentam os primeiros sinais inseguros de controle da cabeça. Perto dos três meses, eles podem sentar apoiados no colo, cabeça erguida, durante alguns minutos de cada vez.

O controle das mãos chega mais lentamente. Seu bebê provavelmente irá fazer caretas e sugar os próprios punhos e dedos desde o nascimento. É típico dos recém-nascidos manter os punhos cerrados enquanto dormem. Em torno da quarta semana, contudo, as posições de sono e de vigília de seu bebê parecerão um pouco mais com as de adultos, com as mãos levemente fechadas ou abertas. Por volta do segundo mês, a fase mais forte e reflexa de preensão dos dedos começa a ficar sob controle voluntário. E, por fim, aos três meses, seu bebê já estará apto a agitar os braços, bater nas coisas e fazer uso mais intencional de suas mãos.

O controle voluntário do corpo e das pernas (exceto chutes livres e soquinhos) se desenvolve mais tardiamente. Mas não se acomode a essas limitações de movimento. Aos dois meses (ou, às vezes, até antes), muitos bebês conseguem se virar, e com isso arriscam uma queda da cama ou da cômoda de trocar. Por segurança, acostume-se a usar obstáculos ou uma grade de proteção desde o início.

Do nascimento aos três meses: um começo surpreendente

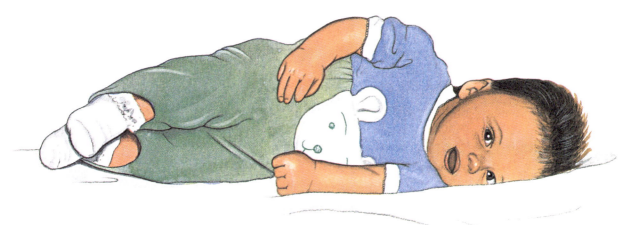

Por volta dos dois meses de idade, muitos bebês têm força e coordenação suficientes para se virar da posição de lado para as costas.

A linguagem do corpo torna-se mais sensível e complexa durante o segundo ou terceiro mês, quando o bebê começa a explorar a si mesmo, os pais e o ambiente mais próximo. Escutar e olhar são acrescidos de procurar, alcançar, bater, mexer-se, rolar e fazer bolhas com a saliva. Mesmo o choro de seu bebê torna-se uma reação mais diversificada.

Nutrição e higiene

Após as primeiras semanas, os familiares e o novo bebê começarão a se adaptar a uma rotina diária de várias maneiras. Não será preciso seguir um esquema de horário fixo, mas convém manter um padrão razoavelmente regular de alimentação, sono e cuidados, para poder suprir as necessidades do bebê dentro do contexto da atividade diária doméstica. Tanto quanto possível, a família deve adaptar-se ao ritmo próprio daquele bebê, bem como a suas preferências, em vez de tentar impor esquemas. Por exemplo, se ele tiver um período espontâneo de vigília entre as 6 e 8 horas da manhã (quando todos prefeririam estar dormindo), a melhor atitude será alguém ficar acordado — repondo o sono com um cochilo, se possível durante a manhã.

Enciclopédia do bebê e da criança

A facilidade com que o bebê se enquadra a uma rotina depende muito do temperamento dele. Muitos pais se culpam por terem bebês irritadiços ou difíceis. Antigamente, vários especialistas em cuidado de bebês fizeram o mesmo, afirmando que pais tensos deixavam os filhos ansiosos. Mas o contrário provavelmente é verdadeiro: bebês difíceis de agradar por natureza ou por traumas ao nascer deixam pai e mãe tensos.

Se o seu bebê continuar irritado depois que você tiver feito de tudo para acalmá-lo, é possível que a culpa não seja sua. Faça o melhor que puder e tente conservar o bom humor. Se o bebê repetir esse comportamento constantemente e você nunca conseguir acalmá-lo, fale com o pediatra.

Alimentação

Na amamentação, enquanto o reflexo de rotação do recém-nascido e a produção de leite materno são atividades instintivas, outros aspectos levam tempo para serem dominados, tanto pela mãe como pelo filho. As primeiras tentativas do bebê para mamar parecerão desajeitadas e descoordenadas, até que a capacidade de apreender o mamilo, respirar e deglutir (mais ou menos ao mesmo tempo) fiquem perfeitas. Após seis semanas, aproximadamente, o bebê terá mais prática, agilizando as mamadas e fazendo a parte dele com mais eficiência.

ADOTANDO A MAMADEIRA

Situações diversas podem impossibilitar a um bebê recém-chegado ao mundo ser alimentado ao seio de sua mãe biológica. Por exemplo, quando a mãe está com uma doença contagiosa ou ingerindo medicamentos que passam para o bebê pelo leite materno, a solução é recorrer às mamadeiras, seja com fórmulas lácteas apropriadas ou com leite fornecido por outras mães ou por um banco de leite materno. Também há os casos em que a mãe falece no parto e o pai, junto a seus familiares, encarrega-se de criar o filho, alimentando-o com mamadeiras prescritas pelo pediatra.

Hoje em dia, por conflitos armados, violência urbana ou miséria social, há inúmeros casos de bebês sem família nenhuma ou abandonados ao nascer. Paralelamente, vem crescendo o interesse de casais, com problemas de fertilidade ou não, e mesmo de mulheres ou homens sós, que se tornam pai e/ou mãe por amor e solidariedade social. Nesses casos, a hora da mamadeira adquire um valor inestimável de recuperação física e emocional das turbulências pelas quais o bebê passou até ser adotado.

Seja qual for o estado de saúde do seu bebê ou as circunstâncias em que foi adotado, o principal é que, toda vez que for dar mamadeira a seu filho, você procure transmitir a mesma intimidade, o mesmo aconchego e o mesmo carinho que lhe dispensaria se fosse sua mãe biológica alimentando ao seio um filho muito desejado. Serão os momentos especiais de ambos se sentirem mais próximos e se conhecerem melhor.

As principais marcas de leite infantil são similares e você pode confiar que as fórmulas são elaboradas para suprir as necessidades nutricionais do seu filho. Mas não se esqueça de que um bebê nunca é igual a outro e que o apetite pode variar de acordo com a mamada e com o dia. Nunca force seu filho a mamar e continue alimentando-o enquanto ele demonstrar querer. No mais, siga a orientação do pediatra.

Do nascimento aos três meses: um começo surpreendente

21

OS FUNDAMENTOS DA AMAMENTAÇÃO

Mãe biológica: dar de mamar ao seio é a maneira mais natural de alimentar o seu filho, mas isso não significa que a técnica surja naturalmente para todas as duplas mãe-bebê. Na verdade, pode levar algumas semanas até se estabelecer, e alguns meses para se tornar uma prática perfeita.

Contratempos iniciais são mais freqüentes com primogênitos, com mães que estão sob tensão ou com medo (o que pode dificultar a apojadura ou descida do leite) e mães com pele delicada, que podem ter uma irritação maior nos mamilos.

Existem diversas fontes de ajuda para as mães que se iniciam na arte de amamentar. Se você tiver poucas mães, entre amigas ou familiares, com experiência em amamentação, procure na sua comunidade grupos de ajuda especializados no assunto. Peça referências a seu médico ou no hospital. Mesmo que você não tenha iniciado a amamentação imediatamente após o parto, com orientação especializada será possível recuperar a lactação.

O tempo pelo qual você irá amamentar é uma decisão tão pessoal quanto a decisão de amamentar ou não. O ideal é que o aleitamento materno continue pelo menos durante os primeiros três meses — período-chave para reforçar o sistema imunológico do bebê com os anticorpos da mãe e possivelmente reduzir a probabilidade de ocorrerem alergias alimentares ou de outro tipo, principalmente em famílias com história familiar de problemas alérgicos.

Caso você precise voltar ao trabalho ou se por algum motivo achar que a amamentação não lhe convém, seu bebê irá se desenvolver com uma fórmula láctea adequada e devidamente selecionada. Mas, se você e seu bebê tiverem prazer na amamentação, não existe motivo para suspendê-la por completo antes que seu filhote tenha no mínimo um ano de idade ou até mais.

Quando você resolver desmamar, peça aconselhamento específico a seu médico para fazer a mudança para outros tipos de leite. Os seios funcionam em sistema de oferta e demanda, portanto, devem produzir menos leite quando seu bebê mamar menos. No entanto, se você tiver ingurgitamento dos seios, peça conselho sobre como aliviar esse mal-estar. Compressas quentes podem ajudar; em geral a medicação para secar o leite é desnecessária.

Se de início seu bebê não puder mamar, mas você deseja manter a lactação até que ele possa fazê-lo, é possível retirar leite com as mãos ou com bombas para os seios. Esse método também é empregado para armazenar leite materno em mamadeiras a serem oferecidas ao bebê, caso você não possa estar sempre presente. O leite materno retirado deve ser armazenado em geladeira, em mamadeira previamente esterilizada ou, no mínimo, lavada com sabão e água quente. Todo leite que não for utilizado dentro de 24 horas deve ser congelado.

Também é possível combinar alimentação ao seio e por mamadeira. A menos que você esteja desmamando, mudar do seio para a mamadeira e voltar para o seio pode confundir o seu bebê e dificultar a produção de leite.

Enquanto estiver amamentando, é aconselhável reduzir ao mínimo o consumo de cafeína e de bebidas alcoólicas, ou suspendê-lo de vez. Além disso, muitos medicamentos, vendidos só com receita ou não, passam para o leite. Consulte seu médico antes de ingerir qualquer fórmula medicinal nesse período.

OUTRAS FONTES DE INFORMAÇÃO:

LOTHROP, Hannah . *O livro da amamentação*. São Paulo, Paulinas, 2000.

WOESSNER, Candace et al. *Amamentação hoje*: um companheiro para a mamãe. São Paulo, Paulinas, 1999.

SEARS, Martha & William. *Orientações para as futuras mães*. São Paulo, Paulinas, 2000.

CONSELHO DE MÃES LACTANTES da Associação de Boston para Orientação ao Parto. *Amamentando seu bebê*: guia prático para a nova mãe. São Paulo, Paulinas, 2000.

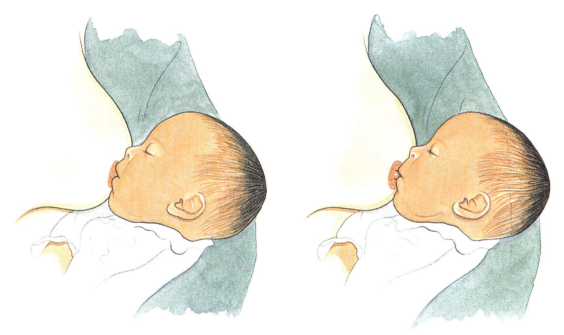

Para mamar de maneira adequada, o recém-nascido precisa colocar todo o mamilo e a aréola
(a região escura em torno do mamilo) na boca, como na figura à esquerda.
O bebê à direita, que tem apenas a ponta do mamilo em sua boca, pode não receber leite suficiente
e deixar o bico do seio machucado.

Resolvendo problemas

Quando um bebê parece ter dificuldade tanto com o seio da mãe como com a mamadeira, convém pensar em como os adultos estão interagindo com ele. Os bebês têm diferentes maneiras de se alimentar, desde a forma sonolenta e lerda até a ativa e voraz. Os pais precisam se adaptar ao jeito do bebê. Na fase inicial, não devem se preocupar em incomodar o bebê com mamadas muito freqüentes. Os recém-nascidos não têm como expressar suas necessidades físicas e o papel dos pais é descobri-las o mais rápido possível — tendo o cuidado, é claro, de esperar alguns minutos e dar a oportunidade para o bebê se acalmar, se ele tiver mamado há pouco. Essa experiência faz os bebês perceberem, desde o começo, que o mundo é um bom lugar para viver e, assim, eles aprendem a confiar.

No início, os bebês que mamam ao seio em geral precisam de mamadas mais freqüentes do que aqueles que recebem mamadeiras, porque o leite materno é digerido com mais rapidez. O ideal é serem alimentados de acordo com a demanda — a qual, para a maioria dos recém-nascidos, significa um intervalo de hora e meia a três horas. Se a mãe preferir um esquema mais fixo, poderá, pouco a pouco, mudar para cada três ou quatro horas, quando o bebê estiver com dois a três meses de idade.

Poucos pais gostam das mamadas do meio da noite, mas elas são necessárias. A maioria dos bebês precisa de pelo menos uma alimentação noturna, no mínimo durante os primeiros três a cinco meses.

Do nascimento aos três meses: um começo surpreendente

Para conseguir mais sono ininterrupto, os pais podem tentar acordar o bebê bem na hora em que irão se deitar, para uma refeição noturna tardia. Essa técnica, porém, pode dar errado, caso o bebê resolva ficar acordado por mais algumas horas após a mamada, exatamente aquelas que seriam as horas de descanso de seus pais.

Se você estiver dando mamadeiras, seu bebê estará tomando mais leite, com intervalos maiores entre as mamadas, à medida que o tempo passa. Os bebês alimentados com fórmulas lácteas, na verdade, podem crescer um pouco mais depressa do que os amamentados ao seio, mas não existem provas de que sejam mais saudáveis. (Na realidade, todo o resto sendo igual, o leite materno proporciona mais benefícios para a saúde.) Em geral, os bebês não precisam de alimentação sólida antes do quinto ou sexto mês.

Arrotar é necessário em ambos os casos: tanto para os bebês alimentados ao seio como por mamadeiras, para eliminar o ar que deglutiram na sucção. Esse ar causa desconforto gástrico e pode aumentar a tendência de regurgitação. Métodos testados e eficazes para fazer arrotar incluem:

- segurar o bebê ereto sobre seu ombro (que deve estar coberto com uma fralda limpa para o caso de regurgitação) e dar palmadinhas ou esfregar as costas;
- sentar o bebê ereto e esfregar ou dar palmadinhas, enquanto apóia o peito e o queixo com a mão;
- deitar o bebê de bruços sobre seus joelhos, depois esfregar ou dar palmadinhas nas costas.

Quando o bebê vai arrotar, ele geralmente o faz em poucos minutos.

E quanto aos suplementos vitamínicos?

Os pais devem pedir orientação ao pediatra. A vitamina D e o ferro são freqüentemente recomendados para bebês que mamam ao seio. As fórmulas lácteas infantis já contêm vitaminas, mas o médico pode propor uma que seja, por exemplo, enriquecida com ferro, se os níveis desse mineral estiverem baixos no organismo de seu bebê. Gotas com flúor, que previnem a cárie dentária, podem ser prescritas, se a família vive em uma região em que a água local não é fluoretada. Se o médico recomendar suplementos vitamínicos ou gotas com flúor, é importante ministrar, sempre, a dose exata prescrita. Uma quantidade maior não é recomendável, uma vez que a dose excessiva de vitaminas pode ser tóxica.

Enciclopédia do bebê e da criança

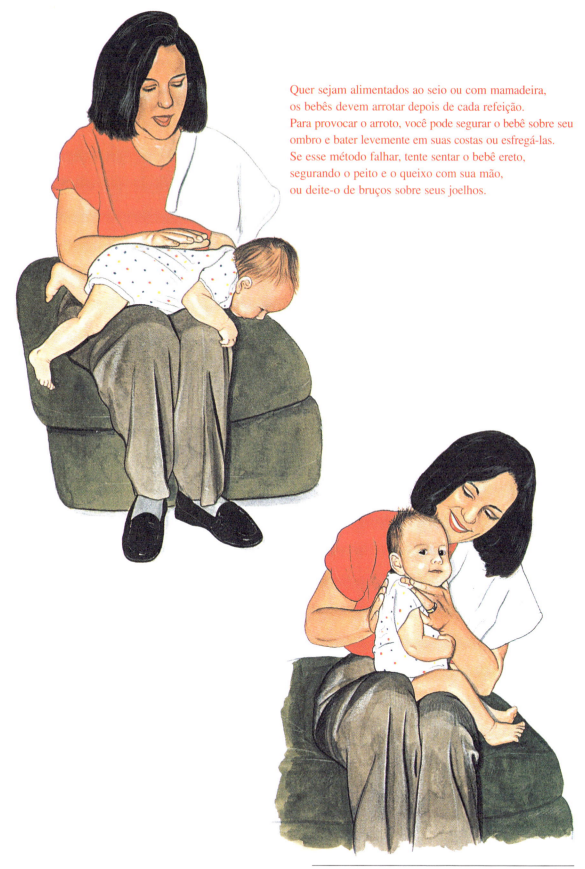

Quer sejam alimentados ao seio ou com mamadeira, os bebês devem arrotar depois de cada refeição. Para provocar o arroto, você pode segurar o bebê sobre seu ombro e bater levemente em suas costas ou esfregá-las. Se esse método falhar, tente sentar o bebê ereto, segurando o peito e o queixo com sua mão, ou deite-o de bruços sobre seus joelhos.

Do nascimento aos três meses: um começo surpreendente

FUNDAMENTOS DA ALIMENTAÇÃO POR MAMADEIRA

A mamentar ao seio pode ser o melhor para um bebê, mas a alimentação por mamadeiras também é capaz de oferecer uma boa nutrição, além de satisfação emocional, tanto para a mãe como para o bebê. (Também permite aos papais uma maior participação na alimentação de seus filhos.) Os detalhes sobre o preparo das mamadeiras podem parecer incômodos, de início, mas logo você, mãe ou pai, irá se acostumar com os procedimentos simples mas necessários para garantir uma alimentação higiênica e sadia.

Convém falar com o pediatra antes de escolher o tipo e a marca da fórmula láctea. A maioria dos produtos tem por base o leite de vaca modificado para que se torne mais parecido com o leite humano; alguns são enriquecidos com ferro. Outras fórmulas baseadas em soja ou em leite de cabra podem ser mais adequadas, principalmente para bebês que não toleram produtos à base de leite de vaca. No entanto, é imprudente mudar de fórmula por causa de algum episódio passageiro de perturbação digestiva. Por segurança, fale com o pediatra antes de mudar de fórmula, e siga seu conselho — o leite de vaca natural é inadequado para bebês com menos de um ano de idade.

Sono e vigília

A maioria dos recém-nascidos dorme em torno de um terço do tempo, mas seus períodos de sono tendem a ser bastante curtos e distribuídos por todo o dia — e, às vezes, parece que de maneira totalmente aleatória. Entre as seis e oito primeiras semanas de vida, praticamente todos os bebês passam a dormir mais a noite e menos durante o dia. Mas diferem muito na idade em que passam a dormir a noite toda. Em parte, essa diferença tem a ver com o temperamento, mas os hábitos da família também interferem.

Da mesma forma que os adultos, os bebês alternam períodos de sono leve e profundo, que se tornam mais regulares nas primeiras semanas de vida. No começo, o ritmo de sono de seu bebê estará intimamente relacionado com o das mamadas, e ele tenderá a adormecer logo depois de mamar e arrotar. Mais tarde, quando seu bebê passar ativo e acordado por períodos mais longos, o cansaço (mais do que a sensação de bem-estar depois de bem alimentado) o induzirá ao sono. Mas ele poderá, também, chorar e se agitar, como se estivesse a combater o sono.

Pode levar tempo para estabelecer a melhor maneira de induzir seu bebê ao sono, seja com embalo, aconchego ou canção de ninar. Às vezes, a melhor maneira de agir é simplesmente colocar um irrequieto e cansado filho no berço e deixá-lo chorar até adormecer. Mas se o choro permanecer por vários minutos, será perfeitamente viável tirá-lo novamente do berço, desde que isso não signifique reforçar comportamentos pouco saudáveis. (Nota: assegure-se de que seu bebê dorme em cama e posição adequadas à sua segurança; veja "Respiração ao dormir" à página 45.)

Enciclopédia do bebê e da criança

HIGIENE NA ALIMENTAÇÃO

As bactérias se desenvolvem com facilidade em leite ou fórmulas lácteas quentes e na temperatura ambiente. Para proteger os bebês de infecções bacterianas do trato gastrintestinal, é indispensável garantir que o alimento se mantenha fresco e que todos os utensílios se encontrem limpos e livres de contaminação.

Alguns médicos recomendam esterilizar em água fervente as mamadeiras e os outros utensílios utilizados e usar somente água esterilizada (fervida) no preparo das fórmulas. Em algumas regiões, a água é suficientemente tratada, tornando desnecessária uma higiene rigorosa. Peça a seu pediatra uma orientação específica.

Mesmo não esterilizando, você *precisa* lavar as mamadeiras e os bicos com uma escova própria e água quente com sabão. As mamadeiras e os protetores (mas não os bicos) podem, também, ser higienizados na lavadora automática regulada em temperatura máxima. Veja a seguir algumas dicas importantes de higiene.

- Se possível, prepare só uma mamadeira por refeição. Quando precisar preparar várias mamadeiras de uma só vez, refrigere-as imediatamente, com os bicos cobertos, e use-as dentro de 24 horas — a não ser que as condicione em recipientes termicamente isolados.

- Nunca aqueça as mamadeiras no microondas. Podem provocar queimaduras na boca da criança se a temperatura não estiver uniforme.

- Se for viajar, a melhor maneira de levar as fórmulas lácteas é usar mamadeiras já preparadas e esterilizadas. Jamais leve mamadeiras quentes. Acondicione-as frias e as aqueça na hora de usar.

- Para reduzir o tempo de lavagem de mamadeiras, você pode utilizar complementos esterilizados descartáveis. Mas os bicos precisam ser lavados.

- Lave e/ou esterilize cuidadosamente todo o equipamento utilizado no preparo das fórmulas lácteas, inclusive as conchas, medidas, colheres e jarras.

- Não deixe fórmulas não usadas em uma mamadeira, para utilizar mais tarde. Esvazie a mamadeira e encha-a com água até poder lavá-la.

- Se seu bebê deixar um resto de fórmula depois de mamar, o melhor é descartá-la. Se guardar, coloque-a imediatamente na geladeira e ofereça-a ao bebê só mais uma vez.

- O leite materno retirado do seio deve ser manipulado com as mesmas precauções higiênicas que as fórmulas lácteas.

Eliminações

No útero, os bebês engolem líquido amniótico, urina e têm alguma evacuação. Assim que nascem, geralmente urinam e evacuam dentro das primeiras 12 horas, embora possa demorar mais.

Urina

A primeira urina do bebê costuma ter aspecto normal, mas às vezes os recém-nascidos eliminam cristais avermelhados de uma substância chamada *urato*, que parece poeira de tijolo ou mancha de sangue seco nas fraldas. A presença de cristais de urato não é nada assustadora, mas é preciso examinar a fralda para se certificar de que o bebê não está, de fato, perdendo sangue.

Do nascimento aos três meses: um começo surpreendente

FORMAS DE ALIMENTAR

Alguns bebês não se importam em ingerir fórmula láctea saída da geladeira, mas a maioria prefere-a na temperatura ambiente. Aqueça a mamadeira debaixo de água quente corrente e depois experimente algumas gotas em seu punho. Se a fórmula parecer mais do que morna, resfrie-a um pouco.

Mamar deve ser uma experiência calorosa e aconchegante tanto para o bebê amamentado ao seio como para aquele que recebe mamadeira. Segure o bebê bem próximo a você enquanto ele mama e jamais apóie a mamadeira para fazer outra coisa. (Com isso, você não só nega sua presença ao bebê, mas também o expõe ao perigo de engasgar.)

Da mesma maneira que ao seio, na mamadeira a criança tem de aprender a sugar, respirar e deglutir. Se parecer engasgar, o furo do bico talvez esteja grande demais e o leite pode estar fluindo muito rápido. Não segure a mamadeira em posição horizontal; precisa estar inclinada, para que o leite possa encher o bico, impedindo que o bebê engula ar.

Tão cedo quanto for possível — o que pode ser em torno do terceiro mês — tente ajudar seu bebê a dormir sem tomar mamadeira, oferecendo uma chupeta, se ele precisar. É bom quebrar o hábito de o bebê adormecer durante a mamada, seja no seio ou na mamadeira, porque o leite que permanece na boca pode causar cáries, mesmo em dentes que estão ainda por emergir. Pela mesma razão, você jamais deve colocar o bebê para dormir com a mamadeira.

Quanto seu bebê precisa mamar? Depende da idade, do índice de crescimento, do peso e do metabolismo. Por isso, o conselho do seu médico é melhor do que qualquer guia padronizado para o consumo de fórmulas lácteas.

Fezes

As primeiras fezes são pretas ou esverdeadas e malcheirosas. Essa evacuação inicial, chamada *mecônio,* aos poucos é substituída, dentro de três a quatro dias, por fezes normais, esverdeadas ou amareladas. A cor e a consistência das fezes de um bebê variam conforme o tipo de alimentação: seio ou mamadeira. As crianças alimentadas ao seio apresentam fezes moles, brilhantes, enquanto as fezes dos bebês alimentados com fórmulas lácteas são mais descoradas e firmes. O número de evacuações pode variar muito. Alguns bebês evacuam uma vez por dia, alguns seis vezes, e todas as variantes intermediárias são possíveis. Alguns bebês podem até mesmo apresentar um padrão de evacuar em dias alternados.

Pais inexperientes muitas vezes pensam que evacuações moles significam que seus bebês estão com diarréia. Enquanto as fezes não estiverem aquosas, no entanto, não há motivo para preocupação. A fralda de uma criança com diarréia parece mais molhada e encardida do que suja, e pode ter mancha de água sem cor próximo às bordas.

Por outro lado, um recém-nascido que não evacua durante três dias pode não estar tomando leite suficiente ou, pode simplesmente, estar com prisão de ventre. É raro a causa ser sinal de uma má-formação do intestino, mas se o bebê passar mais de três dias sem evacuar, entre em contato com o pediatra.

Enciclopédia do bebê e da criança

Segure o bebê bem junto a seu corpo
enquanto ele toma a mamadeira,
apoiando a cabeça dele na dobra do seu cotovelo.
Mantenha a cabeça do bebê levantada
e segure a mamadeira num ângulo de 45 graus,
para manter um fluxo constante de leite.

Do nascimento aos três meses: um começo surpreendente

Higiene com segurança

No berçário os pais recebem orientação sobre quando o recém-nascido poderá tomar o primeiro banho. Ele não precisa de um banho diário, embora não haja nada de errado se tiver prazer nisso. A maioria dos bebês adora a hora do banho, mas os recém-nascidos podem achar a água e a nudez irritantes. Se seu filho berrar a cada banho, não o force. Em vez de banhá-lo, mantenha limpa a região da fralda, com lenços descartáveis ou com uma toalha felpuda, e passe uma esponja, uma vez por dia, no rosto e na cabeça.

Toda vez que for limpar o seu bebê, certifique-se de que tudo o que irá precisar esteja à mão. O quarto deve estar aquecido e sem corrente de ar. Para refrescar o bebê sem os inconvenientes de um banho, sente-o em seu colo (que você poderá cobrir com um impermeável) ou coloque-o na cômoda que você usa para trocar as fraldas dele. Mergulhe um chumaço de algodão em água morna ou em uma loção infantil e limpe o rosto e as dobras em torno do pescoço; depois, utilize um novo chumaço de algodão para limpar a região da fralda. Se seu bebê parece precisar de mais limpeza, dê uma lavadinha. (Recém-nascidos não precisam de sabonete, que pode ressecar a pele deles.) Enxágüe suavemente com uma toalha umedecida em água morna. Depois enxugue, tendo cuidado com as dobras da pele, onde as irritações por umidade ou atrito ocorrem com maior freqüência.

Para um banho tradicional, você pode utilizar uma banheirinha colocada sob o chuveiro, dentro da banheira ou mesmo na pia ou no chão. A pele delicada de um bebê sofre queimadura com muito mais facilidade do que a de um adulto; portanto, você deve sentir morna a água do banho dele, e faça isso com seu cotovelo (não na mão, que tem a pele mais grossa). Coloque apenas alguns centímetros de água na banheira, e nunca deixe seu bebê só, nem mesmo por um instante. Se o telefone ou a campainha tocar, ignore ou espere até que o bebê, enrolado em uma toalha, esteja em segurança nos seus braços.

Levará algum tempo para os pais se tornarem ágeis em banhar o filhote; afinal, bebês molhados são escorregadios. Mas há algumas medidas práticas:

- Repouse a cabeça do bebê em seu punho esquerdo e no antebraço — se você for destro(a) — e segure o ombro esquerdo dele entre o polegar e os outros dedos. (Experimente primeiro com o bebê seco, se estiver inseguro(a).

- Não se curve para chegar ao bebê. Em vez disso, ajoelhe-se ou sente-se no chão, próximo(a) à banheirinha, ou coloque-a sobre um local que tenha a altura aproximada de sua cintura: mesa, cômoda ou pia. Ao lavar o bebê com a banheirinha colocada dentro da banheira dos adultos, no boxe do chuveiro ou na pia do banheiro, evite acidentes envolvendo com uma toalha as torneiras — por serem duras ao toque ou por estarem quentes e pingando — e isole o fundo da banheirinha com uma esponja grande ou uma outra toalha.

Cuidados com as unhas

As finas e pequeninas unhas de um recém-nascido são suficientemente afiadas para causarem alguns arranhões desagradáveis na hora do banho. Mantenha curtas as unhas de seu bebê, aparando-as com tesourinha própria (de preferência enquanto o bebê dorme).

Enciclopédia do bebê e da criança

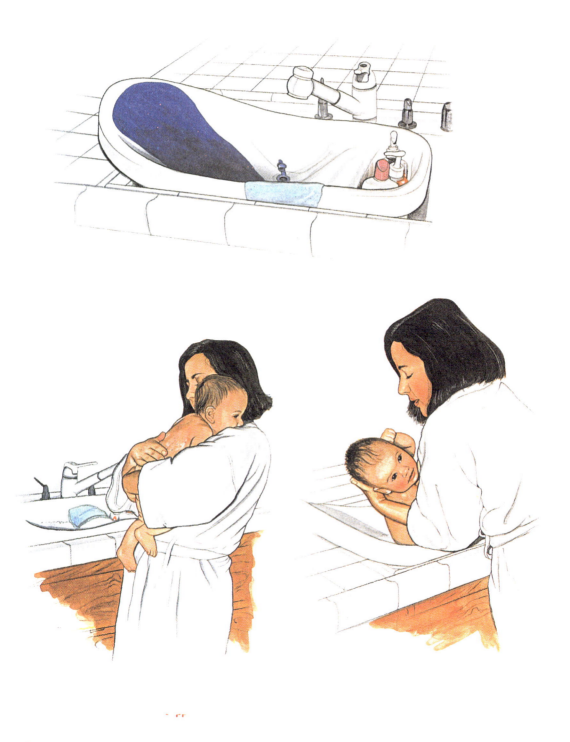

Para um banho rápido e seguro, coloque a banheira do bebê diretamente na pia, forrada com uma toalha ou um pedaço grande de espuma de borracha. Não ponha mais do que alguns centímetros de água, pouco mais que morna, na banheira; teste a temperatura mergulhando o cotovelo.
Antes de colocar seu filho com delicadeza na banheira, certifique-se de que tudo o que precisa está à mão. Para evitar que o bebê sinta frio, mantenha-o vestido até que tudo esteja pronto.

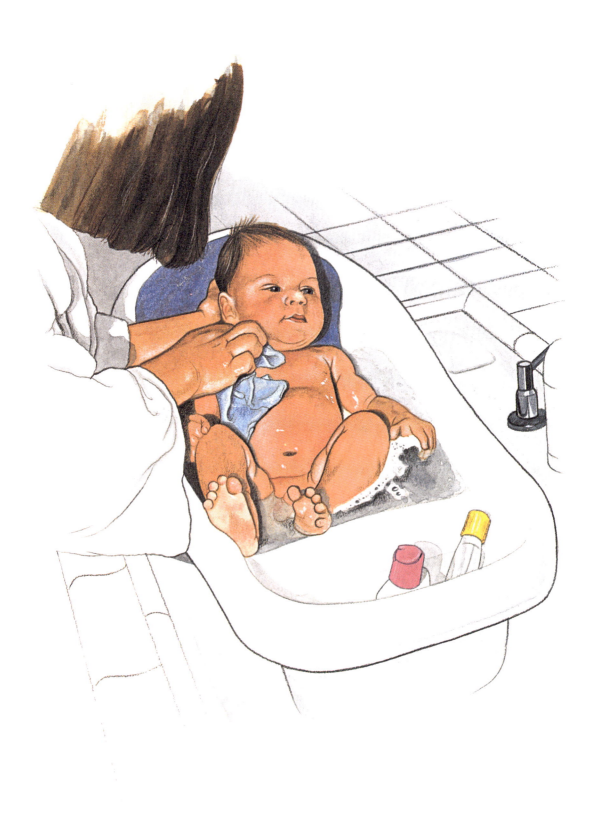

Cuidados com os cabelos

Alguns recém-nascidos apresentam apenas uma tênue penugem em torno do topo da cabeça, enquanto outros vêm com o crânio todo recoberto por espessos cabelos. Em qualquer um dos casos, são poucos os que precisam realmente lavar a cabeça. Em geral basta limpar a cabeça deles com uma toalha umedecida.

Muitos bebês desenvolvem no couro cabeludo a *crosta látea,* uma espécie de caspa acinzentada que pode vir acompanhada por saliências vermelhas na cabeça e no rosto. A crosta látea é inócua e deve desaparecer espontaneamente, mas você pode acelerar esse processo, lavando a cabeça de seu filho com sabonete neutro, água e uma escova de cerdas moles. (Alguns pediatras recomendam, também, o uso de um xampu anticaspa neutro.)

É perfeitamente seguro esfregar a cabeça do bebê com vigor, desde que você não a pressione demais. Se for lavar a cabeça do seu filho com xampu, utilize um que seja especial para bebês e cuide para que não entre espuma nos olhos dele.

Cuidados com a pele

Os bebês podem ter irritação de pele, alergias ou eczema. Certifique-se de que todas as roupas do seu filho estejam bem enxaguadas, sem restos de sabão, e use apenas tecidos finos e macios junto à pele dele. Para outros sintomas de pele, procure conselho médico.

Não se esqueça de dar proteção a seu bebê, durante o ano todo, contra queimaduras por raios solares. (O sol de inverno também queima!) Tanto quanto possível, os pequenos devem ser mantidos afastados da exposição direta ao sol. No verão, faça com que seu filho use um chapéu leve ou um boné para proteger a cabeça dele. Após os seis meses, quando talvez você já esteja levando-o para o sol durante mais tempo, aplique na pele dele um creme protetor especial para crianças.

Fraldas: uma rotina de limpeza

Trocar as fraldas certamente não é a parte mais agradável dos cuidados com um bebê, mas à medida que seu filho ficar mais atento a você, a troca pode se tornar um momento rico de interação familiar. Por outro lado, um recém-nascido pode passar por mais de uma dúzia de fraldas ao dia, o que deixa qualquer pai e mãe rapidamente peritos nas trocas.

Pano ou descartável?

Se você usar fraldas de pano, logo vai desejar tê-las sempre à mão, limpas e adequadamente dobradas... por um serviço de entrega. Mas tanto fraldas de pano como as descartáveis têm seus prós e contras. Uma boa idéia é usar uma combinação das duas formas, possivelmente mantendo as de pano em casa e as descartáveis para quando sair.

A principal vantagem das fraldas de pano é que em geral são mais adequadas à pele do bebê — exceto, é lógico, se contiverem resíduos de sabão por falha no enxágüe. As desvantagens são numerosas, principalmente se você resolver cuidar do bebê e lavar as fraldas em casa, todo dia, o que pode parecer uma seqüência interminável de tarefas. Além disso, é claro que se vocês forem viajar, as fraldas de pano serão menos convenientes do que as descartáveis.

Do nascimento aos três meses: um começo surpreendente

A praticidade é a principal razão de as famílias optarem pelas fraldas descartáveis. Não é preciso lavá-las, aborrecer-se com alfinetes ou com calças plásticas. A diversidade de tamanhos disponíveis das fraldas descartáveis permite aos pais encontrar uma que se adapte a seu filho, confortavelmente, sem ter de dobrá-la. No entanto, as fraldas descartáveis são mais caras do que as de pano e tendem a provocar mais facilmente erupções de pele nos bebês.

Quanto à questão de qual tipo de fralda é menos agressivo para o meio ambiente, está claro que as descartáveis contribuem para o acúmulo de lixo sólido no planeta, pois têm componentes não biodegradáveis. Mas os sabões usados para lavar fraldas de pano adicionam espuma à poluição da água, o que, segundo alguns especialistas, também é danoso.

Materiais adequados

Lojas e catálogos são pródigos em modelos de roupas, móveis e outros materiais para crianças. A maioria é projetada para agradar aos pais, não aos bebês. Se você puder arcar com o custo de artigos de luxo ou com estilos que estão em moda, ótimo — mas é bom saber que os bebês podem passar muito bem apenas com o essencial!

A seguir, vamos descrever alguns itens básicos.

Dormitórios

Enquanto seu bebê ainda for um recém-nascido, ele pode dormir, antes de passar para o berço, em um cesto fixo, num moisés (cesta com alças) ou em um carrinho. A maioria dos pais escolhe uma dessas opções para que o bebê possa dormir perto deles durante as primeiras semanas. No entanto, não existe motivo que impeça colocar o bebê, desde o começo, no berço, se os pais e ele se sentirem bem assim.

Depois de alguns meses, quando o bebê estiver mais forte e se movimentar mais, um berço será indispensável. Assegure-se de escolher um modelo cujas grades laterais não tenham vãos maiores do que 6,5 centímetros, de modo que o bebê não possa enroscar a cabeça nos vãos. Os cantos devem ser lisos, para evitar que prendam a roupa. Você pode ajustar a altura do colchão do berço de maneira a não ter de se debruçar demais para deitar o seu bebê. Para evitar quedas, abaixe o colchão à medida que seu filho for crescendo e comece a se estirar para ficar em pé.

Os bebês não precisam de travesseiros; apenas de um colchão com cobertura impermeável, um lençol de algodão ou de flanela. Nunca use saco plástico ou forro de lã para cobrir o colchão de um berço — a roupa de cama de um bebê deve ser leve para evitar o risco de asfixia.

Outros móveis, tais como cômodas de trocar com gavetas para roupas e nichos para produtos de higiene podem ser bastante úteis às tarefas de cuidar do bebê. Se o seu orçamento for limitado, tente escolher móveis que possam ser adaptados conforme o bebê cresce. Finalmente, se fizer a compra em lojas ou feiras de artigos usados, verifique a distância entre as grades, seja qual for o tipo de berço, desmonte e repinte todas as partes que estiverem descascando ou que a tinta tenha mais de dez anos. A pintura original de móveis antigos pode conter chumbo, que intoxica tanto bebês como crianças maiores.

Enciclopédia do bebê e da criança

DICAS PARA FRALDAS

- Troque seu bebê em um local aquecido e livre de corrente de ar. Mantenha perto tudo de que precisa, na cômoda de trocar ou em outro lugar elevado. Quedas de móveis altos são freqüentes e podem resultar em acidentes graves.

- Remova o máximo possível das fezes com a fralda suja, depois limpe toda a região com produto especial para crianças ou, no caso de pele sensível, com um chumaço de algodão embebido em água morna. Limpe as meninas da frente para trás, para evitar a proliferação de bactérias, que causam infecção vaginal ou urinária.

- Seque a pele cuidadosamente (absorva a umidade, não esfregue), tendo o cuidado de enxugar bem todas as dobrinhas.

- Quando a pele do bebê estiver seca, você pode passar uma loção (não óleo). Talco não é recomendado, uma vez que a inalação dele pode ser prejudicial. Caso você use talco, aplique muito pouco, e com cuidado, para evitar "nuvens". Mas não use loção e talco.

- Até que o pênis de um bebê circuncidado cicatrize, aplique no local um pouco de vaselina, a cada troca de fralda.

- Se você usar fraldas de pano, estas podem ser previamente dobradas. A forma de dobrar não é tão importante quanto descobrir um método prático para você e confortável para o bebê. Para fixar fraldas de pano, utilize alfinetes especiais (não alfinetes de segurança comuns) e coloque sua mão entre a fralda e o bebê para evitar machucá-lo.

- Evite calças plásticas ou emborrachadas. Elas retêm a umidade junto ao bebê e o material plástico pode esfolar sua pele. Se precisar vestir uma nele, mantenha-a apenas levemente presa.

- Quando puser fraldas descartáveis em seu bebê, assegure-se de que suas mãos estejam limpas de loção e talco ou as fitas auto-adesivas não irão aderir.

Transporte

Uma cesta com alças (moisés) pode ajudar a segurar o bebê enquanto você faz as tarefas domésticas, dentro ou fora de casa. Assegure-se de que a cesta escolhida tenha o tamanho adequado a um recém-nascido. Para saídas mais longas, você vai precisar de um carregador do tipo canguru ou de um carrinho de passeio. Verifique se o carrinho é forte, de segurança comprovada e fácil de abrir e de fechar. A maioria tem um assento que pode ser colocado em posição ereta ou reclinada, para maior conforto do bebê.

Do nascimento aos três meses: um começo surpreendente

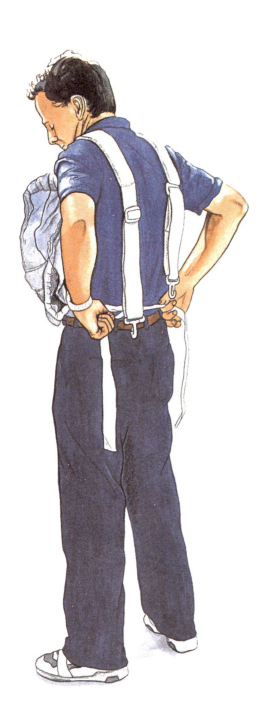 

O carregador do tipo canguru é adequado para crianças bem novas, porque as segura com firmeza, fornece aconchego ao corpo e apoio para a cabeça. Todos os modelos, dos mais simples aos mais sofisticados, têm essas características.

Prenda o carregador em seu corpo e ajuste todas as correias e fechos antes de colocar o bebê.

Enciclopédia do bebê e da criança

A bolsa deve ficar centrada no peito e no abdome do adulto.

Coloque o bebê de frente para o seu peito e ajeite as pernas dele pelos buracos. Verifique todas as tiras que ajudam a mantê-lo com firmeza no lugar.

Nos modelos de proteção dupla, o corpo do bebê fica agasalhado.

Em dias frios e úmidos, convém cobrir a cabeça do bebê. Antes de sair, verifique se há espaço suficiente para ele respirar.

Do nascimento aos três meses: um começo surpreendente

No carro

Para transportar seu bebê no carro, você vai precisar de uma cadeirinha apropriada. Algumas podem ter função dupla, servindo como assento no automóvel e como carrinho, mas em geral ficam pequenas para bebês com quatro ou cinco meses de idade. Você pode colocar um recém-nascido com segurança em uma cadeirinha maior, que possa ser ajustada até o tamanho de quatro ou cinco meses, quando, então, poderá mudar para um modelo com cinto. Se você escolher essa cadeirinha maior, prefira uma com cinto de três pontas (que fecha em cada ombro e entre as pernas), e cuide para colocá-la no carro em posição correta, voltada de costas para o banco do motorista (quando o bebê alcançar o peso determinado pelo fabricante, você poderá virar a cadeirinha para a posição de frente. Adquira, também, uma almofada para usar como apoio à cabeça do bebê.

Outros itens que você pode considerar como material adequado para passear com seu bebê:

✔ um balancinho, a bateria ou não;
✔ um acolchoado plástico para as trocas;
✔ uma sacola para carregar fraldas e objetos de higiene;
✔ um carregador de mão do tipo conhecido como *bebê conforto*.

A maioria das cadeirinhas para carro pode ser usada, com cuidado, como carregador do tipo bebê conforto.

Enciclopédia do bebê e da criança

Para bebês muito pequenos, um apoio para a cabeça pode ser colocado na parte de trás do carregador.

Toda vez que você colocar um bebê em uma cadeirinha de carro, mesmo que esteja usando-a como carregador, verifique se os três cintos (característica indispensável) estão devidamente fechados.

No carro, a posição adequada para a cadeirinha é de costas para o banco do motorista. Passe o cinto de segurança pela base da cadeirinha para mantê-la no lugar.

Do nascimento aos três meses: um começo surpreendente

Vestuário

Mantenha um estilo de vestir simples, especialmente na primeira infância. Roupas de malha macia e flexível mais camisetinhas são as peças básicas do guarda-roupa do bebê. Uma vez que crescem com muita rapidez, comprar essas roupas em tamanhos maiores é uma boa medida.

Procure peças que sejam fáceis de lavar, de pôr e tirar. Casaquinhos leves são necessários para recintos frios e para sair. No inverno, a melhor opção é usar macacões inteiriços. Prefira os que têm divisão para as pernas, se seu bebê for utilizar muito a cadeirinha de carro.

Brinquedos

Durante os primeiros meses, os brinquedos favoritos do bebê são rostos e dedos — os próprios e os seus. Providencie estímulos no ambiente apoiando ou fixando peças coloridas, brilhantes e refletoras, além de bonecos e móbiles. (Evite pendurar esses objetos com tira ou elásticos que possam enroscar-se no pescoço do bebê.) Chocalhos são divertidos e estimulam experiências de localizar sons e acompanhar movimentos com os olhos.

Certifique-se da segurança de todos os brinquedos. Procure por pequenos pedaços, bordas cortantes ou cordas soltas. Extremidades de chocalhos, por exemplo, inferiores a 4 centímetros de diâmetro constituem risco de asfixia.

É divertido observar o bebê reagir a um móbile musical. Este deve estar a uma distância de 20 a 45 centímetros do rosto do bebê, para possibilitar o enfoque óptico. Cores brilhantes primárias e contrastes fortes atraem a atenção do bebê mais do que as tonalidades esmaecidas.

Bebês de dois a quatro meses adoram ficar observando móbiles suspensos no berço ou na cômoda de trocar. Mesmo assim, a segurança deles depende da vigilância de um adulto.

O caminho da saúde e do crescimento

A menos que um bebê tenha um problema de saúde específico, a preocupação com a alimentação e o aconchego, além de carinhos freqüentes são a garantia do seu desenvolvimento. O pequeno corpo do recém-nascido é, no entanto, altamente vulnerável ao estresse de uma doença, por menor que seja, ou de outros obstáculos à saúde. Por isso, pais novatos devem ficar atentos a possíveis indícios de problemas ou à ausência de determinados progressos (padrões de desenvolvimento normal que devem ser alcançados com determinada idade).

No começo, pode parecer difícil temperar vigilância com bom senso, mas é melhor errar por excesso de cautela e chamar o médico toda vez que algo parecer fora do comum. Os pediatras estão acostumados a tranqüilizar pais recentes e compreenderão as suas ansiedades.

Consultas médicas: por que e com que freqüência

Visitas de rotina ao pediatra são necessárias à saúde do seu bebê. Consultas regulares de um bebê saudável são indispensáveis para a aplicação de vacinas e para o controle do crescimento e do desenvolvimento.

O primeiro dos exames de rotina em geral é realizado duas semanas após o nascimento, apesar de o prazo exato variar, conforme a região (bem como de médico para médico). A criança que teve problemas por ocasião do parto ou logo após o nascimento pode precisar ser examinada mais cedo. As visitas de rotina subseqüentes devem ocorrer na oitava semana e aos quatro meses de idade.

Depois das primeiras duas semanas, o ganho rápido e constante de peso — em torno de 30 gramas diárias, ou de um quilo por mês — é o padrão ideal de desenvolvimento físico de uma criança na primeira infância, que vai de zero a três anos. O peso ao nascer geralmente dobra em três a cinco meses. A cabeça também aumenta, em torno de 1,2 centímetros de circunferência por mês, e o ponto mole (fontanela ou moleira) próximo à parte de trás do crânio fecha mais ou menos no quarto mês. Para controlar o peso e o comprimento do bebê, há uma tabela própria. Esse controle assegura o crescimento de seu filho de acordo com o próprio ritmo dele e chama a atenção para quaisquer problemas nesse sentido, se houver.

Durante as consultas, o pediatra anotará o aspecto do bebê e o seu desenvolvimento. Também deverá fazer um exame físico cuidadoso e pesar o bebê, medi-lo, além de controlar o tamanho da cabeça. Talvez retire sangue por meio de uma picada de agulha no calcanhar, durante a visita da segunda semana, para testar a função da tireóide e, em alguns casos, para controle da PKU (o "teste do pezinho", que em geral é feito na maternidade).

As consultas médicas devem incluir uma orientação sobre alimentação, cuidados diários, suplementos vitamínicos e vacinação, e o pediatra deve estar disponível para responder qualquer pergunta sua.

Do nascimento aos três meses: um começo surpreendente

A imunização de um bebê deve começar aproximadamente um dia após o nascimento, com a primeira dose das vacinas VHB (contra hepatite B) e BCG-ID (contra tuberculose), cuja aplicação pode ser feita ainda na maternidade. Com um mês de idade, recomenda-se a segunda dose da VHB. Aos dois meses, o bebê deve receber: a vacina Sabin (OPV, contra paralisia infantil), a tríplice bacteriana DPT (difteria, pertussis ou coqueluche e tétano) e a Hib, contra *Hemophilus influenzae tipo b* (meningite B e outras infecções causadas pela bactéria Hib).

Muitas crianças parecem mal notar a picada que injeta uma vacina. As muito pequenas podem se assustar e chorar ou apenas se encolher um pouco ao receberem a picada. Por outro lado, há bebês muito sensíveis, que irão gritar o tempo todo, porque não gostam que tirem suas roupas e ter o corpo manipulado pelo pediatra. Esses bebês podem chorar ainda mais forte quando recebem a picada. Mas, qualquer que seja a reação do bebê, os pais podem ajudar muito a todos permanecendo calmos e relaxados.

Padrões de desenvolvimento

Os sinais indicadores de desenvolvimento que os bebês costumam apresentar em determinadas idades às vezes são chamados de *marcos*. Essa palavra pode fazer os pais pensarem em desenvolvimento como uma espécie de corrida por uma rodovia reta e estreita. Infelizmente, alguns se envolvem nessa idéia e preocupam-se demais em comparar o desenvolvimento de seus bebês com os de outros pais. É importante lembrar que as pessoas sempre pendem para um ou outro lado de uma comparação (sem o que não seria uma comparação!).

Portanto, embora possa dar-lhe muita satisfação notar que seu bebê começou a virar ou sentar mais cedo do que a média, isso não significa que uma criança que faz essas coisas um pouco mais tarde vá crescer menos saudável e inteligente.

Padrões físicos

Do nascimento aos dois meses
Vira a cabeça quando deitado de bruços ou de costas.
Levanta por instantes o queixo quando deitado de bruços.
Começa a sustentar discretamente a cabeça.
Tem um forte reflexo de pega.

Dos dois aos três meses
Levanta a cabeça e o peito quando de bruços.
Faz movimentos como se nadasse quando deitado de costas.
Rola da posição de lado para a de costas.
Começa a diminuir o reflexo de pega.
Usa a mão para bater em objetos.
Começa a formar lágrimas quando chora.

Enciclopédia do bebê e da criança

Padrões de aprendizagem

Do nascimento aos dois meses
Fixa os olhos em objetos colocados em seu campo de visão.
Identifica nitidamente as vozes dos pais, virando-se na direção deles.
Observa o rosto dos pais.

Dos dois aos três meses
Prefere observar rostos.
Movimenta a cabeça para olhar em volta.
Localiza sons.

Padrões emocionais

Do nascimento aos dois meses
Confia que suas necessidades de alimentação, conforto físico e proximidade humana serão satisfeitas.

Obtém gratificação sugando, mamando e sendo segurado.

Dos dois aos três meses
Sorri para rostos, principalmente os dos pais e de quem cuida dele
(o que pode acontecer antes).

Demonstra variação de humor e de emoções
(prazer, movimento, frustração e mesmo fúria).

Ouve a conversa dos outros e responde com sons, movimentos e expressões faciais.

PARA REFLETIR

CHORO, CONSOLO... E CÓLICAS

Bebês choram porque esta é a única maneira pela qual podem expressar suas necessidades de comida, calor, companhia, descanso ou de alívio de algum desconforto físico. Infelizmente, pode envolver alguma adivinhação determinar com exatidão a causa do choro em um dado momento.

Do nascimento aos três meses: um começo surpreendente

Indícios de problemas

Durante consultas regulares, o pediatra deve avaliar o peso e o comprimento do bebê e traçar o progresso dessas medidas. Também irá observar o aspecto físico do bebê, reflexos e respostas, e anotar a qualidade da interação dele com os pais (mesmo durante a situação fora da rotina, que é uma visita ao médico). Se o pediatra observar algo anormal, comentará com você e, se necessário, irá lhe indicar um especialista competente.

Entre os cuidados com seu filho, quando você deve se comunicar com o médico? Veja, a seguir, alguns sinais de problemas que merecem no mínimo um telefonema e, provavelmente, uma consulta.

- Problemas de visão ou audição: o bebê não responde normalmente a estímulos visuais ou auditivos.
- Depois das primeiras semanas, não levanta a cabeça quando deitado de bruços.
- Falta-lhe energia ou vivacidade.
- Recusa-se a mamar.
- Vômitos (diferente da regurgitação de pequena quantidade de leite, que é normal).
- Ausência de urina.
- Choro incomum (fraco, estridente ou contínuo, sem reação aparente ao consolo).
- Pele pálida, azulada ou manchada.
- Diarréia (fezes copiosas, aquosas, às vezes com muco aparente).
- Febre.
- Ritmo respiratório irregular.

Se você achar que seu bebê pode ter adoecido, se notar quaisquer mudanças no comportamento, no padrão alimentar ou de sono, ou ainda nas eliminações, comunique-as ao médico. Quando o pediatra lhe fornecer instruções detalhadas sobre os cuidados com o bebê doente, anote-as ou peça que ele o faça.

Logo você aprenderá a reconhecer o choro de seu bebê em diferentes condições e responderá de acordo. Mas haverá ocasiões em que nada parecerá ajudar.

Alguns bebês se acalmam com canto ou música, com movimentos rítmicos, nos braços de um dos pais ou no balanço para bebês, ou com o contato com cobertor macio. Se essas medidas simples falharem, talvez você precise levar o bebê para um passeio de carro. Alguns pais contam que colocar o bebê em cima de uma máquina de lavar em movimento é calmante (certifique-se de estar segurando o bebê com pelo menos uma das mãos se tentar fazer isso).

Chegará o dia, no entanto, em que tudo o que você tentar — fraldas limpas, amamentação, embalo e canto, sós ou associados — será igualmente ineficaz. Esses episódios podem ser intensamente frustrantes, mas não significa que você tenha falhado como pai ou como mãe. Mantenha a calma e lembre-se de que o choro não é eterno.

Enciclopédia do bebê e da criança

Cólicas: a tristeza do recém-nascido

Cerca de uma em cada cinco crianças tem cólicas, termo cujo significado médico é um tanto vago. Os sintomas são irritantes e inequívocos: o bebê chora alto e continuamente durante horas intermináveis, muitas vezes no fim da tarde ou começo da noite. O rosto do bebê pode ficar ruborizado e ele pode puxar os pés para cima, como se tivesse dor no abdome, gases ou cãibras. Apesar de muitas das medidas usuais serem capazes de acalmar o bebê por alguns instantes, nada lhe dará alívio duradouro.

A maioria dos bebês tem alguns ataques de choro inexplicável e inconsolável, mas, nas crises de cólicas verdadeiras, o choro intermitente é quase diário.

Se você tem um bebê que parece ter cólicas, lembre-se de que ele necessita da sua atenção, ainda que seus cuidados pareçam não estar adiantando. Ao deixar o bebê chorar sozinho, você pode abalar a confiança dele. Os pais podem ficar desgastados, talvez pior que isso, pelos prolongados acessos de choro. Mas, se você precisar de um pouco de descanso de um bebê difícil, peça ajuda (alguém que fique durante uma hora com o bebê, por exemplo, alguém da vizinhança) antes que a irritação e frustração alcancem o seu limite.

Medidas de segurança

Embora os bebês recém-nascidos não possam colocar a si mesmos em perigo, eles enfrentam alguns. Os pais devem estar atentos a esses perigos para se anteciparem a eles e preveni-los.

INFECÇÃO. Muitos médicos recomendam não levar crianças com menos de três meses a lugares com aglomerações. O sistema imunológico do bebê, ainda em desenvolvimento, deixa-o suscetível a resfriados e outras doenças infecciosas. Sempre lave suas mãos cuidadosamente após trocar as fraldas de seu filho, e também lave as mãos do bebê, se ele tocar em uma fralda suja. Se você tiver de trocar várias crianças, lave as mãos entre cada troca. Para bebês que usam mamadeira, a limpeza em todas as etapas do preparo diminuirá muito o risco de infecção alimentar.

RESPIRAÇÃO AO DORMIR. Não coloque seu bebê em um travesseiro ou almofada fofa que se amolde a seu corpo; pode provocar asfixia, caso ele não consiga levantar ou virar a cabeça para respirar. É esse risco que leva os pediatras a recomendarem que todos os bebês sejam colocados para dormir de lado ou de costas, e não de bruços, independentemente do tipo de acomodação usado. Verifique se o berço ou qualquer outro tipo de local em que dorme o seu bebê está dentro das normas de segurança.

FOGO. Anualmente, muitas crianças com menos de quatro anos morrem em incêndios domiciliares e 90% dessas mortes acontecem em casas sem detectores de fumaça. A prevenção é a chave para salvar vidas. Elimine riscos de fogo, como cabos desgastados e sobrecarga de rede ou de fios de extensão em uma mesma tomada. Se o orçamento permitir, instale detectores de fumaça em cada piso da casa e teste regularmente o funcionamento. Faça uma saída de emergência para caso de incêndio, inclua um ponto no quarto do bebê e simule uma ocorrência com toda a

Do nascimento aos três meses: um começo surpreendente

família. E, por fim, caso seu bebê passe algum tempo na casa de alguém que toma conta dele ou em um berçário, verifique se esses cuidados estão presentes também ali.

SEGURANÇA NO TRÂNSITO. Acidentes de carro são a principal causa de ferimentos e morte de crianças pequenas. Mesmo ocorrências menores podem ser fatais para os bebês. Quando você estiver se locomovendo de carro, seu filho *não* estará seguro no colo.

A maioria dos países, hoje, tem leis tornando obrigatório o uso de assento especial para bebês no banco de trás de automóveis. Observe as regras de segurança desde a primeira vez que sair de carro com seu filho, utilizando uma cadeirinha apropriada para a idade dele e seguindo as instruções do fabricante.

QUEDAS. Nunca deixe seu bebê sozinho na cômoda de trocar ou no berço, se os protetores estiverem abaixados. Caso você precise, repentinamente, deixar o bebê, coloque-o no chão (mas não próximo a uma escada).

ÁGUA DO BANHO. Jamais deixe seu bebê sozinho no banho, ainda que com poucos centímetros de água, nem mesmo por um instante. Tome cuidado com a temperatura da água, porque a pele de um bebê sofre queimaduras com mais facilidade do que a de um adulto.

IRMÃOS MAIS VELHOS E ANIMAIS. Supervisione todos os momentos de interação entre seu bebê e irmãos mais velhos ou crianças pequenas, uma vez que acidentes (bem como agressões) podem acontecer. Mantenha distantes os bichos de estimação e nunca deixe seu bebê em local que outras crianças e animais têm acesso.

* * * * * *

Enciclopédia do bebê e da criança

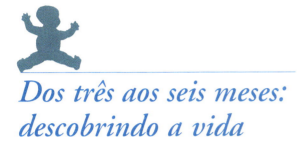

Dos três aos seis meses: descobrindo a vida

Embora a vida com um bebê de três a seis meses ainda tenha seus altos e baixos, ela agora é mais calma e previsível do que a das primeiras semanas. A turbulência gerada pela vinda de um novo bebê serenou; cartões e presentes pararam de chegar e os pais começam a se sentir um pouco mais como eles mesmos. Alimentar, trocar as fraldas, vestir e banhar o bebê já se tornaram a segunda natureza deles.

As coisas estão mais fáceis também para o bebê, principalmente porque seus pais já relaxaram o bastante para reconhecer o motivo do choro, os gestos e outros sinais que ele usa para se comunicar. Sabem, até, que quando o bebê deles começa a se irritar, que tipo de pequenos ajustes — menos luz, menos barulho, menor interação — ele pode precisar para ficar satisfeito. Como resultado, pai e mãe podem começar a se concentrar no novo relacionamento social que se desenvolve.

Mais movimento, maior a necessidade de controle

O terceiro mês determina uma reviravolta excitante no desenvolvimento dos bebês no âmbito social. Começam a chorar menos e passar mais tempo balbuciando, chutando ou deitados de costas, brincando com os dedos das mãos e dos pés. Estabelecem contato visual e gorgolejam intencionalmente, rolam o corpo para chamar a atenção dos pais ou de quem estiver cuidando deles. Em torno dos cinco meses, dão risada e gritinhos de prazer e excitação. Padrões específicos de comportamento que denotam medo, curiosidade, satisfação, aborrecimento e outros sentimentos também se intensificam, bem como se individualizam de bebê para bebê.

Além de estarem mais sociáveis, neste segundo trimestre de vida os bebês ficam, também, mais intrigados com coisas como luz, brinquedos, mãos e cabelos. Com seis semanas, ficavam muito tempo fixando, calma e atentamente, seus pais e suas mães. Em contraste, aos seis meses, prestam maior atenção a objetos, despendendo muito de seu tempo a observar movimentos de sombra e luz, a procurar a fonte de ruídos e a agarrar e colocar na boca quaisquer objetos que eles possam pôr as mãos.

O envolvimento maior com o meio ambiente pode ser percebido no bebê de três meses que reconhece a sua mamadeira — muitas vezes com gritos estridentes ou movimentos agitados de braços e pernas, se o aparecimento da mamadeira coincidir com a hora da fome. Bebês de três meses também observam as próprias mãos e suas imagens no espelho.

Apesar de os pais geralmente vibrarem com a capacidade de interação de seus bebês com o mundo, precisam, também, estar preparados para suprir as novas exigências. Proporcionar cuidados básicos não é mais o bastante. Nessa fase, a interação e os estímulos são tão importantes para o desenvolvimento do bebê quanto a alimentação e o sono.

Habilidades em desenvolvimento

Os pais muitas vezes acham esse período extremamente excitante por causa de todas as novidades que o filho pode alcançar — literalmente — para apoderar-se do mundo. O bebê desenvolve crescente controle sobre os movimentos do corpo, e seus primeiros reflexos, como o de pega, Moro e pescoço duro, desaparecem. Ao mesmo tempo, ele se encarrega de executar movimentos ponderados e voluntários.

Usando os músculos

Os bebês aprendem a usar diferentes grupos musculares em ocasiões diversas. A aquisição de controle corporal progride da cabeça para os pés, e do centro do corpo para as extremidades. Assim, os bebês podem controlar seus braços antes de suas pernas, e os músculos dos ombros antes de seus dedos. Enquanto surge quase automaticamente a capacidade de virar a cabeça e os ombros para seguir um objeto interessante ou um som, conseguir segurar alguma coisa com a mão exige certa prática.

Com mais ou menos seis meses, os bebês aprendem a controlar os músculos do pescoço. O aumento de controle se manifesta quando você puxa o bebê para se sentar. Por ocasião do nascimento e durante os primeiros dois meses, a cabeça do bebê cai para trás, mas o tônus muscular da nuca e do tronco se desenvolve, e, agora, os bebês já conseguem segurar suas cabeças alinhadas com o resto do corpo, quando são puxados pelos dois braços.

Comece colocando seu bebê com a face para baixo sobre um tapete grosso ou na cama, de tempos em tempos, assim que ele desenvolver algum controle da cabeça — de preferência, aos três ou quatro meses de idade. Nessa posição, o bebê pode praticar levantar a cabeça e fazer movimentos de nado com os braços, os quais irão ajudá-lo a engatinhar.

Enciclopédia do bebê e da criança

Em torno dos três meses, em geral os bebês têm suficiente controle do pescoço e dos braços para erguer a cabeça quando deitados de bruços.

Bebês dessa idade de três a seis meses também precisam praticar o rolamento. Muitos rolam da posição de lado para a de costas aproximadamente aos dois meses, mas poucos têm força e coordenação para rolarem em outras direções antes de terem quatro a sete meses. Caracteristicamente, um bebê rolará da posição costas para a de lado em torno dos quatro meses, e da posição de bruços para a de lado aos cinco, seis meses. A última fase do desenvolvimento da capacidade de rolar — aprender a passar da posição de costas para a de bruços — acontece a qualquer momento do início do sexto mês até o final do sétimo.

Dos três aos seis meses: descobrindo a vida

É importante lembrar que uma criança com saúde perfeita, forte, pode não usar os músculos conforme um padrão — ou você pode não perceber quando ela o faz. Entretanto, em geral com três a seis meses os bebês começam a movimentar seu corpo de maneira mais deliberada, fazendo seus primeiros ensaios para ir de um lugar para outro.

Quando colocado de costas, um bebê de quatro a seis meses pode rolar para o lado.

Enciclopédia do bebê e da criança

Os bebês geralmente desenvolvem a capacidade de rolar da posição de bruços para a de lado quando têm mais ou menos seis meses de idade.

Coordenação olho-mão (e lábios)

Durante o período dos três aos seis meses, os bebês desenvolvem importantes habilidades no uso das mãos. São capazes de alcançar objetos, pegá-los e levá-los à boca para exploração. Buscam, avidamente, coisas brilhantes e as passam de uma mão para a outra. Se houver papel por perto, cuidado! Nada agrada mais a uma criança de cinco meses do que puxar um papel brilhante e rasgá-lo em pedaços.

Como bebês dessa idade tocam e manipulam objetos, eles aprendem, assim, a conhecer formas, texturas, consistências e densidades. Estão, também, enviando importantes mensagens para seus cérebros, registrando as experiências que vivem com mãos, olhos e lábios. Proporcione a seu filho oportunidades variadas para esse tipo de jogo e exploração, uma vez que fornece a ele todo um conjunto de informações importantes sobre objetos do mundo que o cerca.

Dos três aos seis meses: descobrindo a vida

O balbuciar do bebê

Durante o terceiro mês, os bebês começam a emitir sons que ao final levarão ao desenvolvimento da fala. Muitas vezes eles arrulham e balbuciam consigo mesmos; estão ensaiando, da mesma forma que praticam para pegar objetos ou levantar a cabeça. No início do período dos três aos seis meses, os bebês começam a responder com sons à voz dos adultos, especialmente as da mãe e do pai. Quando um adulto imita os sons de um bebê dessa idade, ele balbucia de volta. É um começo de conversa.

Em torno dos quatro meses, o bebê começa a emitir sons efetivos de fala. Entoa longas seqüências de vogais, tais como *aaah* e *eee* de maneira meio cantada. Essa forma de balbucio é a mesma no mundo inteiro, independente do idioma falado em casa. Apenas em torno dos nove meses os bebês começam a se restringir aos sons de sua língua materna.

O balbucio de crianças surdas

Bebês com pouca ou nenhuma audição também arrulham, gorgolejam e balbuciam com a mesma idade que as crianças com audição normal. No entanto, após cerca de quatro meses, a vocalização de crianças surdas desaparece, em vez de aumentar e ampliar o número de tons e sons. Na idade em que o balbucio das crianças que ouvem começa a se tornar inteligível, as crianças surdas fazem movimentos com as mãos que parecem sinais de mímica.

FALANDO COM SEU BEBÊ

Quando uma criança começa a vocalizar, é importante que os adultos à sua volta respondam com palavras e expressões faciais adequadas. Essa atitude estimula o bebê a continuar usando sons e o engaja na interação social. Assim, ele aprende a cadência de uma conversação e descobre os sons, as tonalidades e o sentido da fala. Embora um bebê de cinco ou seis meses não possa entender o que você está dizendo, ele pode parar, esperando por sua resposta e, quando você faz silêncio, replicar emitindo mais sons. Essa habilidade pode parecer simples, mas é o primeiro passo para dominar a arte da comunicação. Muito antes de os bebês entenderem as palavras, eles reagem claramente a sons específicos e ao ritmo da fala.

Os pais muitas vezes usam, instintivamente, voz aguda e palavras de uma sílaba só ou frases curtas quando se dirigem ao bebê. Esse tipo de fala, às vezes chamado de TATIBITATE, pode ter importante papel no aprendizado lingüístico da criança. Enquanto for feito com naturalidade, é adequado falar mais lentamente com o seu bebê, repetir palavras-chave e utilizar uma linguagem simples, ainda que com distorções, como NANÁ para ninar ou dormir e MAMÁ para mamadeira.

Enciclopédia do bebê e da criança

Novas necessidades no dia-a-dia

Modelos diários bem definidos começam a surgir no comportamento de um bebê por volta do terceiro mês. Aos três ou quatro meses, os pais em geral podem predizer, com razoável precisão, como o seu bebê irá agir em relação à alimentação, ao sono e às eliminações.

Sono e vigília

Um bebê de três a seis meses pode acordar mais ou menos às seis horas da manhã, depois de dormir profundamente a partir das nove horas (ou mesmo mais cedo) da noite anterior. Se ele tiver dormido durante um longo período, é provável que esteja com fome ao acordar e queira comer imediatamente. Por outro lado, um bebê que ainda faz uma refeição tardia à noite pode não estar faminto e ficar vários minutos examinando as mãos, batendo brinquedos no berço ou simplesmente olhando em volta.

É comum os bebês dessa faixa etária dormirem cerca de catorze a dezesseis horas por dia. O período de sono habitualmente é formado por dois ou três cochilos e um sono mais longo de cerca de seis horas (às vezes muito mais) durante a noite. É lógico que existem grandes variações nas necessidades e horários de sono dos bebês. Algumas dessas variantes têm a ver com o temperamento do bebê e outras com os esquemas domésticos e as reações dos pais ao despertar noturno. Como regra geral, convém estimular períodos mais longos de sono contínuo durante a noite e tentar eliminar mamadas noturnas durante esses meses. (Veja "Para dormir a noite toda" à página 64)

Alimentação

Enquanto mama, um bebê de três a seis meses é capaz de ficar bastante ativo e alerta. Seus olhos podem vagar pelo quarto durante a refeição e suas mãos baterem no seio ou na mamadeira, ou ele pode, até, interromper a mamada por um instante para sorrir para você ou para balbuciar algo. Como conseguem ingerir mais leite ou fórmula láctea em cada mamada, os bebês entre três e seis meses precisam de menos refeições, mas não existem regras rígidas e permanentes para orientar a freqüência e o horário das mamadas. A maioria dos pediatras recomenda o consumo máximo de 900 a 1.020 gramas de fórmula láctea para bebês dessa idade. Mais do que se preocupar excessivamente sobre quando e quanto você deve dar, tente colocar a alimentação do seu filho no contexto do comportamento global — atividade, movimento e sono. Se ele lhe parecer bem nesses aspectos, a possibilidade é de que o seu esquema alimentar esteja perfeitamente adequado.

Os alimentos sólidos devem ser introduzidos entre o quarto e o sexto meses, quando o bebê perde o *reflexo de extrusão da língua* (que o faz empurrar para fora da boca qualquer coisa,

Dos três aos seis meses: descobrindo a vida

exceto o mamilo) e quando as necessidades energéticas começam a aumentar rapidamente. A formação de saliva também aumenta nessa época, o que torna mais fácil levar o alimento para o fundo da boca e engolir. Quando os sólidos ainda forem novidade na dieta do seu filho, convém fazer a primeira refeição do dia com mamadeira, principalmente se ele acordar com muita fome e não tiver paciência com a colher.

PREPARANDO O DESMAME

Muitas mães que alimentam o filho ao seio questionam se devem introduzir algumas mamadeiras nesse período de três a seis meses, com o objetivo de desmamar completamente o bebê. A decisão sobre quando e como desmamar cabe à família e deve estar baseada em ponderações de ordem prática, tais como a necessidade de a mãe voltar ao trabalho.

Alguns pediatras recomendam a introdução ocasional de mamadeiras — talvez uma por dia — logo que a lactação esteja bem instituída. Assim, as mães poderão ficar afastadas de seus bebês por mais do que algumas horas, quando houver necessidade. Além disso, um bebê acostumado desde cedo à mamadeira pode, no futuro, deixar o seio com mais facilidade. É importante salientar, no entanto, que não existe um caminho único; qualquer que seja a escolha feita pelos pais, o bebê ficará bem.

Uma vez decidido diminuir a amamentação, o processo poderá ser mais fácil se for feito gradualmente. A mãe será menos molestada pelo ingurgitamento se as mamadas forem sendo excluídas ao longo de algumas semanas. Da mesma maneira, o filho que apresenta problemas para se adaptar a mudanças irá se dar melhor com um desmame paulatino do que com uma troca repentina de hábitos alimentares. Seu bebê também se sentirá melhor se você não tentar o desmame e a introdução de alimentos sólidos ao mesmo tempo. Duas mudanças grandes e concomitantes serão demais para o seu filhote.

Algumas mães continuam a amamentar de maneira reduzida enquanto seus bebês crescem. Aquelas que trabalham fora, por exemplo, podem amamentar apenas uma ou duas vezes por dia e não passarão pela necessidade de retirar leite durante a sua jornada de trabalho, assim que estiver estabelecido o esquema de amamentação reduzida.

Tão logo as crianças se tornam mais conscientes do meio em que vivem, vão, aos poucos, perdendo o interesse pela amamentação, e arrumam um jeito de desmamar por si mesmas. Algumas, no entanto, se mostram muito resistentes ao desmame. Se você tiver um bebê que reluta em deixar de mamar ao seio, tente usar as estratégias seguintes:

1. Quebre a rotina. Se você sempre amamentou na mesma cadeira de balanço do quarto do bebê, tente amamentar na cozinha, na sala ou em outro quarto da casa.

2. Amamente durante pouco tempo e depois distraia o bebê com um brinquedo ou um jogo. Após um período brincando, tente oferecer a mamadeira.

3. Combine a oferta de mamadeira com uma atividade de que o bebê goste muito, como sacudir um brinquedo que faz um barulho interessante.

Enciclopédia do bebê e da criança

Necessidades nutricionais

Por estarem crescendo, os bebês precisam de mais calorias e nutrientes por quilo de peso corporal do que os adultos. No terceiro mês, eles precisam de cem a 120 calorias diárias por quilo de peso. Do quarto ao sexto meses, as necessidades calóricas diminuem discretamente, com um reajuste feito automaticamente pelo bebê. Assim, geralmente, não é necessário preocupar-se em fazer seu filho de três a seis meses engordar — além do que há indícios de que um bebê rechonchudo de seis meses tem maior probabilidade de se tornar uma criança ou adulto com excesso de peso. Continue a deixar o bebê decidir quando está satisfeito, e o peso se controlará por si.

A melhor maneira de dizer quando um bebê está com fome é observar seu comportamento. Bebês menores choram, cerram os punhos e se retesam quando famintos; bebês de quatro a seis meses demonstram fome agarrando a mamadeira e a colocando na boca ou buscando de boca aberta a mamadeira ou o mamilo. A reação à saciedade também muda com o tempo. Bebês com menos de três meses soltam o mamilo e adormecem, enquanto os mais velhos podem jogar a cabeça para trás, se irritar ou chorar, agitar os braços, cuspir a comida ou olhar para os lados e ficar desatentos. Além disso, você pode confiar em alguns sinais para avaliar as necessidades nutricionais de seu bebê; veja a seguir.

Sinais de subnutrição

- Choro
- Inquietação
- Ausência de ganho de peso

Sinais de superalimentação

- Regurgitação de alimentos
- Diarréia discreta
- Ganho de peso rápido demais

Quando o bebê estiver ingerindo alimentação sólida regularmente, não deixe de reduzir o consumo de fórmulas lácteas para evitar a superalimentação. Um bebê de seis meses que já está comendo cereais, frutas e legumes pode tomar cerca de 900 gramas de fórmula láctea ao dia.

Introduzindo alimentação variada

Antes dos quatro meses, alimentos sólidos podem até fazer mal para os bebês. A sua introdução precoce aumenta a possibilidade de o bebê desenvolver alergias alimentares e impede que ele receba as calorias necessárias para crescer convenientemente. Em torno dos seis meses, no entanto, os bebês não conseguem suficiente nutrição apenas com o leite da mãe ou com a fórmula láctea. A partir desse momento, precisam de uma variedade maior de alimentos para crescerem e se desenvolverem de maneira adequada.

Dos três aos seis meses: descobrindo a vida

Certas mudanças no comportamento alimentar do bebê indicam o momento mais adequado para introduzir consistências mais sólidas. Essas mudanças, que aparecem entre o quarto e o sexto meses, incluem o desenvolvimento de um esquema de sucção mais amadurecido, no qual as gengivas sobem e descem, aparecendo a baba que facilita a deglutição de consistências pastosas. A língua do bebê não empurra mais, por reflexo, a comida para fora da boca e melhora a coordenação entre a língua e os músculos da deglutição.

Mesmo os bebês que passaram por todo esse desenvolvimento podem negar, de início, os alimentos pastosos. Se um bebê de quatro meses demonstra não gostar de colheradas de papinha colocadas em sua boca, o melhor a fazer é desistir e tentar novamente dentro de algumas semanas. Mas um bebê de seis meses que só aceita líquidos pode precisar de alguma persuasão. Se você encontrar muita resistência, fale com o pediatra.

A maioria dos especialistas recomenda começar a variar a alimentação do bebê com cereal de arroz enriquecido com ferro, uma vez que o arroz é um grão que dificilmente provoca reações alérgicas. Comece com uma ou duas colheres de chá misturadas com bastante fórmula láctea ou leite materno, para amaciar e umedecer; mas não liquidifique o alimento.

DICAS PARA A ALIMENTAÇÃO

Alguns bebês consomem avidamente todos os alimentos que lhe oferecem, enquanto outros — que geralmente se assustam com qualquer tipo de experiência nova — evitam seus primeiros alimentos não-líquidos. Muitas vezes, são necessárias algumas tentativas de ambas as partes, pais e bebê, para modificar a dieta e o esquema alimentar da criança. A tarefa poderá ser mais fácil se você:

- evitar introduzir alimentos novos quando o bebê não estiver se sentindo bem;

- não obrigar o bebê a comer nenhum alimento de que pareça não gostar; é melhor deixar esse alimento de lado por algum tempo e tentar introduzi-lo novamente numa fase posterior;

- oferecer alimentos novos em pequena quantidade, não mais do que uma colher de chá por vez;

- deixar o bebê chupar um pouco do alimento de seu dedo, se desconfiar que ele não gosta da colher.

Enciclopédia do bebê e da criança

Introduza um alimento novo de cada vez, para saber o quanto seu bebê o tolera. Tente oferecer o novo alimento junto com um ou mais já conhecidos como prediletos.

Rotina de refeições

Quando você começar a oferecer papinhas, assegure-se de que o seu bebê está com fome — mas não faminto demais. A maioria dos especialistas recomenda começar a refeição com um pouco de leite ou fórmula láctea. Ofereça porções pequenas em uma colher apropriada (colheres infantis, revestidas com um plástico duplo para proteger dentes ainda pequenos, são ideais), tocando com ela os lábios do bebê, para que abra a boca. No início, ele provavelmente irá empurrar a maior parte da comida para fora da boca. Mas, com o tempo, aprenderá a gostar do aroma e da textura dos alimentos pastosos — e quanto mais estímulo você lhe der com sorrisos e exclamações, mais prazer seu bebê sentirá ao comer.

Introduza variedades novas a cada quatro ou sete dias, uma de cada vez, de sorte que, se o bebê desenvolver uma reação alérgica, você possa determinar a causa com facilidade. Em torno do quinto ou sexto mês, você poderá oferecer sucos de frutas, que no início devem ser diluídos com água. Evite produtos e alimentos que não estejam totalmente pastosos até que o seu bebê esteja maior.

Ao lado do cereal de arroz, os alimentos recomendados para bebês de cinco ou seis meses incluem mingau de aveia, purê de maçã, de ervilha, de batata ou mandioquinha, caldo de carne e banana amassada. Espere um tempo para introduzir milho, tomates, frutas cítricas, suco de laranja, peixes, morangos, clara de ovo e espinafre, pois esses alimentos provocam alergias com maior freqüência.

Eliminações

Muitos bebês começam também a ter menos evacuações, embora aqueles que são amamentados ao seio possam continuar tendo evacuações mais freqüentes do que os que recebem mamadeiras. Não se assuste se o seu bebê espaçar mais as evacuações dele ou parecer se esforçar para evacuar após a introdução de alimentos sólidos, pois estes têm alguma influência sobre as fezes; mas o bebê deve se adaptar bem e rapidamente.

Contatos imediatos

Quando seu filho era um recém-nascido, provavelmente adormecia por uma hora ou mais logo depois da primeira mamada do dia. O mesmo não acontece com o de três a seis meses, principalmente se for saudável e estiver bem descansado. A vivacidade e a sociabilidade aumentadas o tornarão um companheiro melhor para os pais.

Enquanto acordado, o bebê estará procurando mais estímulos e mais união com seus familiares. Você já não poderá continuar largando-o num cercado ou no berço e esperar ter sossego por mais do que alguns minutos de cada vez. A menos que tenha algo interessante para olhar ou fazer — e de preferência alguém para olhar e brincar —, o bebê ficará aborrecido e protestará. Isso não significa que você tenha de entretê-lo e negligenciar todo o resto. Simplesmente mantenha seu filho próximo a você colocando-o num carregador — preso em uma cadeira para criança ou fixado em um carrinho — enquanto você faz as suas coisas. Pare de vez em quando para vê-lo e, quando o bebê parecer inquieto, mude um pouco o cenário, a posição ou ofereça-lhe um brinquedo diferente.

Se você ainda não começou, este é o momento para iniciar amizades com outras famílias com bebês. A rotina de cuidados diários é absorvente e os pais muitas vezes se sentem tristes e sós. Para encontrar apoio, arranje um encontro matinal regularmente com outra mamãe (ou outro papai) e seu bebê, para comparar observações e trocar idéias. Mesmo que os bebês pareçam não notar um ao outro durante vários meses, podem se tornar amigos íntimos mais tarde.

Brincadeiras e interação

Bebês de três meses geralmente têm períodos calmos de vigília durante uns quarenta e cinco minutos, e lá pelos seis meses muitos ficam acordados por períodos de duas ou três horas. Quando os bebês passam mais tempo acordados, o tempo para interagirem com os pais, irmãos e pessoas próximas aumenta bastante. Esse período lúdico de interação pode ser uma fonte interminável de prazer para todos os participantes. E são essenciais para o desenvolvimento físico, mental, social e emocional do bebê.

Enciclopédia do bebê e da criança

BRINQUEDOS PARA BEBÊS DE TRÊS A SEIS MESES

Q uando um bebê demonstra interesse maior por objetos, pode se divertir muito mais com brinquedos. Veja a seguir algumas dicas para a escolha de brinquedos para bebês de três a seis meses de idade.

- Escolha brinquedos brilhantes, coloridos, principalmente com vermelho e azul, as duas cores que parecem ser as preferidas dos bebês.

- Procure brinquedos que emitam sons interessantes.

- Procure brinquedos do tamanho certo para seu bebê segurar e tentar pegar.

- Evite brinquedos com partes separadas ou destacáveis que possam se soltar quando na boca do bebê.

- Evite brinquedos com pontas e bordas afiadas.

- Dê um brinquedo de cada vez para evitar confundir o bebê.

- Escolha brinquedos um tanto parecidos entre si. Bebês gostam de coisas que lhes são familiares. Pode levar algumas semanas até demonstrar algum interesse por um brinquedo novo que não se pareça com nenhum de seus brinquedos mais antigos.

Como brincar com seu filho nessa idade?

Os bebês ficam fascinados por brinquedos que se mexem e emitem sons, e adoram tocar, pegar, sacudir e puxar tudo o que estiver ao seu alcance. Ficam igualmente fascinados pelas pessoas e gostam de observar seus movimentos e expressões faciais. A seguir, veja alguns exemplos de brincadeiras que irão agradar o seu bebê e estimular o desenvolvimento dele.

- Segure um brinquedo para que o bebê possa alcançá-lo e pegá-lo. Comece segurando o brinquedo perto do peito dele e bem defronte de seus olhos. Em torno do terceiro mês, o bebê irá bater no brinquedo. Com mais um ou dois meses, aumente o desafio, mantendo o brinquedo um pouco mais distante e para o lado, de modo que precise se virar para alcançá-lo.

- Coloque suas mãos a alguns centímetros dos pés do bebê, para estimular pontapés. Alternando, erga um chocalho ou algum outro brinquedo que faça barulho, no berço, suficientemente baixo para que o bebê possa chutá-lo. (Para prevenir acidentes, retire esse tipo de brinquedo assim que o bebê se torna capaz de erguer a cabeça e o peito, o que acontece em torno do quinto mês de idade.)

- Ajude o bebê a conseguir melhor controle sobre a cabeça puxando-o da posição deitada para a sentada. Deite o bebê de costas e pegue seus punhos um em cada mão. Depois puxe-o, suavemente, pelos braços e fixando firmemente o seu olhar. Em torno do quinto mês, você poderá também erguer o bebê de pé.

- Leve seu filhote para dar uma volta em seu apartamento ou casa; pare diante do espelho e de outros objetos que atraiam a atenção e lhe dê explicações.

- Quando o bebê estiver observando você, faça movimentos deliberados e lentos (estufando as bochechas, batendo palmas) para que ele possa imitar. Comece batendo as mãos do bebê juntamente com as suas. Quando o bebê emitir sons de surpresa ou de alvoroço, imite-o.

Dos três aos seis meses: descobrindo a vida

Um bebê de três meses gosta de bater em brinquedos de cores vivas. No início, segure o brinquedo diretamente na sua linha de visão e dentro do seu alcance.
Após alguns meses, você poderá movimentar o brinquedo para o lado que o bebê se virará para olhar.

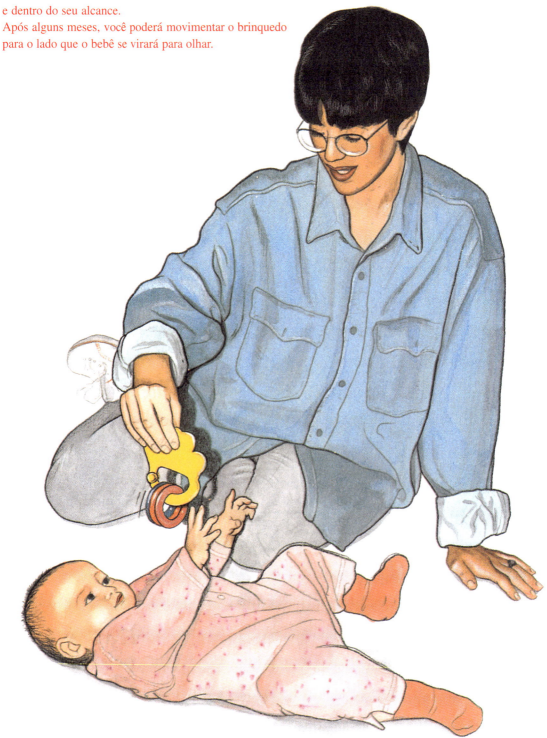

Enciclopédia do bebê e da criança

Rotinas importantes

Bebês de três a seis meses ainda têm de cochilar durante o dia, embora o tempo e a duração do sono varie de bebê para bebê. Depois do desjejum, muitos bebês gostam de um período para brincar bastante, seguido de um outro mais calmo, em que possam olhar em volta, sentados em um carrinho ou no chão, sobre uma manta de cores vivas (talvez aquelas que têm brinquedos afixados).

Bebês tranqüilos podem simplesmente adormecer onde quer que estejam quando chegar a hora, principalmente se você tiver o cuidado de colocá-lo em um lugar razoavelmente sossegado, sem estímulos. Bebês mais serelepes podem querer colo, balanço e talvez uma mamadeira com água pura ou uma chupeta antes de tirar uma soneca. Se você sair com ele de carro, durante a manhã, é bem possível que seu filho volte dormindo.

Alguns bebês adormecem de imediato ao passar do assento do carro para o berço, mas outros se assustam e acordam assim que você os movimenta, ficando irritados — às vezes muito irritados — em vez de atentos. Os pais de bebê que acorda com facilidade podem precisar evitar que seu filho adormeça em qualquer parte que não seja o berço. Pelo mesmo motivo, poderão ficar dependentes demais de uma volta de carro para fazer seu bebê dormir, e poderão se ver rodando sem destino pelas ruas durante períodos cada vez mais longos à medida que ele for ficando mais velho. Na verdade, bom é colocar o bebê para dormir quando ele estiver relaxado, porém ainda não adormecido. Dessa forma, ele aprende a dormir sozinho, sem depender de você.

Quer o bebê durma uma, duas ou três horas, é provável que acorde com fome. Essa refeição no meio do dia é a melhor ocasião para oferecer algum cereal ou, em torno do quinto mês, alguma fruta amassada.

A soneca da tarde

Se a manhã tiver sido cansativa ou o bebê estiver mal-humorado por um motivo qualquer, ele poderá ficar irritado à tarde, mesmo que as cólicas já sejam assunto do passado. Se seu filho estiver em uma creche, a viagem para casa poderá acalmá-lo ou aumentar sua irritação. Um bebê mal-humorado de três a seis meses poderá querer colo e brincadeiras, mas o problema é semelhante à hiperatividade, situação na qual menos luzes, menos barulho e menos atividade devem acalmar.

Nessa parte do dia, o melhor é manter as coisas fáceis. Execute suas tarefas em compasso lento enquanto o bebê observa, sentado em sua cadeirinha ou em balanço mecânico. Então, você poderá tocar uma música suave, enquanto leva o bebê de um quarto para outro, chamando a atenção dele para objetos interessantes. Se o bebê ficar razoavelmente calmo, pegue alguns brinquedos e desfrutem juntos de uma brincadeira no chão.

Dos três aos seis meses: descobrindo a vida

Preste atenção aos sinais de cansaço — bocejos, olhar parado e impaciência. Se possível, faça o bebê dormir à mesma hora todas as tardes, não cedo demais, a ponto de embarcar no sono, de vez, às 5 horas da tarde (e estar bem descansado e pronto para brincar às 4 horas da manhã), mas também não tão tarde que acorde atrasado para a hora do jantar. Uma mamadeira ou uma mamada ao seio pode preparar seu bebê para a soneca. Mas evite deixar que ele sugue o mamilo ou a mamadeira até que adormeça. Isso não só impede que ele aprenda a dormir sem ajuda, mas também pode levar a cáries dentárias, principalmente se os primeiros dentes já tiverem apontado, o que muitas vezes acontece em torno do sexto mês.

Repouso noturno

O final do dia, quando os adultos voltam do trabalho e os mais novos da escola, pode ser uma hora muito tensa para todos, inclusive para o bebê. O segredo para uma transição suave nessa hora do dia é seguir uma rotina e manter as coisas fáceis. É comum um dos pais assumir os cuidados do bebê enquanto o outro lida com as tarefas domésticas. Se a família não viu o bebê durante o dia todo, a reunião pode ser muito calorosa — e, algumas vezes, excitante demais para ele. Agitação geral, longos acessos de choro e dificuldade para se preparar para dormir são as reações mais comuns.

Para evitar esses inconvenientes, observe os sinais de que seu bebê pode estar ficando exausto e tente agir de acordo. Observe bocejos, nervosismos, rubores ou manchas na pele, além de relutância em olhar para você e sorrir. Se o bebê demonstrar qualquer um desses sinais, acalme o ambiente, eliminando excessos de barulhos e atividades. Alguns bebês, é claro, se ajustam melhor do que outros e parecem vicejar com a algazarra do final do dia. Se seu filho é um destes, usufrua. Se não, tente adaptar as atividades noturnas da família às necessidades dele.

Incluir o bebê na refeição da família amamentando-o ou lhe oferecendo uma mamadeira enquanto todos estão à mesa, é uma questão de preferência pessoal. Mas, se a família gosta de um jantar sossegado, sem interrupções, provavelmente será melhor fazer isso enquanto o bebê dorme (o que pode ocorrer bem tarde). De qualquer forma, uma atividade calmante na hora de dormir, imediatamente antes ou depois da última mamada, pode ser útil a todos.

Talvez seja preciso incluir um banho na rotina de repouso noturno, dependendo de como o bebê reage à água, relaxando ou se aborrecendo. Uma troca de fralda ou de roupa também pode fazer parte do relaxamento, assim como um tempinho de embalo, de música suave ou de outra atividade tranquila. Mas não habitue seu bebê a embalos ou mamadas para dormir à noite.

Enciclopédia do bebê e da criança

Um berço seguro utiliza protetores nos cantos
e tem o colchão perfeitamente adaptado na armação.
Retire móbiles e argolas de suspensão
a partir do quarto ou quinto mês,
quando o bebê começa a se erguer com os braços.

NOVAS NECESSIDADES DE SEGURANÇA

 medida que os bebês se tornam mais ativos em suas explorações, você precisa tomar providências especiais. Certifique-se de:

- manter uma mão no bebê sempre que estiver trocando a fralda na cômoda — não o deixe abandonado na cômoda ou na cama, já que os bebês rolam com facilidade;
- verificar se os lados do berço estão sempre travados;
- utilizar cinto de segurança quando coloca o bebê em um assento, balanço ou carrinho;
- retirar do berço móbiles e outros brinquedos do gênero assim que o bebê começa a conseguir se levantar com os braços — um bebê ativo pode ficar facilmente emaranhado no móbile ou começar a colocar pequenas peças na boca;
- nunca pendurar uma chupeta ou um brinquedo no pescoço do bebê com uma fita ou elástico — a fita pode se prender em algum lugar do berço, carrinho ou quadrado e sufocar o bebê.

Dos três aos seis meses: descobrindo a vida

PARA DORMIR A NOITE TODA

Independentemente de seu ritmo biológico, todos os bebês passam por vários ciclos de sono, acordando no mínimo uma a duas vezes por noite. Quando ficam mais velhos e sentem fome com menor freqüência, podem voltar a dormir depois de choramingar alguns minutos ou mesmo sem chorar, principalmente se tiveram aprendido a se acalmar chupando o polegar ou olhando a mão. Os pais de bebês calmos, quietos, muitas vezes contam que eles dormem a noite toda praticamente desde o nascimento, mas esta nunca é a realidade. Esses bebês são, isto sim, felizes o bastante para saberem como voltar a adormecer quando acordam no final de um ciclo de sono.

No entanto, alguns bebês precisam da ajuda dos pais para voltar a dormir. As técnicas a seguir são bastante úteis; use-as se precisar.

- Quando você quiser que seu bebê adormeça, coloque-o em um canto tranqüilo onde não possa perceber o movimento da casa.

- Barulho e luz podem acordar os bebês dessa idade, facilmente. Portanto, todos dormirão melhor se seu bebê não ficar no quarto dos pais, onde o ranger de molas da cama, conversas ou roncos pode interromper o sono dele.

- Dê uma boa refeição para o bebê antes de colocá-lo para dormir. Se ele acordar com fome de madrugada, tente dar a última mamada da noite o mais tarde possível.

- Não protele a última refeição a ponto de o bebê ficar exausto. Se ele estiver muito cansado antes de ir para o berço, é pouco provável que durma bem.

- Evite barulho, agitação e atividades em excesso mais ou menos uma hora antes do horário de dormir. Se você escutar o bebê choramingar no meio da noite, espere alguns minutos antes de correr para atendê-lo.

- Se você precisar alimentar ou trocar o bebê no meio da noite, mantenha o quarto na penumbra e aja com rapidez e objetividade. Não pare para afagar ou brincar com o bebê — a noite foi feita para dormir.

O banho de um bebê de três a seis meses

A hora do banho pode ser um momento de prazer para você e seu bebê. Nessa idade, pode-se continuar usando uma pequena banheirinha para bebês ou um dispositivo adaptado dentro da banheira grande. Coloque uma esteira de borracha no fundo da banheira e mantenha o nível de água não superior a 10 cm. Verifique a temperatura da água colocando algumas gotas no seu antebraço; deve parecer morna. Quando estiver pronta, coloque o bebê de costas na banheira. Mantenha um braço atrás da cabeça e da nuca dele, segurando seu ombro, e use a outra para lavá-lo. Os banhos não devem demorar mais do que três a quatro minutos.

Sempre verifique, antes, se há toalhas secas e tenha um cuidado especial com as correntes de ar ao sair do banho.

Alguns bebês de três a seis meses não gostam de banho em banheira. Para estes, uma limpeza diferenciada em geral substitui um banho completo. Com uma luva de banho, você pode limpar as mãos do bebê, a nuca, os braços, o tronco e a região da fralda.

Enciclopédia do bebê e da criança

Cuidados especiais

Os bebês pequenos produzem mais calor do que os adultos. A temperatura corporal deles aumenta durante os primeiros meses e chega ao máximo — 37,5 ºC — em torno do sexto mês, após o que começa a cair discretamente. Durante o primeiro ano de vida, você deve evitar expor o bebê a temperaturas extremas, tanto quentes quanto frias. Os médicos recomendam manter a temperatura ambiente entre 20 e 22 ºC durante esse período, evitando deixar o bebê ficar superaquecido.

Uma regra prática para essa idade, bem como para crianças menores, é não vestir o bebê nem mais nem menos do que você se agasalha para uma determinada temperatura externa. Exceção: bebês devem estar de touca em tempo fresco (não apenas no frio), e um chapéu de sol é uma boa proteção, para a pele delicada e a cabeça do bebê, contra queimaduras por raios ultravioletas.

Entre os quatro e cinco meses, os anticorpos com os quais os bebês nasceram estão diminuídos. Assim, alguns apanham seus primeiros resfriados nesses meses, principalmente se tiverem irmãos mais velhos ou se estiverem em contato com outras crianças na creche. Apesar de ser fato conhecido que o leite materno protege os bebês contra resfriados e outras infecções, esse pressuposto não está totalmente comprovado.

Para diminuir o risco de infecções, mantenha o bebê distante de pessoas com resfriados e, igualmente importante, lave as mãos com freqüência. Cuidar para que as mãos e os brinquedos do seu bebê estejam sempre limpos pode ser impossível, mas vale tentar, sobretudo se alguém da casa estiver com resfriado ou gripe.

A curva de crescimento

No período entre os três e seis meses, a criança continua crescendo rapidamente. As reservas de gordura no corpo aumentam, dando aos bebês sua aparência típica, rechonchuda e perfeitamente normal. Um dos órgãos que crescem mais rapidamente durante esse período é o cérebro, que continua seu desenvolvimento até o quarto ano de vida. A abertura mole atrás da cabeça (a *fontanela posterior*) fecha aos quatro meses, enquanto a da frente (*fontanela anterior*) aumenta durante os primeiros meses e fecha quando o bebê tem, em média, entre nove e 18 meses.

Aproximadamente aos quatro meses, muitos bebês já duplicaram seu peso de nascimento. Se seu filho ganhar peso mais devagar, não há motivo para preocupação, desde que pareça estar sadio.

Aos três meses, os bebês pesam em torno de seis quilos, e seu comprimento varia de 55 a 63 centímetros. Entre quatro e seis meses, aumentam, por mês, aproximadamente 500 a 750 gramas e crescem 2,5 centímetros. Os meninos tendem a ser mais compridos e pesados do que as meninas.

Dos três aos seis meses: descobrindo a vida

Avaliação médica e vacinação

Durante o período de três a seis meses, o pediatra deve ver seu bebê duas vezes — uma no quarto mês e outra aos seis meses (dependendo da orientação do pediatra do seu filho, o intervalo pode variar). Durante essas consultas de rotina, seu filho deverá ser pesado e medido, e o desenvolvimento geral e a saúde, espera-se, serão avaliados, inclusive os sentidos da audição e da visão.

Para avaliar a audição, o doutor pode fazer soar um sino ou produzir um ruído forte atrás das costas do bebê e observar a resposta. Para avaliar a visão, em geral ele ilumina os olhos do bebê com luz forte e observa como eles piscam e seguem a fonte luminosa.

As vacinas aplicadas aos quatro meses são a Sabin (OPV, contra a paralisia infantil); a tríplice bacteriana DPT (contra difteria, pertussis e tétano) e a vacina Hib (contra o *Haemophilus influenza* tipo b). Aos seis meses, repetem-se essas três vacinas e recomenda-se uma terceira dose da VHB, a vacina contra a hepatite B.

Padrões de desenvolvimento

Como já dito neste livro, cada criança se desenvolve conforme seu próprio ritmo. Em média, os bebês de três a seis meses adquirem habilidades mais ou menos na ordem colocada a seguir. A maioria deles faz algumas dessas coisas mais cedo do que o esperado e outros, um pouco mais tarde. Lembre-se de que as variações são a regra.

Antes de mais nada, o período entre os três e seis meses é de extraordinário desenvolvimento, durante o qual novas habilidades e percepções aparecem quase todos os dias. Inúmeras "estréias" sensacionais surgem nessa época: a primeira risada, o primeiro balbucio, as primeiras expressões que parecem palavras. Toda vez que surge uma nova habilidade, pode-se observar como o bebê passa a praticá-la mais e mais. Por outro lado, alguns bebês parecem retroceder e ignoram as novas habilidades durante um tempo, logo que elas aparecem. Ambos os padrões são normais.

Padrões físicos

Aos três meses

Segura objetos com as mãos.
Leva as mãos à boca.
Quando deitado de bruços, suspende a cabeça e os ombros nos antebraços.
Aumenta o controle sobre a cabeça.

Enciclopédia do bebê e da criança

Aos quatro meses

Força os antebraços, levanta a cabeça e o peito até 90 graus, quando de bruços.

Os primeiros reflexos — rotação, Moro, extrusão — desaparecem.

Melhora a coordenação entre o movimento dos olhos e do corpo.

Leva as mãos à boca, chupa os dedos.

Começa a babar.

Rola das costas para o lado.

Sustenta o peso sobre os pés quando colocado em posição ereta.

Aos cinco meses

Torna-se capaz de se sentar, de início com apoio.

Engatinha, estendendo o braço e se arrastando.

Pode começar a ocorrer a dentição.

Pega objetos com ambas as mãos.

Usa as mãos para levar objetos à boca.

Rola da posição de bruços para a de costas.

Segura a cabeça alinhada com o tórax, se puxado para sentar.

Aos seis meses

Fica sentado sozinho por alguns instantes.

Levanta a parte superior do corpo apoiado nas mãos.

Rola da posição de costas para a de frente.

Transfere objetos de uma mão para a outra.

Começa a mascar e mastigar.

Puxa os pés para a boca e brinca com os artelhos.

Padrões de aprendizagem

Aos três meses

Arrulha e balbucia quando se fala com ele.

Segue objetos com os olhos.

Localiza sons virando a cabeça.

Aos quatro meses

Associa sons com objetos.

Brinca com chocalhos de mão e brinquedos dependurados.

Explora o seio e o corpo da mãe.

Emite sons de consoantes (*d, p, b*).

Dos três aos seis meses: descobrindo a vida

Aos cinco meses

Responde ativamente a brincadeiras.

Examina objetos durante mais tempo.

Mostra-se cada vez mais interessado em imagens no espelho.

Aos seis meses

Começa a imitar sons.

Está cada vez mais interessado em novos estímulos.

Reconhece o rosto dos pais.

Olha de imediato para um objeto que caiu.

Padrões emocionais

Aos três meses

Gosta que se fale com ele.

Chora menos.

Pára de chorar quando um dos pais entra no quarto.

Reconhece a mamadeira e outros objetos de seu dia-a-dia.

Aos quatro meses

Ri alto.

Procura chamar a atenção manifestando desagrado ou irritação.

Grita, joga os braços e arfa quando excitado.

Demonstra interesse por novidades.

Aos cinco meses

Dá risinhos de satisfação e ri enquanto brinca.

Pede atenção e usufrui dela.

Sorri para a sua imagem no espelho.

Pode ter oscilações rápidas de humor.

Aos seis meses

Mostra-se cauteloso quando é agradado por estranhos.

Acorda feliz.

Levanta os braços para ser erguido.

Enciclopédia do bebê e da criança

Indícios de problemas

Procure ajuda se seu bebê de três a seis meses NÃO:

- se virar para localizar ruídos;
- reagir à luz forte;
- seguir objetos com os olhos;
- respirar pelo nariz;
- sorrir;
- levantar a cabeça quando deitado de bruços;
- controlar a cabeça enquanto estiver sendo apoiado;
- perder os reflexos de presa, sobressalto e extrusão aos seis meses;
- rolar aos cinco meses;
- estender ambas as mãos aos cinco meses.

* * * * * *

Dos três aos seis meses: descobrindo a vida

Dos seis aos dez meses: conhecendo o mundo

Entre os sete e os dez meses de idade ocorrem importantes mudanças, uma vez que a capacidade física e mental do ser humano dá um grande salto adiante. Durante esses meses, os bebês aprendem a se sentar sozinhos (para depois ficarem em pé), desenvolvimento que lhes permite, literalmente, enxergar o mundo de uma outra perspectiva. O nível visual não é mais sinônimo de chão, berço ou colo. Agora, os bebês tornam-se capazes de enxergar uma profusão fascinante de objetos e pessoas. Ao mesmo tempo, dominam habilidades manuais e visuais que lhes permitem explorar esse magnífico mundo novo.

Agarrar fica menos tentador: crianças dessa faixa etária não têm mais de bater e tatear para segurar coisas interessantes. Em lugar disso, fazem uma rápida avaliação visual de cada item, esticam a mão e agarram de vez. Outra nova habilidade, a locomoção, dá ao bebê, nessa fase, um controle ainda maior sobre o ambiente. Antes de conseguir engatinhar, a exploração manual e oral estava limitada ao que estivesse ao seu alcance. Agora, a capacidade de se movimentar muda tudo isso, tornando atingíveis objetos que estavam fora de alcance — e que são irresistíveis.

O aumento da capacidade intelectual dos bebês entre seis e dez meses lhes permite a percepção de todas as novas experiências que o desenvolvimento da mobilidade e da coordenação manual lhes proporciona. Começam a associar determinados objetos com suas qualidades sensoriais — isto é, aprendem e registram a sensação peculiar de cada objeto ao tato, à audição, ao paladar, e o aspecto visual sob diferentes ângulos.

Nesse período, os bebês também começam a executar atos deliberados que demonstram a capacidade deles de memorizar e de pensar. Apesar de essas ações parecerem simples e automáticas, na verdade envolvem um processo de raciocínio ao qual o ser humano não está capacitado senão aos oito ou nove meses de idade. Por exemplo, a idéia de mover um brinquedo para alcançar outro não acontece antes do quinto ou sexto mês, mas, aos oito, um bebê pode, deliberadamente, empurrar um ursinho para o lado para pegar uma bola.

Não é por acaso que o ser humano também desenvolve emoções mais complexas durante esse período. A mais intensa delas é um profundo apego aos pais. Em geral a mãe ou a pessoa que atende o bebê com mais freqüência torna-se o principal objeto desse apego. Como resultado, emerge o desenvolvimento de duas outras frentes emocionais: o medo de estranhos e o medo da separação da mãe ou da pessoa com quem a criança convive mais.

Os bebês podem se irritar e parecer aflitos diante de mudanças, vozes estranhas, novos ambientes e pessoas diferentes. O melhor que os pais podem fazer é acalmar a criança e demonstrar satisfação e intimidade com todo objeto ou qualquer pessoa que tenha desencadeado a reação, para ajudar o filho a aceitar a novidade. Episódios desse tipo ensinam aos bebês toda sorte de situações sociais, físicas e emocionais.

Uma nova forma de relacionamento

Quando seu bebê desenvolver as novas habilidades, você achará este um período excitante e prazeroso. Nenhum sentimento é igual à emoção de ver seu filho, ainda há pouco incapaz, tornar-se um explorador ativo dos ambientes. Apesar de parecer um clichê, na verdade você começa a ver o mundo pelos olhos do seu bebê ao mostrar-lhe coisas interessantes, introduzir novos alimentos e incentivá-lo nos primeiros passos, primeiras palavras e outros acontecimentos importantes.

O crescente apego de seu filho a você pode ser, também, fonte de muita alegria. Agora, quando se debruça para pegar o bebê, você encontra um par de bracinhos prontos para um abraço. Não resta dúvida: você é verdadeiramente o centro do universo emocional dele. Por seu intermédio, esse filho conhecerá a confiança, o afeto e a alegria, além de usufruir de segurança emocional.

Treinando novas habilidades

No começo do sétimo mês, alguns bebês conseguem erguer a parte superior do corpo com as mãos e puxar pernas e barriga. No entanto, a maioria não consegue engatinhar muito bem antes do nono ou décimo mês. Quando começam a se erguer de quatro, podem cambalear para trás e para a frente, e desmoronar, ou podem ir só para trás (o que não os parece incomodar nem um pouco). Durante os últimos meses do primeiro ano, porém, em geral os bebês tornam-se peritos em engatinhar — e utilizam essa aptidão para expressar seu apego, seguindo, obstinadamente, os pais por toda a casa.

Dos seis aos dez meses: conhecendo o mundo

O preparo para engatinhar

Aprender a engatinhar leva vários meses e progride por etapas. Embora os primeiros movimentos de corpo comecem no final do período anterior, entre os três e seis meses, a verdadeira locomoção sobre mãos e joelhos não surge antes do final do primeiro ano.

No primeiro mês de vida, os bebês conseguem se deslocar no berço empurrando os artelhos ou os joelhos. Em torno dos dois meses, esses movimentos, que são controlados por reflexos primários, desaparecem. No mesmo período, os bebês começam a controlar o pescoço e, em torno dos quatro meses, podem levantar a cabeça e os ombros, quando deitados de bruços.

Antes de engatinhar, alguns bebês se deslocam muito bem apenas rolando de um lugar para outro. Outros, assim que conseguem se sentar, movimentam-se escorregando, o que significa empurrar o corpo para a frente, com os braços, permanecendo sentado. O fato é que a maioria dos bebês desenvolve a habilidade de se empurrar para cima com as mãos ou com os antebraços e puxar o peso para diante, com ou sem o auxílio das pernas.

Nessa fase de preparo, pode acontecer de um bebê dobrar e esticar um dos antebraços e acabar batendo o nariz, ruidosamente, no chão. Mais tarde, ele pode puxar uma perna para baixo do corpo e tombar. No entanto, em algum momento da segunda metade do primeiro ano, a maioria dos bebês consegue empurrar o corpo para a frente com seu próprio esforço. A maioria estica-se com os braços e levanta a parte de cima do corpo, arrastando atrás de si as pernas.

Bebês dessa idade de seis a dez meses são exploradores que usam todos os seus sentidos, inclusive o paladar, para conhecer novos objetos.

Enciclopédia do bebê e da criança

UM AMBIENTE SEGURO PARA A CRIANÇA QUE ENGATINHA

A coordenação melhor das mãos, o aumento da mobilidade e uma curiosidade insaciável tornam o bebê, a partir dos sete meses, particularmente exposto a acidentes. Antes de seu filho começar a disparar pela casa e puxar-se para ficar em pé, assegure-se de:

- verificar se todas as tomadas estão cobertas;

- retirar ou fixar todos os móveis leves (tais como luminárias de chão) que o bebê possa derrubar tentando se erguer;

- enrolar, prender (e se possível esconder) fios elétricos;

- fazer uma busca diária no chão e nos móveis baixos à procura de moedas caídas e outros objetos pequenos que o bebê possa pegar, pôr na boca e engolir;

- colocar no alto o que você não quer que o bebê pegue;

- habituar-se a sempre manter fechadas as portas dos banheiros;

- retirar do berço as almofadas amortecedoras, abaixar o nível do colchão e levantar as grades ao máximo;

- tirar todas as plantas da casa do nível de alcance do bebê;

- colocar portinholas no começo e no fim da escada;

- prender o bebê com firmeza no carrinho ou no cadeirão; se ele começar a se contorcer na troca de fraldas, passe a usar o chão em vez da cômoda.

Habilidades motoras

É claro que sempre existem os independentes: alguns bebês nunca engatinham, preferindo investir suas energias em prontidão para andar. Erguer-se para ficar ereto e sustentar o peso nos pés é desenvolvimento normal entre o sétimo e o nono meses, e alguns bebês parecem preferir desenvolver-se nessas habilidades do que sair por aí de quatro. Em torno do nono mês e metade do décimo, o bebê "comum" começará o *cruzeiro* (isto é, a deslocar-se utilizando os móveis da casa como ancoragem enquanto anda de lado). A capacidade de andar segurando nas mãos de alguém também começa nessa época. Raros bebês aprendem, de fato, a andar sozinhos no nono ou décimo meses — porém, mais uma vez, muitos não andam com segurança até seu primeiro aniversário, embora sejam perfeitamente normais.

No domínio da capacidade motora fina, os bebês também dão um salto à frente ao desenvolverem uma técnica para agarrar objetos com a palma da mão inteira, empregando a assim chamada "pega central", na qual todos os quatro dedos são movidos como uma unidade em oposição ao polegar. Um bebê de oito meses pode ser capaz de mudar um dos objetos de uma mão para a outra, quando, antes, teria deixado cair um dos objetos para pegar o outro. Em algum momento do nono ou décimo mês, ele começa a usar a requintada "pega em pinça", a habilidade que permite segurar coisas com o polegar e o indicador.

Dos seis aos dez meses: conhecendo o mundo

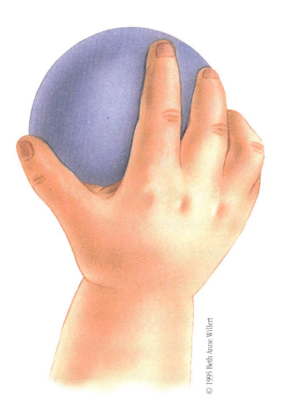

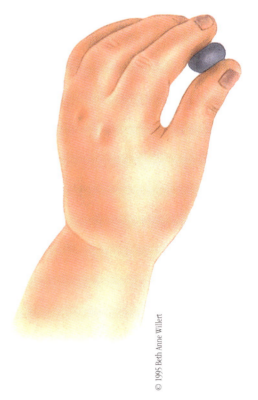

No início do período de seis a dez meses,
o bebê utiliza uma *pega central*
com a palma da mão inteira,
para pegar objetos.

Em torno do nono mês,
ele desenvolve uma *pega em pinça*, mais apurada,
utilizando o polegar e o indicador.

Progressos de fala

Aos seis meses, as sílabas formadas pela combinação consoante-vogal substituem o cantarolar melodioso da vocalização da fase anterior. O primeiro balbucio geralmente é um longo encadeamento da mesma sílaba, como *mamama, bababa* ou *papapa* — sons produzidos na parte anterior da boca, com o ar forçado através dos lábios cerrados. Esses sons aparecem primeiro porque são mais fáceis de serem formados. Outros vêm mais tarde, quando o bebê ganha maior controle sobre seu aparelho fonador. Por exemplo, sons como *d* e *t* requerem hábil controle da língua, enquanto *g* e *k* precisam de manejo dos músculos da garganta. Por isso, o bebê não emitirá esses sons antes do oitavo ou nono mês.

Enciclopédia do bebê e da criança

Nutrição, repouso... e muita brincadeira

Durante esse período de seis a dez meses, o fascínio ilimitado do seu bebê por imagens, sons, formas e movimentos torna mais fácil para você mantê-lo ocupado. A estratégia, agora, é fornecer a quantidade certa de brinquedos e saber avaliar quando seu filho está farto de uma atividade e pronto para outra.

Sono e vigília

O padrão de sono do bebê deve estar mais estável agora do que no segundo trimestre de vida. Os pequenos de seis meses ficam acordados em média nove horas a cada 24. A maioria tira sonecas durante a manhã e à tarde, e dorme de maneira mais ou menos contínua de dez a 11 horas por noite. Um esquema organizado para comer e dormir assume capital importância nessa idade; cansaço e excesso de estímulos podem deixar o bebê extremamente irritado. Mas você pode ajustar o esquema de sono de seu filho de modo que ele durma mais tarde ou acorde mais cedo de manhã.

BONS ALIMENTOS PARA INICIANTES EM SÓLIDOS

Banana (amassada, se for preciso)
Batata (amassada)
Batata-doce
Biscoito ou bolacha de polvilho (tapioca, beiju)
Carne de vaca, de frango ou fígado (moída)
Cenouras (bem cozidas; amasse, se necessário)
Cereais (arroz, milho, aveia)*
Feijão (amassado)
Gema de ovo amassada (SEM a clara)
Maçã (corte em tiras e pique-a bem ou ofereça-a ralada com uma colher)
Macarrão (os de farinha de trigo somente a partir do nono ou décimo mês)
Pão (de centeio, de mandioca, de batata)
Pêra (amassada, se necessário)
Pêssego (fresco ou industrializado; amassado, se necessário)
Queijo

* Evite alimentos com farinha de trigo até o nono ou o décimo mês, pois o trigo é o cereal que apresenta maior probabilidade de provocar alergias.
A clara de ovo, outro alergênio comum, também deve ser evitada.

Dos seis aos dez meses: conhecendo o mundo

Alimentação

Por volta do sétimo mês, o bebê deve estar se acostumando a vários alimentos sólidos, principalmente cereais, legumes e frutas. Nessa época, você pode oferecer frango ou peru amassados e observar se cai bem.

Mas, seja em papinha preparada em casa ou em purê industrializado para bebês, a carne não deverá fazer muito sucesso: crianças dessa idade não precisam de grande quantidade dela; trinta gramas diárias serão mais do que suficientes.

COMIDA PRONTA OU PREPARADA EM CASA?

Para algumas pessoas, a expressão "alimento infantil" imediatamente levanta a imagem de pequenos potes cheios de papa verde, cor-de-laranja ou marrom-clara. Existe a crença de que estes são os alimentos que os pequenos devem comer, e alguns pais realmente confiam neles para nutrir seus bebês dos sete meses até o final do primeiro ano. Mas existem muitas refeições infantis que você pode preparar em sua própria cozinha que têm tanto (ou mais) valor nutritivo quanto as que vêm prontas. Na verdade, alguns nutricionistas alegam que os alimentos infantis industrializados podem retardar o desenvolvimento da mastigação, da deglutição e da capacidade de alimentar-se sozinho. Veja, a seguir, algumas vantagens e desvantagens de ambos os tipos de refeições.

ALIMENTOS INFANTIS INDUSTRIALIZADOS

Prós

- São mais práticos.
- São seguros para bebês abaixo de seis meses, que ainda não digerem fibras.
- São higiênicos.
- Não contêm sal ou açúcar refinado.

Contras

- Oferecem poucos incentivos para desenvolver a mastigação e a força maxilar de bebês capazes de digerir fibras (por volta do sétimo ou oitavo mês).
- São mais caros.
- Têm valor nutritivo menor do que frutas e legumes frescos.

ALIMENTOS INFANTIS PREPARADOS EM CASA

Prós

- São mais baratos.
- Permitem aos bebês participar das refeições da família.
- Acostumam os bebês aos alimentos normalmente consumidos pela família.

Contras

- Precisam de temperos.
- Podem apresentar risco maior de contaminação bacteriana.

Enciclopédia do bebê e da criança

MUDANDO PARA A MESA

É absolutamente certo que seu filho irá se interessar por comer sozinho e por comer comida mais "comum", nesse período de seis a dez meses. Infelizmente, apesar disso, alguns bebês são mais difíceis. Veja a seguir o que você pode fazer para ajudar.

- Utilize um cadeirão com uma bandeja firme, deslizante, que tenha um bloqueio na beirada para evitar que a comida caia.

- Dê o máximo possível de alimentos para serem comidos com a mão.

- Deixe o bebê segurar uma colher enquanto você dá a comida com outra.

- Dê para o bebê uma colher de plástico com um cabo curvo, fácil de segurar, para ele comer sozinho.

- Deixe que o bebê examine a comida — mesmo mole ou semilíquida — com as mãos. Faz sujeira, mas é uma etapa importante no aprendizado da arte de comer.

- Ofereça mingaus de cereal espessos e pegajosos, usando menos leite no preparo. Alimento de consistência grossa é mais fácil de o bebê pegar com a colher ou de levá-lo à boca com os dedos.

- Estenda uma toalha de mesa de plástico no chão, debaixo do cadeirão, para reduzir o tempo de limpeza.

Acertando o passo

Por gostar de explorar novidades e de treinar sua habilidade mão-boca, a maioria das crianças insiste em tentar comer sozinha a partir dos oito, nove ou dez meses. Nessa época, seu bebê deve estar apto para sentar-se no cadeirão e segurar torradas, pedaços de cereais, de frutas e biscoitos próprios para a dentição, todos eles itens adequados para iniciantes na arte de comer sozinho.

Se você ainda não introduziu o uso do copo, este é o momento. Se estiver oferecendo uma parte da refeição em mamadeira ou leite materno antes dos alimentos sólidos, inverta e ofereça primeiro os sólidos. Uma de suas metas durante esse período deve ser a diminuição das mamadas de modo geral e tentar ajudar o seu bebê a fazer a transição para uma maior quantidade de alimentos de adultos.

Apesar de não existirem regras rígidas orientando os esquemas alimentares nesse grupo etário, você deve caminhar aos poucos para a oferta de três refeições regulares por dia, além de oferecer uma mamadeira ou leite materno uma vez pela manhã e outra à tarde. A mamada antes de dormir pode ser essencial, mas nunca deixe que o bebê adormeça enquanto estiver mamando ao seio ou tomando uma mamadeira com o que quer que seja além de água.

Dos seis aos dez meses: conhecendo o mundo

Revistas velhas (quanto mais coloridas, melhor) são ótimas para explorar o som, a consistência e outras propriedades físicas do papel. Mas tome conta de perto, pois uma bola de papel amassado na boca apresenta risco de asfixia.

O brincar

O interesse do bebê em brincar cresce muito entre os sete e os dez meses, mas isso não significa que você deva gastar uma fortuna em brinquedos novos e estimulantes. Copos de medida, caixas de sapatos, vasilhas plásticas e outros artigos domésticos são tão interessantes quanto chocalhos e bolas de loja. Mas, se você utilizar esses objetos como brinquedos, tenha em mente a segurança. É preciso cuidado especial com pedaços pequenos e beiradas afiadas, e lembre-se de que tudo com que o bebê brinca irá para sua boca de vez em quando.

Para crianças entre seis e dez meses, exercitar a motricidade (sentar-se, ficar em pé, engatinhar e rolar) é uma gostosa brincadeira, principalmente se alguém as estimular. Não se contenha ao exprimir seu prazer; o bebê precisa que você confirme que ele acabou de fazer uma proeza maravilhosa ficando de pé ou disparando para a frente, de quatro. Nessa época, não há necessidade de forçar. Quando seu filho estiver pronto para a próxima etapa, ele espontaneamente se movimentará usando nova técnica.

Os bebês podem se entreter durante alguns minutos se receberem coisas interessantes para investigar, mas a interação ainda é parte essencial do divertimento. Faça jogos sem brinquedos. Esconde-esconde será um dos preferidos durante esses meses, da mesma forma como o serão brincadeiras com os dedos, como o "minguinho", ou fazer cócegas suaves. Se você repetir brincadeiras com os dedos ou rimas infantis (de preferência acompanhadas por gestos que implicam a participação do bebê), ele as aprenderá e certamente será capaz de antecipá-las, quando você começar a recitar alguma.

Enciclopédia do bebê e da criança

DICAS PARA BRINCADEIRAS

- Não ofereça, por vez, mais do que quatro ou cinco brinquedos pequenos, ou um ou dois dos maiores.

- Dê oportunidade para que o bebê conheça bem os novos brinquedos. Demonstre para que servem, depois os aproxime do bebê e ofereça-os. Se ele recusar um brinquedo desconhecido (o que acontece com freqüência), deixe-o de lado e tente de novo, mais tarde.

- Deixe o seu filhote decidir como usar um brinquedo. Lembre-se de que a meta, nessa idade, é usar todos os sentidos para explorar objetos e conhecer suas características. Bebês adoram bater e colocar na boca os objetos ou encher e esvaziar recipientes. Essas atividades são importantes e ele ficará frustrado se você o induzir a brincar da maneira "certa".

- Deixe o bebê investigar artigos domésticos seguros que não sejam necessariamente brinquedos. Revistas bem coloridas são divertidas para rasgar e amassar. Potes, panelas e recipientes plásticos são ótimos para amontoar, bater (com uma colher de madeira), encher e esvaziar.

- Mantenha uma caixa plástica com brinquedos em cada cômodo da casa, para que o seu bebê tenha algo com que brincar enquanto você executa as tarefas domésticas.

- Conte com a possibilidade de o seu bebê começar a jogar as coisas do cadeirão ou do berço. Esta também é uma importante atividade de aprendizado.

- Deixe o bebê examinar suas mãos, seus pés, os cabelos e a face. Durante essa exploração, vá nomeando as partes de seu corpo e aponte as correspondentes no bebê.

O movimento pode ser uma vibração toda especial para bebês de seis a dez meses. Com essa idade, geralmente eles estão bastante crescidos para balançar suavemente em brinquedos tipo caçamba, nos parquinhos. Se não houver balanços próprios para bebês nos parques da vizinhança, segure seu filho no colo enquanto o embala num balanço maior. Tente também erguer o bebê bem alto no ar ou balançá-lo com firmeza sobre suas pernas. Esses jogos, apesar de altamente estimulantes, podem ser excessivos para alguns bebês; portanto, observe com atenção o rosto de seu filho e diminua o ritmo ao primeiro sinal de cansaço.

Para desenvolver a fala

Lentamente, porém em segurança, um bebê estabelece, durante seus primeiros doze meses, a base para falar. Entre o sexto e o décimo, seu balbuciar começa a parecer mais com uma fala compreensível. Muitas crianças de nove ou dez meses utilizam sílabas ou combinações de sílabas como se fossem palavras, repetindo-as toda vez em que apontam, jogam ou pegam alguma coisa. As primeiras palavras de fato podem surgir por volta do décimo mês, mas muitos bebês só falam um pouco mais tarde.

Entre os seis e os dez meses, os bebês também entendem muitas palavras fáceis, principalmente aquelas que em geral são acompanhadas por gestos, como as de despedidas, de aprovação e as negativas.

Dos seis aos dez meses: conhecendo o mundo

Livros de papelão ou de pano, chocalhos e caixas de atividades são ótimos para as explorações da fase anterior ao primeiro aniversário. Esses brinquedos continuam adequados durante o segundo e terceiro anos, quando as crianças tornam-se capazes de apontar e reconhecer figuras, e de brincar mais sistematicamente com pranchas de atividades.

Como os pais podem ajudar nessa idade? Escutando o seu filho e falando com ele, repetindo as sílabas que ele usa e ficando atentos a toda comunicação vocal. Se o bebê parecer indiferente a vozes e não balbuciar sílabas simples (como *ba-ba-ba-ba* ou *pa-pa-pa-pa*), será preciso falar com o pediatra. É provável que tudo esteja bem, mas a possibilidade de haver problemas de audição ou outros distúrbios que interferem na fala deve ser verificada.

Enciclopédia do bebê e da criança

BRINQUEDOS PARA BEBÊS DE SEIS A DEZ MESES

Seu bebê ainda gosta dos brinquedos dos meses anteriores. Além deles, você pode tentar os brinquedos relacionados a seguir.

- Pranchas de atividades (caixas retangulares com muitos botões para apertar e rodas para girar) para pendurar no lado do berço ou colocar no chão.

- Livros de papelão ou de pano.

- Espelho leve de metal em moldura plástica (pode ser montado no berço).

- Blocos leves em pote plástico.

- Argolas para empilhar.

- Bolhas de sabão para estourar.

- Bolas grandes de plástico ou de pano com sinos dentro.

- Caixas-surpresa (para você manipular e das quais algumas crianças dessa idade têm medo).

Cuidados especiais

Após seu bebê completar seis meses, o pediatra provavelmente não irá programar um novo exame antes dos nove meses nem, talvez, antes do primeiro aniversário. Na consulta dos seis meses, em geral é feito apenas um exame físico e uma rápida avaliação do grau de desenvolvimento. Mas o pediatra poderá querer informações sobre o padrão alimentar e de sono, e sobre o comportamento de seu filho com estranhos e quando longe dos pais. (Não se surpreenda se o seu bebê tiver um forte acesso de ansiedade por estranhos quando o médico entrar na sala de exames!) Medidas do comprimento, do peso e da circunferência da cabeça também poderão ser tomadas e comparadas com as de visitas anteriores.

Quanto às vacinas, se seu filho já tomou as que são recomendadas para os seis meses, apenas aos nove meses ele deverá tomar outras: a VSPG, contra sarampo, e, recomenda-se, a FA, contra a febre amarela.

A dentição pode ser um problema durante os seis a dez meses, quando os dentes centrais inferiores irrompem (se ainda não o fizeram), em breve seguidos pelos dois dentes frontais e pelos outros dois dentes seguintes. Dar coisas duras para o bebê morder pode aliviar (biscoitos para dentição ou pão integral, por exemplo) ou esfregar as gengivas do bebê com um dedo enrolado em gaze, o que também limpa o dente que está por emergir.

Dos seis aos dez meses: conhecendo o mundo

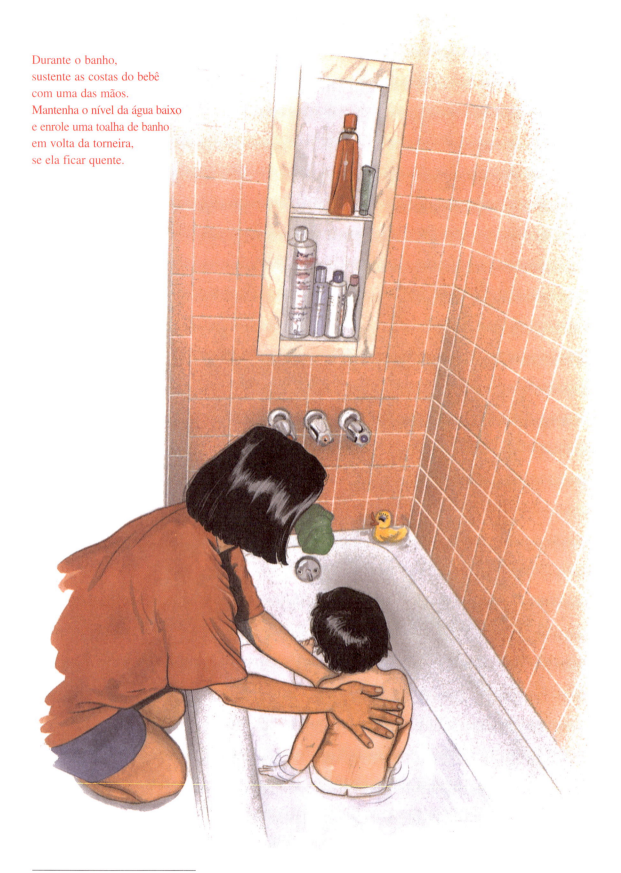

Durante o banho,
sustente as costas do bebê
com uma das mãos.
Mantenha o nível da água baixo
e enrole uma toalha de banho
em volta da torneira,
se ela ficar quente.

Enciclopédia do bebê e da criança

DIVERSÃO E SEGURANÇA NA HORA DO BANHO

Bebês de seis a dez meses sujam-se muito durante o dia, principalmente depois que começam a comer sozinhos. É comum metade de seu almoço voar para os cabelos e outros lugares inusitados. Isso significa que, além de trocar as roupas do bebê pelo menos uma a duas vezes por dia, você terá de lhe dar banhos rotineiros. Apesar de os banhos diários serem desejáveis para bebês dessa idade, certamente não será o fim do mundo se você deixar escapar um. Mas muitos bebês começam a gostar de seus banhos, nessa idade. Para tornar essa tarefa divertida e segura, observe as regras relacionadas a seguir.

- Não coloque mais do que 7 a 10 centímetros de água na banheira.
- Ponha um tapete de borracha no fundo, para evitar escorregões.
- Certifique-se de que a água está morna; verifique com seu antebraço.
- Ajoelhe-se ao lado da banheira, segurando o bebê sentado com um dos braços enquanto lava-o com a outra mão. (Uma alternativa é você entrar na banheira e segurar o bebê no colo, ou deitar o bebê de costas na banheira.)
- Enrole uma toalha de banho em volta das torneiras e de alças que possam esquentar.
- Use uma pequena toalha de banho para umedecer o cabelo do bebê antes de lavá-lo. Depois, molhe o pano e o esprema na cabeça do bebê para enxaguar os cabelos.
- Use um protetor circular (parece com uma aba de chapéu sem a copa) para manter o sabonete e a água longe dos olhos do bebê.
- Mantenha sabonete e xampu fora do alcance do bebê.
- Não deixe o bebê se segurar nas bordas da banheira e puxar o corpo para ficar em pé.
- Reserve um tempo para brincadeiras, durante o banho. Providencie alguns recipientes para o bebê encher e esvaziar, talvez um patinho de borracha ou um barco que ele possa morder ou para mergulhar e tirar da água.

Eliminações e rotinas de higiene

Agora, seu bebê provavelmente estará usando de seis a sete fraldas por dia, talvez mais. Porém, ao final desse período de seis a dez meses, o ritmo das eliminações pode ficar um pouco mais previsível. A mudança para comida de mesa tornará as fezes um pouco mais consistentes e menos freqüentes — é perfeitamente normal que bebês dessa idade passem um ou mais dias sem evacuar.

Apesar de o ritmo digestivo e a eliminação estarem mais constantes, ainda é cedo para pensar em treino para ir ao banheiro. Seu bebê não se apercebe das micções ou da evacuação, apesar de saber de cor a rotina de trocar fraldas. No entanto, logo as vias nervosas que sinalizam a necessidade de eliminação irão amadurecer e o bebê provavelmente ficará conhecendo as palavras que a família usa para designar as fezes e a urina. Então, os primeiros esforços para o treinamento para o banheiro serão apropriados.

Dos seis aos dez meses: conhecendo o mundo

Padrões de desenvolvimento

Conforme vimos, esse é um período de desenvolvimento rápido para os bebês, com grandes oportunidades acontecendo no âmbito físico, emocional e intelectual. Ao observar a lista a seguir, você poderá perceber que seu filho parece adiantado em alguns pontos e em outros, discretamente atrasado. Essa discrepância é perfeitamente normal; o desenvolvimento infantil caminha por surtos de avanços e paradas, e grandes progressos em uma área muitas vezes são acompanhados por atrasos em outras. Portanto, essa lista de forma alguma deve ser utilizada como fita métrica para avaliar seu filho, mas, sim, como guia para saber o que esperar dele.

Padrões físicos

Aos sete meses

Fica sentado sozinho, por instantes ou com o apoio das duas mãos.

Vira-se para alcançar um brinquedo quando deitado de bruços.

Pode se manter um pouco sobre os pés.

Opõe os dedos e o polegar para pegar objetos (a assim chamada "pega central").

Passa objetos de uma mão para a outra.

Dá pancadas na mesa com blocos ou outras coisas.

Aos oito meses

Senta-se sozinho e sem apoio.

Sustenta o peso nos pés.

Joga objetos intencionalmente.

Opõe dois ou três dedos ao polegar para apreensão (início da "pega em pinça").

Alcança brinquedos.

Aos nove meses

Usa os braços (mas não as pernas) para se erguer.

Senta sozinho durante mais tempo.

Utiliza móveis para se segurar e ficar em pé.

Aos dez meses

Engatinha melhor (pode ficar ou não com o abdome no chão).

Pode passar de deitado para sentado.

Tem uma pega em pinça mais requintada.

Enciclopédia do bebê e da criança

Padrões de aprendizagem

Aos sete meses
  Emite séries de sílabas com vogais e consoantes.
  Emite quatro diferentes sons de vogais.
  Imita atos simples.
  Procura, por algum tempo, um brinquedo que desaparece.

Aos oito meses
  Combina sílabas para expressões semelhantes a palavras.

Aos nove meses
  Grita para chamar a atenção.
  Procura por um brinquedo quando percebe que está escondido.

Padrões emocionais

Aos sete meses
  Demonstra mais medo de estranhos.

Aos oito meses
  Demonstra medo com a ausência dos pais.
  Ri com maior freqüência.

Aos nove meses
  Demonstra prazer em agradar os pais.
  Pode reagir para ir dormir ou para ficar só.

Indícios de problemas

Apesar de as variações individuais serem a regra no desenvolvimento da criança, atrasos marcantes na realização de determinados eventos podem denunciar problemas que devem ser pesquisados. Fale com seu pediatra se seu bebê:

- parecer não reconhecer a diferença entre pessoas conhecidas e estranhas, aos dez meses;
- for incapaz de ficar em pé com apoio, aos dez meses;
- não balbuciar ou repetir cadeias de sílabas, aos nove meses;
- não apanhar e segurar objetos, aos nove meses.

Dos seis aos dez meses: conhecendo o mundo

> **PARA REFLETIR**
>
> **ENFRENTANDO A ANSIEDADE DA SEPARAÇÃO**
>
> O forte laço que se forma entre o bebê e os pais durante esse período é uma das alegrias que se tem por criar filhos. Todavia, uma ligação forte pode dificultar aos pais deixar o bebê com uma outra pessoa ou em um local novo. É importante entender que o medo do bebê de ficar longe de suas figuras de apego faz parte de uma evolução normal. A experiência de ver os pais saindo — e voltando — pode ajudar o bebê a aprender a confiar, além de desenvolver ligações afetivas com outras pessoas.

ABRANDANDO A ANSIEDADE DA SEPARAÇÃO: PASSOS A SEGUIR

Aqui estão algumas maneiras de tornar a separação menos difícil, tanto para você como para o bebê:

- Apresente uma nova babá aos poucos. Faça-a visitar várias vezes o bebê e brincar com ele, antes de deixá-los a sós.

- Peça à babá que chegue alguns minutos mais cedo no primeiro dia em que for ficar a sós com o bebê. Dessa maneira, o bebê pode se acostumar à presença dela antes de sua saída. Demonstre ao bebê que você confia na babá.

- Faça a primeira vez com a babá ser curta — não mais do que duas horas.

- Utilize a mesma técnica de exposição gradativa quando apresentar o bebê a um berçário ou creche.

- Deixe o bebê saber quando você sai. Por mais tentador que possa parecer escapar sem que ele note, evite, porque apenas agrava a confusão e a ansiedade do bebê.

- Mantenha a calma e não vacile se o bebê começar a chorar com a sua partida.

- Voltar somente prolonga o processo. Para se tranquilizar, telefone para a babá uma hora depois. Considere a possibilidade de o seu bebê estar, então, feliz e à vontade.

* * * * * *

Enciclopédia do bebê e da criança

Dos dez aos 24 meses: para cima e se espalhando

Entre os dez e os 24 meses muitas coisas acontecem pela primeira vez — as primeiras palavras, os primeiros passos, as primeiras tentativas de independência. Esse período é marcado pela curiosidade em relação à natureza das pessoas e das coisas. Por exemplo, os bebês atiram comida no chão por curiosidade, tanto em relação à comida quanto à sua reação ao vê-la cair.

O item mais importante na agenda de seu bebê, nessa época, é aprender brincando. Uma exploração incessante leva os bebês a investigarem coisas antes inacessíveis, na casa ou no quintal e, com uma crescente coordenação olhos-mão, conseguem pegar até mesmo objetos muito pequenos para verificar como são ao tato, qual o aspecto deles, o odor — e, é claro, o sabor.

À medida que os bebês ficam conhecendo o mundo, eles também tentam ajeitá-lo a seu gosto — o que nem sempre é possível. Essa é a época em que os pais devem começar a introduzir disciplina ou estabelecer limites, embora ainda leve bastante tempo até que o bebê realmente entenda esses limites e, mais ainda, até que desenvolva um autêntico senso do que é certo e errado.

Nessa fase, os bebês começam a perceber a aprovação e a desaprovação dos outros, principalmente de seus pais. Um rosto sério e um firme "não!", acompanhados de um desvio da atenção, é tudo o que a disciplina de um bebê de dez a 24 meses precisa. Reserve "castigos" oficiais para crianças mais velhas.

De maneira muito presente, as crianças dessa idade tornam-se participantes ativas da vida em família. Elas se deslumbram (e também se sensibilizam) com o que outras pessoas fazem. Querem fazer parte da ação — ainda que apenas como espectadoras.

Como atender à necessidade de brincar

Por meio da brincadeira, os bebês descobrem o ambiente, estabelecem associações e aprendem como as coisas funcionam em conjunto. Encher repetidas vezes um balde com brinquedos e depois jogá-lo ao chão pode parecer um exercício fútil para os adultos, mas esse primeiro jogo dá ao bebê várias lições importantes sobre como as coisas acontecem.

Conforme apresentado no capítulo anterior, um importante desenvolvimento cerebral ocorre entre o sétimo e o décimo meses. Em conseqüência, o bebê é capaz de fazer mais e mais associações entre o presente e a sua experiência passada. Por exemplo, ele pode lembrar e procurar por determinado quadro ou brinquedo quando entra em um local que visita com freqüência, como a casa dos avós ou a loja da esquina.

Depois dos dez meses, o ritmo de crescimento do cérebro diminui, mas as circunvoluções cerebrais continuam a evoluir, intensificando e aumentando a capacidade de associações já existente. Esse desenvolvimento permite à criança começar a relacionar coisas, pessoas e ações a categorias. Mesmo antes de dizer a primeira palavra, os bebês começam a entender mais porque fazem associações entre palavras e pessoas, atos ou objetos. Assim, quando você disser que vai fazer compras, seu bebê começará a criar uma imagem do supermercado. Nessa época, os bebês começam a aprender o nome de algumas partes do corpo, tais como nariz e olhos, e poderão mostrá-las quando solicitados.

Por volta de um ano, a capacidade de concentração aumenta, de sorte que a criança consegue brincar com a mesma coisa durante cerca de quinze minutos antes de perder o interesse. No entanto, não se preocupe se seu bebê ainda não demonstrar essa persistência em tão tenra idade; de forma alguma isso significa que será incomumente distraído mais tarde.

Aproveitando ao máximo as atividades lúdicas

Embora as crianças geralmente tomem elas mesmas a iniciativa de brincar, pais e responsáveis podem fazer sua parte para criar uma atmosfera segura, alegre e amistosa. Para começar, você pode deixar pelo menos um espaço na casa que seja totalmente seguro para o bebê. Ali ele poderá investigar à vontade, e vocês dois poderão desfrutar da liberdade de brincar sem ter de dizer "não" a toda hora. A área na qual o bebê brinca com maior freqüência resulta numa escolha lógica, mas pense também em quartos onde você pode querer manter o bebê ocupado enquanto faz outras coisas. Você pode, por exemplo, encher uma prateleira do armário da cozinha, no nível do chão, com potes velhos, panelas e recipientes de plástico para o bebê usar enquanto você prepara o almoço ou o jantar.

Ao arrumar uma área para o bebê, lembre-se de que ele usa tanto a boca quanto as mãos em suas pesquisas. Portanto, certifique-se de que os objetos dessa área não tenham partes pequenas e não sejam pintados com tintas com substâncias potencialmente tóxicas. (Para mais informações, veja "O bebê explorando a casa", à página 90.)

Enciclopédia do bebê e da criança

Reserve uma prateleira na cozinha, ao nível do chão, só para utensílios seguros e interessantes para brincar.

Os pais devem também se abster de fazer as coisas pelo seu bebê de dez a 24 meses, bem como de corrigi-lo quando ele erra. Ao introduzir um brinquedo novo, mostre o que pode ser feito com ele (como empilhar algumas argolas ou bater no xilofone), mas, depois, deixe que ele faça as suas descobertas sem a sua ajuda. Se ele ficar frustrado, mostre novamente ou, melhor ainda, apresente uma outra maneira de brincar com o mesmo brinquedo. Uma frustração continuada significa que o brinquedo simplesmente não é adequado naquele momento. Deixe-o de lado e traga um dos velhos que sejam favoritos de seu filho.

Para os bebês de dez a 24 meses, brincar geralmente envolve o exercício de habilidades recentemente adquiridas. Quando um bebê com essa idade pega o brinquedo favorito dele e o oferece a você, sua intenção principal é lhe mostrar o brinquedo e testar a capacidade de suas mãos, que apenas recentemente dominaram a pega em pinça (entre polegar e indicador), bem como a capacidade de soltar um objeto depois de pegá-lo. Assim, a melhor resposta é admirar o objeto e estender sua mão para que ele o deixe cair. Provavelmente ele repetirá essa brincadeira várias vezes.

Você também pode utilizar jogos para desenvolver a linguagem de seu filho e intensificar sua capacidade de andar.

Dos dez aos 24 meses: para cima e se espalhando

O BEBÊ EXPLORANDO A CASA

À medida que seu filho se torna mais ágil e curioso, chega a hora de levar as precauções para outro nível. Examine os tampos de mesas, os cantos dos quartos, o interior dos armários — praticamente tudo. Ainda que pareça impossível, considere que ele vai dar um jeito de encontrar uma área de perigo.

A fase de exploração do bebê requer mais do que uma simples prevenção de acidentes: permite que ele ganhe confiança enquanto explora. Veja, a seguir, algumas áreas importantes que você deve verificar, além de precauções a serem tomadas para que sua casa se transforme em um ambiente seguro de aprendizado.

De modo geral
- Retire tudo que envolva risco de sufocação (moedas soltas, fósforos, qualquer coisa que possa ir parar na boca da criança).
- Verifique se todos os fios elétricos estão bem isolados.
- Junte fios elétricos soltos e mantenha-os fora de alcance.
- Cubra todas as tomadas fora de uso com protetores.
- Tranque as portas dos cômodos (escritório da casa, biblioteca ou *closets*) onde você não quer que a criança entre desacompanhada.
- Instale grades de proteção em todas as janelas que se abrem, especialmente em apartamentos, mas também em sobrados.
- Mantenha brinquedos, principalmente os que têm rodas, longe de escadas, fogão, ventiladores e aquecedores de ambiente. Certifique-se de que esses brinquedos tenham uma base de rodas larga, para evitar que tombem e que prendam, cortem ou se soltem.
- Tenha sempre à mão um medicamento que induz vômito, no caso de ocorrer ingestão de veneno.
- Coloque todos os números úteis ao lado do telefone.

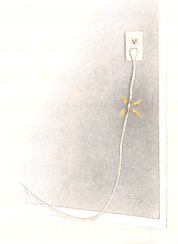

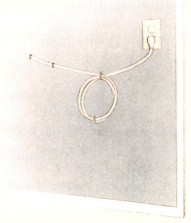

Verifique se os fios elétricos não estão descascados e substitua os que estiverem muito danificados. Assegure-se de que os fios soltos estejam devidamente encapados e fora de alcance.

Enciclopédia do bebê e da criança

Ponha protetores em todas as tomadas fora de uso.

Cozinha

- Coloque material de limpeza perigoso e tóxico em prateleiras altas, bem fora do alcance do bebê (lembre-se de que ele pode subir em alguma coisa). Tranque todas as estantes e gavetas que guardam objetos perigosos (facas, tesouras etc.) ou qualquer coisa que você não queira que a criança pegue.

- Vire o cabo das panelas para dentro quando você estiver cozinhando.

- Mantenha uma gaveta reservada para a criança. Deixe ali objetos que ela possa pegar e brincar.

- Comece a ensinar a seu filho quais os lugares perigosos, tais como o forno quente. A criança pode não entender as palavras (demonstre o sentido por atitudes, como tirar a criança do lugar), mas depois de algum tempo a associação ficará evidente.

- Nunca deixe um bebê sozinho em uma cadeira alta.

Escadas e saguões

- Coloque uma portinhola no alto e outra no fim da escada. Subir degraus é um importante exercício para o desenvolvimento e os bebês gostam de praticá-lo nessa época, mas precisam sempre de supervisão enquanto se exercitam.

- Mantenha corredores, principalmente os estreitos, livres de objetos amontoados, nos quais o novo andarilho possa trepar.

- Fixe os carpetes dos degraus com pregos apropriados.

A sala de estar

- Verifique se as estantes de livros estão bem equilibradas e firmes. Tudo o que ficar nas prateleiras mais baixas deve ser isento de perigo para a criança, além de não quebrável. Estantes com portas devem ser trancadas se contiverem coisas que você não quer que a criança pegue.

- Remova as luminárias que possam ser tombadas com facilidade por uma criança curiosa.

- Disponha os móveis de maneira que a criança não consiga utilizar várias peças como degraus até uma altura ou superfície perigosa. (Uma "escada" bastante comum é a criança passar de um pufe para uma cadeira de braços, e daí para uma prateleira alta da estante.)

- Tranque a sala de som ou de entretenimento da família.

Dos dez aos 24 meses: para cima e se espalhando

Os produtos de limpeza devem ser armazenados
em recintos com fechadura segura,
bem fora de alcance.
Um gabinete no nível do chão
é um mau lugar para guardá-los.

Coloque os cabos das panelas virados para o centro do fogão (esquerda) em vez de para fora (direita).

O quarto da criança

- Estenda uma manta para trocas no chão ou na cama, em vez de usar a cômoda. Mantenha todos os alfinetes ou presilhas de fraldas, medicamentos e talco bem longe do alcance da criança.

- Assegure-se de que os brinquedos são adequados para a idade de seu bebê.

- Examine todos os brinquedos à procura de partes pequenas ou pintadas. (Até mesmo os olhos de plástico de um ursinho podem representar perigo.)

Banheiro

- Nunca deixe seu bebê sozinho no banheiro ou na banheira enquanto esta se enche.

- Regule o aquecedor de água para uma temperatura segura, para o caso de seu bebê dar um jeito de mexer na torneira.

Carro

- Não deixe de colocar o seu bebê no assento de segurança (a cadeirinha), toda vez que sair de carro. Jamais permita a uma criança pequena viajar em seu colo, dentro do carro.

Dos dez aos 24 meses: para cima e se espalhando

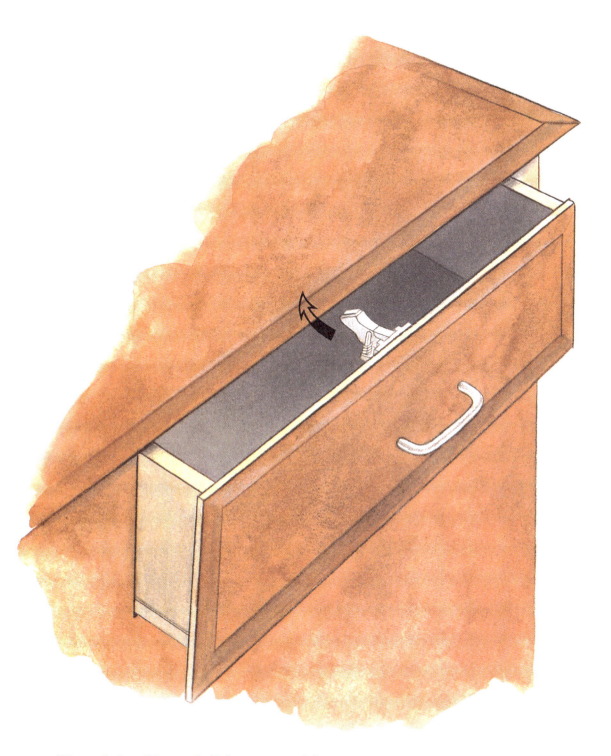

Crianças de dez a 24 meses de idade conseguem abrir gavetas.
Para evitar acidentes, coloque travas de segurança,
principalmente nas da cozinha.

Dos dez aos 24 meses: para cima e se espalhando

DICAS PARA AS FÉRIAS

As férias da família são uma época especial, fantástica, mesmo para as crianças muito pequenas. Mas, a menos que você as programe cuidadosamente, uma viagem com crianças pode se tornar tudo, menos agradável. Os esquemas de alimentação e sono são sempre perturbados, e o excesso de agitação, associado a ambientes desconhecidos, pode levar à irritação e a problemas de sono. Além disso, se as férias aumentarem os níveis de tensão dos pais, é certo que as crianças o perceberão e também ficarão ansiosas. Veja, a seguir, algumas sugestões para ajudar a tornar suas férias divertidas e seguras para todos.

- Leve alguns brinquedos desconhecidos no avião, ônibus ou carro.

- Leve lanches nutritivos, mesmo em viagem de avião. A refeição durante o vôo pode não ser do gosto de seu filho ou pode não ser servida quando ele estiver com muita fome.

- Programe trajetos longos em horários nos quais seu filho provavelmente esteja mais relaxado. Alguns pais acham melhor viajar quando a probabilidade de a criança estar dormindo é maior, mas outros preferem ter seus filhos bem descansados, uma vez que o cansaço pode piorar a irritação.

- Evite a tentação de sobrecarregar seu filho com atividades a todo momento. As crianças precisam de algum tempo de sossego no dia, mesmo que não durmam.

- Fique atento(a) à segurança quando estiver longe de casa. Verifique os quartos dos alojamentos e das casas nas quais você ficará para ter certeza que são seguros para as crianças.

- Insista para que seu filho permaneça na cadeirinha do carro em viagens longas.

- Paradas freqüentes para descanso, jogos, brincadeiras e fitas de som ou de historinhas podem reduzir o tédio.

- Evite viagem aérea se seu bebê estiver com um resfriado grave ou uma infecção de ouvido. Se não tiver certeza se os ouvidos de seu filho estão bem para viajar, consulte o pediatra.

Primeiras palavras e primeiros passos

Talvez não seja acidental que os primeiros sons que um bebê emite estejam relacionados a palavras — mamãe e papai, por exemplo — de grande importância para ele e para seus pais. Antes do final do primeiro ano, a maioria dos bebês usa "mamã" e/ou "papá" como nomes. (Pode haver uma fase durante a qual a criança use uma dessas palavras ao referir-se a qualquer um dos pais — e talvez a alguém mais, sob cujos cuidados se encontre.)

As primeiras palavras das crianças expressam coisas que são importantes para elas. Começam a dizer os nomes das pessoas que lhe estão próximas, depois aprendem como designar animais, brinquedos, alimentos, ações ou coisas que se mexem. Termos que freqüentemente são os primeiros incluem: cachorro, gato, caminhão, mamadeira, pato e bebê.

Algumas crianças, especialmente os meninos, podem esperar até esse período dos dez aos 24 meses para começarem a reconhecer as palavras. Nesses casos, muitas vezes a criança começa a falar de repente, às vezes utilizando duas ou três palavras juntas. A maioria dos falantes tardios alcança seus contemporâneos em alguns meses.

Enciclopédia do bebê e da criança

Quando viajar com seu bebê ou criança pequena, tome precauções especiais de segurança, inclusive testando o sistema de segurança das portas e travas.

Dos dez aos 24 meses: para cima e se espalhando

As primeiras sentenças

Aos 24 meses, as crianças sabem usar mais ou menos cinqüenta palavras e começam a combiná-las em frases de duas palavras como "au-au sai", "quer leite" e "cadê miau?". As crianças usam essas combinações em "linguagem telegráfica", com freqüência cada vez maior, até que finalmente elas se tornam o seu principal meio de comunicação.

Estímulos adequados

Apesar de as crianças não começarem a falar antes de estarem neurologicamente aptas, os pais podem oferecer um ambiente no qual a fala aflore com naturalidade quando chegar o momento, adotando medidas como as relacionadas a seguir.

AJUDE SEU BEBÊ A FALAR

Embora existam mais perguntas do que respostas sobre o desenvolvimento da fala, alguns padrões podem ser observados. Perto do primeiro aniversário, a maioria das crianças é capaz de nomear vários objetos e pessoas que lhe são familiares. Elas também entendem uma série de palavras — não apenas rótulos, mas palavras que significam uma ação. Esse conjunto de palavras entendidas — chamado de "vocabulário receptivo" — permanece muito maior do que o conjunto que a criança utiliza só de vez em quando.

- Muito antes de seu bebê utilizar palavras realmente, "fale" com ele em ritmo de conversa, fazendo perguntas curtas, parando, depois falando novamente, como que em resposta.

- Diga o nome das coisas para seu filho. A maioria dos pais e dos bebês se ocupa com jogos que os pesquisadores chamam de "ritual nomeador", no qual o bebê aponta para alguma coisa e os pais dão o nome. Quando as crianças estão começando a falar, muitas vezes incorporam palavras que ouviram apenas uma vez durante esses rituais.

- Procure usar nomes em vez de pronomes ao falar com seu filho. Por exemplo, diga "o cachorrinho" em vez de "ele", mesmo que você já tenha identificado o cachorro como objeto de sua conversa.

- Faça muitas perguntas de "sim" e "não", e responda de maneira adequada às perguntas da criança.

- Quando seu filho começar a falar frases de duas palavras, repita e amplie as afirmações dele, ao responder. Se a criança disser "papai bola", por exemplo, responda "sim, papai vai jogar a bola para você".

- Se seu filho pronunciar mal as palavras ou cometer erros gramaticais, repita a palavra ou a frase de maneira correta. Por exemplo, se a criança disser, "babá fazeu papinha", diga "sim, a babá fez a sua papinha". Mas não tente forçá-la a falar corretamente.

- Não hesite em utilizar palavreado infantil como "bi-bii" e "naná" quando falar com seu bebê. Palavras como estas, associadas a som agudo, exagerado, e a frases de estrutura simples, que são com freqüência usadas para se dirigir ao bebê, foram chamadas de "tatibitate" por especialistas em desenvolvimento infantil. Apesar de o tatibitate parecer tolo, muitas pesquisas sugerem que ele ajuda a criança a aprender a falar.

Enciclopédia do bebê e da criança

Ganhando mobilidade

Na ocasião do seu primeiro aniversário, a maioria dos bebês terá triplicado seu peso de nascimento e crescido mais ou menos 25 centímetros. A maior parte desse crescimento ocorre durante os primeiros nove meses depois do parto. No entanto, entre os dez e 24 meses, os bebês passam por uma série de mudanças em suas proporções corporais. Essas mudanças estabelecem o cenário para a movimentação e, principalmente, para o andar.

Ao nascer, a cabeça de um bebê geralmente é responsável por um quarto do comprimento total do corpo. As pernas têm aproximadamente o mesmo comprimento. Com um ano, a cabeça perfaz um quinto do comprimento e as pernas se aproximam mais das proporções das de "adulto", quando comparadas com o corpo. Essas mudanças nas proporções durante o primeiro ano facilitam à criança o equilíbrio sobre dois pés (apesar de as proporções corporais de uma criança tornarem-se mais parecidas com as de um adulto nesse período de dez a 24 meses, a medida de uma criança, nesse momento, não é indício da altura que terá quando adulta).

Ao mesmo tempo em que as proporções do bebê amadurecem, os ossos vão se tornando rígidos e os músculos se desenvolvem para sustentar o corpo dele ereto. Como os seres humanos nascem com a totalidade das fibras musculares, os músculos ficam mais longos e grossos à medida que o bebê cresce. Ossos mais duros e músculos mais fortes permitem ao bebê, aproximadamente aos dez meses, alcançar e pegar objetos menores e acionar sua coordenação olhos-mão. Durante esse período, as crianças freqüentemente aprendem a deixar cair objetos e até mesmo a jogá-los suavemente.

Os bebês dificilmente começam a engatinhar coordenadamente antes dos dez meses. Porém, assim que ficam de gatinhas, a maioria passa rapidamente para a fase seguinte: erguem-se e ficam em pé enquanto se seguram

> ## AJUDE SEU BEBÊ A ANDAR
>
> **Q**uando o bebê começa a ficar em pé sozinho, um brinquedo adequado para empurrar, como um carro com um cabo logo abaixo do nível da cintura da criança, pode lhe oferecer estímulo para dar os primeiros passos. Escolha um brinquedo que seja bem equilibrado e suficientemente leve para empurrar, mas não tão leve que possa tombar com facilidade. As crianças muitas vezes utilizam seus próprios carrinhos como brinquedo improvisado. Para desenvolver o andar, pode ser bastante divertido um brinquedo para puxar, como um caminhão leve com uma corda. Se ele fizer barulho quando as rodas giram, melhor ainda, desde que a criança o perceba.
>
> Bebês também gostam de tentar andar entre dois adultos sentados um diante do outro a uma distância de aproximadamente 90 a 120 centímetros. Quando seu filho ficar mais confiante, você poderá aumentar a distância entre os dois adultos.

em uma mesa ou na mão dos pais. Logo progridem, largando a mesa e permanecendo em pé. Depois, passam a caminhar da mesa para a cadeira ou para os joelhos dos pais, até conseguirem dar uma volta no aposento. Daí falta pouco para andarem sozinhos.

Dos dez aos 24 meses: para cima e se espalhando

Antes de andarem sozinhos, a maioria dos bebês se desloca segurando em uma mobília, enquanto andam de lado.

Enciclopédia do bebê e da criança

Um carrinho de empurrar firme e estável
é um brinquedo fascinante
para quem começa a andar.

Dos dez aos 24 meses: para cima e se espalhando

ESCOLHA OS CALÇADOS CERTOS

Quando os bebês estão começando a se levantar e atravessar a sala, a melhor forma de estarem calçados talvez seja ficarem sem nenhum sapato. Enquanto seu filho estiver dentro de casa e o assoalho for mantido livre de objetos cortantes, os sapatos podem ser antes um obstáculo do que uma ajuda, nessa fase inicial de movimentação. No calor, pés descalços são a melhor forma, principalmente se a criança estiver treinando andar em pisos de madeira, de azulejos ou de linóleo, que podem ser escorregadios quando se está apenas de meias. Quando a temperatura cair, um par de meias com borracha nas solas previne que a criança escorregue, além de manter seus pés quentes.

Chegada a época de calçar sapatos de verdade, peça orientação a seu pediatra. Existem diversas teorias sobre quais tipos de sapatos são os melhores, mas a maioria dos especialistas concorda em alguns pontos. Uma vez que seu pediatra tenha recomendado um determinado tipo de sapatos, procure uma loja de calçados e tenha em mente as considerações a seguir.

- Os sapatos devem ser leves e flexíveis, mas não frágeis. Chinelos e botas pesados não são recomendados. Sapatos que sobem até o tornozelo dão apoio adicional a crianças pequenas, mas podem também atrapalhar o andar nessas primeiras fases. Os tênis são ótimos, mas alguns médicos recomendam alterná-los com sapatos mais firmes.

- Polainas de couro ou de lona sobre meias são recomendadas para deixar os pés respirarem e prevenir o acúmulo de umidade. As meias devem ser trocadas sempre que os pés ficarem molhados (seja por poças d'água ou por transpiração), a fim de evitar fungos.

- As solas dos sapatos devem ser iguais à textura da sola do pé, nem muito lisas nem aderentes demais.

- Assegure-se de que a ponta dos sapatos seja suficientemente ampla para mexer os artelhos. O formato do sapato deve acompanhar o do pé, por isso os retangulares geralmente calçam bem.

- Procure um sapato de preço razoável. É possível que você esteja comprando outro par dentro de seis semanas.

- Examine com freqüência os sapatos de seu filho para ter certeza de que ainda servem. Bebês e crianças pequenas crescem e perdem sapatos rapidamente, muitas vezes antes que o sapato mostre sinais de uso.

Ajustando a rotina do dia-a-dia

Alimentação

Nesse ponto, os sólidos integram cada vez mais a alimentação do bebê, apesar de as fórmulas lácteas ou o leite materno continuarem a ter importante papel durante todo o primeiro ano de vida. A maior mudança nesse período é uma introdução mais rápida de alimentos sólidos. Durante o primeiro ano, os novos alimentos devem ser introduzidos um de cada vez, com um intervalo de alguns dias, a fim de detectar reações alérgicas. Após completado um ano, a probabilidade de surgimento de alergias diminui e os pais podem começar a introduzir alimentos novos com maior freqüência ou simultaneamente.

Enciclopédia do bebê e da criança

Depois de experimentar durante algum tempo alimentos de texturas diferentes, um bebê de dez meses desenvolve melhor sua mastigação, com um jogo de lateralidade substituindo o contínuo sobe e desce do mascar. Embora os bebês de dez meses de forma alguma estejam prontos para mastigar um pedaço de bife, já conseguem enfrentar alguns alimentos um pouco mais desafiadores.

À medida que os alimentos sólidos vão constituindo uma parte maior da dieta do bebê, você pode começar a diminuir as mamadas ou mamadeiras, substituindo-as por leite em copo durante as refeições. (Para mais informações sobre desmame, veja a seção "Para refletir", neste capítulo, à página 112). Menor aporte de leite significa, no entanto, maior necessidade de alimentos sólidos a serem ingeridos pela criança.

Como o crescimento fica um pouco mais lento após os dez meses, as crianças dessa idade não precisam de grande quantidade de comida. Não se preocupe com a aparente falta de apetite, e nunca obrigue uma criança pequena a comer nem a censure por causa de comida. Em vez disso, torne agradável as primeiras experiências com a "comida dos adultos". A hora da refeição deve ser tranqüila, um momento da família, embora possa haver ocasiões em que seja um bom recurso oferecer a refeição para o bebê separadamente.

As crianças se utilizam de todos os sentidos para conhecer tudo, inclusive os alimentos. Apenas tatear a comida não basta; os bebês querem cheirar, ver, segurar e se sujar com ela. Pode ser pouco agradável observar essa exploração, mas faz parte do aprendizado infantil. O prazer das primeiras tentativas de comer sozinho são mais importantes do que ficar limpo e arrumado. Forre embaixo do cadeirão, escolha alguns alimentos adequados para pegar com os dedos, sente-se e observe a diversão. Não se surpreenda — nem se aborreça — se a maior parte da comida não for parar na boca do bebê.

Geralmente as crianças dessa faixa etária devem receber uma média de 77 a 120 calorias por quilo de peso, diariamente (por exemplo, uma criança de nove quilos entre dez a 24 meses deve receber de setecentas a 1.100 calorias por dia). A responsabilidade dos pais não é fazer a criança comer determinada quantidade, mas, sim, oferecer uma variedade de alimentos salutares, entre os quais ela possa escolher aqueles que deseja. Desenvolver preferências pessoais faz parte do processo de se tornar uma pessoa.

Ao selecionar os alimentos para o bebê, lembre-se de que uma dieta salutar (a dieta com poucas gorduras, pouco colesterol, rica em carboidratos e fibras, da qual tanto ouvimos falar) não é a melhor para uma criança pequena. Até os dois anos, as crianças precisam de um pouco de gorduras e de colesterol em sua alimentação (de fato, o leite materno, considerado alimento ideal para os bebês, contém mais de 50% de suas calorias em gorduras).

ALIMENTOS RECOMENDADOS PARA O BEBÊ COMER SOZINHO

Os alimentos relacionados no capítulo anterior continuam sendo apropriados para crianças de dez a 24 meses, mas à medida que seu bebê for ficando mais velho, você pode parar de fazer papinha com os ingredientes e pode começar a introduzir uma variedade um pouco maior. Nessa fase, é bom dar pedaços de frutas tenras e vegetais cozidos, bem como carne moída, e mesmo um pouco de alface picada. Você também pode oferecer uma variedade maior de biscoitos e pães para o bebê, já que a necessidade de se preocupar com reações alérgicas à farinha de trigo terá diminuído bastante. Uma vez que o aparelho mastigador esteja mais desenvolvido (em torno dos doze meses), pode-se oferecer pequenas porções de alimentos mais rijos.

Dos dez aos 24 meses: para cima e se espalhando

Até mesmo um pouco de açúcar é válido. A menos que na família de seu filho exista uma história de doenças cardíacas, não há motivo para oferecer leite semidesnatado, sobretudo antes dos 24 meses de idade.

Está claro que alguns alimentos simplesmente não serão aceitos. Se o resto da família gostar desses alimentos, você deve continuar a servi-los, juntando talvez algum prato preferido pela criança, e que ela irá comer. No entanto, não se habitue a preparar uma refeição inteira separada para o bebê. Embora as crianças dessa idade não usem de manipulação por meio da recusa de alimentos, irão fazê-lo quando um pouco mais velhas. Estabelecer regras básicas agora pode evitar medidas de força posteriores.

DICAS PARA A INTRODUÇÃO DE NOVOS ALIMENTOS

Teoricamente, os alimentos que você oferece a seu filho, quando combinados, devem perfazer uma dieta bem balanceada. A meta é levar a criança a gostar de mais do que uma ou duas coisas. Veja, a seguir, algumas estratégias que podem ajudar.

- Ofereça um alimento conhecido e aprovado num prato junto com um alimento novo.

- Ofereça pelo menos um ou dois alimentos para comer com os dedos, em cada refeição.

- Mesmo que seu filho tenha recusado determinado alimento antes, continue a colocá-lo no prato quando o servir para o resto da família. Quando ele vir que outros o estão comendo, poderá tentar de novo.

- Sirva alimentos de textura variada — moles, cremosos, secos etc. — para que ele forme a idéia de que os alimentos podem ser servidos de diversas maneiras.

- Prepare os alimentos de maneira fácil para comer: rale maçãs e cenouras; corte os alimentos em bocados apropriados; prepare sopa rala e sirva-a morna, em um copo.

- Cozinhe os vegetais de modo que fiquem fáceis de mastigar, mas não moles. O preparo no vapor parece realçar as cores, o que pode interessar à criança.

- Sirva porções pequenas, não mais do que uma colher de sopa mais ou menos, e apenas dois ou três itens de cada vez.

- Faça a comida parecer interessante. Use forminhas de biscoitos para criar torradas com formato divertido e tente servir alimentos de cores contrastantes.

- Assegure-se de que o cadeirão é confortável. Ele deve ter um descanso para os pés para que o bebê não tenha de ficar balançando as pernas durante toda a refeição.

- Sirva alimentos de sabor forte ou picante em pequena quantidade e acompanhados por um ou mais alimentos de sabor suave. Evite alimentos altamente condimentados.

Enciclopédia do bebê e da criança

Doces?

Especialistas em nutrição e cuidados infantis estão divididos quanto a dar sobremesa a crianças pequenas. Alguns acreditam que, ao reservarem a sobremesa para o final de uma refeição, os pais potencializam o *status* dos doces. Outros afirmam que as crianças exaltarão por si mesmas os doces, independentemente do que os pais fizerem.

Você pode contornar a situação servindo apenas doces nutritivos, como maçãs secas, iogurte com frutas e pudins. Assim, não terá necessidade de impedir a sobremesa; ela contém nutrientes dos quais seu filho precisa. Surge, então, a questão de quando servi-la. Alguns pais servem uma pequena porção junto com o prato principal e deixam a criança comer primeiro o que quiser. Outros, mais preocupados com a variedade de alimentos que a criança consome, reservam as sobremesas para lanches ou como final de refeição. De qualquer maneira, o assunto não é assim tão aflitivo; deixe suas preferências pessoais lastrearam sua decisão.

Atividades lúdicas

Como nessa idade de dez a 24 meses as crianças estão começando a imitar os outros, seu filho irá se beneficiar da companhia de crianças um pouco mais velhas, digamos de dois anos e meio, três anos. Embora as crianças dos dois grupos etários prefiram brincar sozinhas, uma sempre observa o que a outra está fazendo. Esse período lúdico deve ser supervisionado por adultos que intervenham apenas quando houver problemas.

Para crianças de dez a 24 meses de idade, alguns brinquedos, cuidadosamente selecionados, podem ser melhores do que uma porção dos últimos e maiores brinquedos de loja. Um bom brinquedo pode ser qualquer coisa, desde um presente muito caro até a caixa na qual ele veio acondicionado (e geralmente a caixa é o maior sucesso).

Embora ainda demore um pouco até seu filho começar a ler ou mesmo a entender histórias, ele vai adorar livros com figuras de animais, brinquedos e pessoas. Ouvir nomes diferentes para as figuras também ajuda no desenvolvimento da fala.

> ### BRINQUEDOS PARA CRIANÇAS DE DEZ A 24 MESES
>
> - Carreta para encher de brinquedos pequenos e empurrar.
> - Veículo para locomover-se (sem pedais).
> - Recipientes plásticos para colocar um dentro do outro.
> - Potes, panelas, colheres de pau.
> - Livros de quadrinhos duráveis.
> - Brinquedos de armar simples, com alças de madeira nas peças.

Dos dez aos 24 meses: para cima e se espalhando

Sono e vigília

Nessa época, a maioria dos bebês descobre como se manter acordado. Eles também percebem que, mesmo quando estão dormindo, a vida continua para o resto da família. Além disso, o medo da separação continua intenso. Portanto, os bebês entre dez e 24 meses se tornam bastante resistentes ao sono.

Para complicar a questão, a maioria dos lares ganha vida ao entardecer, principalmente se pai e mãe trabalham fora e querem descansar depois de um dia atribulado. A última coisa que um bebê quer fazer é deixar todos e ir dormir. A melhor forma de fazer a transição do tempo em família para o tempo sozinho é seguir uma rotina estabelecida para a hora de dormir. Se você estabelecer agora essa rotina, no futuro será mais fácil lidar com problemas dessa área.

Os rituais na hora de dormir variam muito de uma casa para outra, mesmo de criança para criança no mesmo lar. Embora não exista uma receita para acalmar a criança, algumas das seguintes atividades podem ser úteis: ler em voz alta, aconchegar, embalar, dar um banho quente, cantar, brincar com um jogo tranqüilo ou aninhar um bicho de pelúcia na cama. Deixe dez a trinta minutos para a rotina e estabeleça um horário para ela. A idéia não é fazer a criança adormecer antes que você saia, mas ajudar a acalmar sua mente para o sono. A capacidade de se acalmar evita que o acordar durante a noite se transforme em um problema sério.

Terminada a rotina para dormir, diga boa noite e saia do quarto, ainda que sob protestos da criança, os quais deverão ceder rapidamente. Caso contrário, no capítulo seguinte deste livro há sugestões adicionais para lidar com problemas do sono. (Veja à página 121.)

A maioria dos bebês entre os dez e os 24 meses ainda precisa de dois cochilos diários, geralmente um durante a manhã e outro à tarde. Por volta do fim desse período, no entanto, algumas crianças podem começar a eliminar uma dessas dormidas (geralmente a da manhã) e dormir um único e prolongado sono em vez disso. Em dias especialmente excitantes ou atarefados, talvez seja necessário encurtar a rotina da hora de dormir para ajudar a criança a relaxar.

Acordar também é difícil para algumas crianças, muito mais depois de um cochilo do que pela manhã. Mantenha as coisas calmas, lentas e quietas e reserve alguns instantes para acalentar a criança, principalmente se foi acordada, em vez de acordar por si mesma.

Autoconforto

Em ocasiões de estresse e separação, aconchegar e segurar um brinquedo ou cobertor predileto (também chamado "objeto de transição" ou "de conforto") pode ajudar uma criança a suportar e aprender a relaxar sem a ajuda dos pais. Isso é importante, porque enquanto os pais não estão sempre disponíveis, o brinquedo ou o cobertor geralmente está, dando à criança alguma sensação de controle sobre o ambiente. Os objetos de transição são úteis quando as crianças recebem cuidado diurno, quando são deixadas com babás, na hora de dormir, e em qualquer outra ocasião em que seja necessário um pouco de segurança extra.

A época mais comum em que as crianças começam a desenvolver hábitos de autoconsolo é entre os dez e os 24 meses. Muitos bebês dessa época tornam-se profundamente ligados a brinquedos

Enciclopédia do bebê e da criança

ou cobertores especiais. Outros buscam consolo chupando o polegar ou uma chupeta, encaracolando o cabelo, se balançando, ou mesmo batendo a cabeça contra uma parede ou o fundo do berço.

Os pais podem ajudar a criança a fazer uma escolha prática para o autoconforto e, quando a criança estiver vinculada a um brinquedo ou hábito predileto, o melhor é dar-lhe apoio. Para encorajar a ligação de uma criança com um objeto de conforto, tente dar a seu filho um bichinho de pelúcia pequeno e aconchegante ou um cobertor macio, na hora de dormir ou em outras ocasiões de tensão. Selecione algo lavável e de fácil reposição, uma vez que a perda do objeto de conforto amado pode ser uma tragédia de grandes proporções. (Na verdade, uma vez que a criança se ligue a um objeto, pense em comprar diversos, trocando-os de tempos em tempos, para que todos tenham o mesmo odor e deixem a mesma impressão.)

Às vezes, alguns pais se sentem constrangidos com os hábitos de consolo de seus filhos. Embora esses hábitos possam parecer estranhos para os adultos, eles representam uma crescente autoconfiança para a criança. Esse brinquedo ou hábito provavelmente desempenhará importante papel para seu filho por pelo menos mais um ano. Nessa ocasião, a criança aos poucos começará a depender menos deles, até necessitá-lo apenas na hora de dormir. Com o tempo, geralmente sem a interferência dos pais, as crianças abandonam os objetos e hábitos de conforto por si mesmas.

UM COMENTÁRIO SOBRE CHUPETAS

Mamilos de borracha para acalmar crianças foram objeto de controvérsias durante vários anos. Eram culpados por problemas dentários, como o de mordida profunda, e problemas emocionais, como o excesso de dependência, e algumas pessoas simplesmente os consideravam demasiadamente infantis para crianças que podem ficar de pé e andar. Por outro lado, muitas crianças (e, por extensão, seus pais) encontram muita calma e alívio nas chupetas.

Quanto à questão dentária, apesar de o uso de chupetas poder interferir no posicionamento dos dentes do bebê, não existe prova de que tenham alguma ação sobre os dentes definitivos, a menos que a criança continue usando a chupeta depois dos seis anos. Os novos formatos disponíveis hoje em dia até mesmo reduziram os efeitos sobre os dentes de leite.

Quanto à dúvida sobre a existência de algo insalubre no uso de chupetas, a resposta categórica é não. No entanto, pais que não se sentem à vontade quanto ao seu uso podem contornar a situação simplesmente não dando uma chupeta a seus filhos. Se você já tiver lhe dado uma, mas não quiser que a criança continue a usá-la, tire-a antes que se torne um hábito importante — de preferência antes dos oito meses.

Caso sua opção seja oferecer uma chupeta a seu filho, considere as regras de segurança a seguir.

- Escolha uma chupeta com o anteparo suficientemente grande para não caber na boca. Procure por quaisquer partes, tais como decoração, que possam se desprender, e verifique com freqüência se continuam inteiras.
- Jamais amarre uma chupeta em torno do pescoço de seu bebê; as crianças podem se enforcar com a fita. Até mesmo prender uma chupeta com uma fita pregada à roupa da criança pode ser perigoso.
- Não mergulhe chupetas em substâncias doces; provoca cárie dentária.
- Conserve a chupeta limpa por enxágüe. Fervuras freqüentes ou esterilização na lavadora na verdade não são necessárias.

Dos dez aos 24 meses: para cima e se espalhando

Padrões de desenvolvimento

As aquisições nesse período não seguem um esquema fixo. A primeira palavra pode acontecer entre dez e 15 meses, o primeiro passo dos 11 aos 16 meses. Embora a maioria das crianças fale suas primeiras palavras e dê seus primeiros passos em algum momento entre o 10º e o 14º meses, não há motivo para se preocupar se a criança ainda não tiver feito isso.

Padrões físicos

Aos 11 meses

Engatinha usando as mãos e os pés.
Fica em pé sozinho.
Bebe no copo.
Consegue manejar um objeto para tirá-lo de um lugar apertado.

Aos 12 – 14 meses

É capaz de andar quando conduzido.
Rabisca com lápis de cera em papel.
Empilha dois blocos.
Usa colher.

Aos 24 meses

Sobe e desce escadas sozinho, com ambos os pés no mesmo degrau.
Fica em um pé só.
Empilha de três a seis blocos.

Padrões de aprendizagem

Aos 11 meses

Começa a reunir várias sílabas com inflexão.
Consegue dizer uma palavra.

Aos 12 – 14 meses

Fala duas ou mais palavras além de "papá" e "mamã".
Consegue imitar sons de animais.
Reconhece objetos pelo nome.
Entende e obedece a comandos simples.

Enciclopédia do bebê e da criança

Aos 24 meses

Entende mais de duzentas palavras.

Fala de trinta a cinqüenta palavras.

Forma sentenças de duas palavras.

Rabisca com lápis de cera.

Padrões emocionais

Aos 11 meses

Chora quando censurado.

Repete atividades para chamar a atenção.

Aos 12 – 15 meses

Pode dar um abraço ou um beijo quando solicitado.

Desenvolve relação com objetos de consolo.

Explora o ambiente familiar afastando-se dos pais.

Aos 24 meses

Pode se autoconsolar quando separado de quem cuida dele.

Reage a sentimentos de raiva e afeição que ocorrem entre outros membros da família.

Demonstra ansiedade quando perto de crianças desconhecidas e quando prevê acontecimentos desagradáveis.

Indícios de problemas

A variação das capacidades infantis entre dez e 15 meses é grande. Assim mesmo você deve falar com seu pediatra se seu filho **NÃO**:

- procurar objetos escondidos, aos 12 meses;

- falar algumas palavras, aos 15 meses;

- apontar coisas e olhar figuras, aos 12 meses;

- engatinhar ou andar de alguma forma, aos 12 meses (algumas crianças nunca engatinham);

- participar de brincadeiras como esconde-esconde e pirolito que bate-bate, aos 12 meses.

Dos dez aos 24 meses: para cima e se espalhando

Cuidados especiais

Quando o bebê comemora o primeiro aniversário, está na hora de um exame médico minucioso. Apesar da possibilidade de bebês de um ano associarem o consultório médico a injeções e exames, essa consulta deverá ser relativamente pouco tensa. O médico examinará os ouvidos do bebê, seu nariz e garganta com um foco de luz e auscultará o tórax com um estetoscópio. Poderá, também, avaliar o desenvolvimento das habilidades de seu filho, tais como engatinhar, ficar de pé, andar, pegar e jogar objetos, e dizer uma ou duas palavras.

Lembre-se de aproveitar a ocasião para questionar o desenvolvimento e os cuidados infantis, principalmente se tiver algumas áreas de preocupação. Suas perguntas podem alertar o médico para algum problema.

Quanto às vacinas, aos quinze meses deve ser aplicada mais uma dose da DPT (difteria, pertussis e tétano), da OPV (poliomielite) e, recomenda-se aplicar, também, a tríplice viral SRC (contra sarampo, rubéola e catapora).

Completando o desmame (para bebês que usam mamadeira)

Muitos bebês entre dez e 24 meses ainda se alimentam com uma mamadeira com leite ou com suco de vez em quando, e não existe razão especial para que abandonem por completo a mamadeira se estiverem muito ligados a ela. No entanto, o importante é a criança estar familiarizada com o uso de um copo, de maneira que aos poucos possa superar a mamadeira.

Algumas crianças fazem uso da mamadeira como objeto de conforto, o que tem um aspecto sem dúvida negativo, pois pode levar a excesso de peso e a cáries dentárias (se a mamadeira estiver cheia de leite ou suco). Mais tarde, a dependência da mamadeira pode atrapalhar uma transição tranqüila para a pré-escola, onde geralmente as mamadeiras não são permitidas.

Estimule seu bebê a abandonar a mamadeira introduzindo o copo como objeto fascinante e maravilhoso. Tenha paciência com derramamentos (mesmo copos com tampa podem derramar) e deixe o bebê explorar o copo da maneira como explora todos os outros objetos. Ao mesmo tempo, torne a mamadeira menos interessante, servindo-a com água pura. Talvez não seja possível fazer essa mudança de maneira abrupta; comece sorrateiramente com uma ou duas mamadeiras com água todos os dias.

A mamadeira antes de dormir em geral é a última a ser eliminada. Se seu filho ainda a quiser, mantenha esta como parte do ritual para dormir, durante alguns meses, mas limpe os dentes do bebê entre a mamada e o deitar, todas as noites. Jamais deixe a mamadeira em sua boca, depois de vazia.

Enciclopédia do bebê e da criança

Na segunda metade do primeiro ano,
os bebês podem começar a aprender a beber em um copo com tampa.
A maioria gosta desse novo modo de beber
e abandona de bom grado a mamadeira.

Dos dez aos 24 meses: para cima e se espalhando

> **PARA REFLETIR**
>
> ### DESMAME DO SEIO OU DA MAMADEIRA
>
> À medida que o bebê desenvolve seus movimentos e torna-se mais ativo, mamar nos seios da mãe ou tomar mamadeira no colo tende a perder importância. Bebês dessa idade muitas vezes preferem suas explorações a ficar no colo e aí serem alimentados. Além disso, precisam de menos calorias do leite, graças ao acréscimo de alimentos sólidos à sua nutrição. A maioria das razões para mamar já estará ultrapassada nessa idade, ficando a necessidade mais no nível psicológico do que no físico. Portanto, talvez esteja na hora de seu bebê desmamar de vez.
>
> Os pais devem tentar acompanhar o filho nesse processo. Se ele deseja parar de mamar, provavelmente o fará gradativamente, ficando agitado durante a mamada. Algumas mães podem ficar confusas e um tanto magoadas quando seus bebês começam a recusar o seio. É importante lembrar-lhes que um filho que perde o interesse pela amamentação de maneira alguma está rejeitando a mãe.
>
> Por outro lado, se uma criança continuar mamando no colo, com regularidade, nesse período, também não há motivo para preocupação. Na verdade, talvez você perceba que seu filho está particularmente interessado em mamar justamente antes ou depois de alcançar um dos muitos padrões desse período de dez a 24 meses.

O começo da teimosia

Seu filho está se tornando uma pessoa com forte vontade própria e provavelmente tem começado a desenvolver preferências marcantes. Tudo é muito positivo — exceto quando aquilo que ele quer não corresponde ao seu desejo ou não é seguro ou permitido.

Até a metade do segundo ano, as crianças ainda estão um pouco desajeitadas para manifestar seus desejos. Seu filho está apenas começando a descobrir suas habilidades e a perceber como atitudes específicas atingem as pessoas. Travessuras, como atirar brinquedos, têm um significado diferente nessa idade do que terá mais tarde. Qualquer "mau" comportamento geralmente é parte e fração da intensa necessidade do bebê de explorar e descobrir as coisas. Ainda assim, os pais precisam começar a encaminhar o bebê para um comportamento aceitável socialmente.

Felizmente, ainda é possível manipular o comportamento do seu bebê por meio da distração. Substitua objetos proibidos por outros mais adequados ou desvie a atenção dele de uma atividade perigosa para outra segura. Igualmente importante é elogiar o bebê quando ele domina uma habilidade, brinca satisfeito ou demonstra outro comportamento desejável.

O que se pode fazer quando o bebê faz algo bastante inadequado, como jogar comida pelo quarto? Primeiro diga um firme e forte "não". Se a comida for lançada novamente, está na hora de pôr um basta à refeição e tirar o prato. Se o bebê gritar e se exasperar, será perfeitamente correto retirá-lo do quarto e colocá-lo em um cercado ou no berço enquanto os outros terminam a refeição.

* * * * * *

Enciclopédia do bebê e da criança

Dos dois aos três anos: seu pequeno decola

Quando os bebês começam a andar, muita coisa muda. Aquele pequeno ser, de dez meses, que brincava contente sobre uma manta com alguns chocalhos e blocos, agora se precipita pela casa, alheio ao perigo, metendo-se em tudo. Aquele ser, que com satisfação comia cenoura ralada, abóbora e espinafre, de repente passa a recusar todos os alimentos, com exceção de bolachas e leite. Aquele bebê, que se deixava acalentar em pacífico torpor, todas as noites, agora se contorce, esperneia e berra quando chega a hora de dormir — e pode levantar-se e sair do berço assim que você deixar o quarto. A cada dia, parece que este seu filho alcança um novo nível de compreensão verbal e de expressão, mas, por mais rico que seja o vocabulário dele, a palavra que você mais ouve é "não".

Embora seja uma transição gradativa, as mudanças nas habilidades da criança e, particularmente, na relação dela com os familiares, em geral, pegam os pais de surpresa. É um período excitante, mas que pode ser difícil para pais que continuam tratando o filho como um bebê, o que ele certamente não é mais. Por outro lado, terão problemas se esperarem de um filho de dois anos o autocontrole necessário para ficar quieto em um restaurante ou repartir brinquedos com amigos. Na realidade, o maior desafio que os pais enfrentam consiste em estabelecer um equilíbrio entre o empenho por independência de seu filho e a necessidade de exercer um controle externo sobre os atos dele. Só quando o pequeno chegar aos três anos é que estará começando a entender as regras e expectativas de seus pais. Alguns (porém não todos) controles internos necessários para brincar de forma cooperativa, seguir normas e se entender com os outros estarão, até lá, na medida correta.

Novas habilidades, mais entendimento

Crianças que começaram a andar exploram, examinam, experimentam e tentam compreender o que está acontecendo à sua volta. Dia após dia, você irá observar seu filho estabelecendo relações e descobrindo afinidades. É um processo fascinante, porém às vezes pode tornar-se confuso. Por exemplo, quando uma criança de dois anos se agita e exclama "ôbus!", ao ver sobre quatro rodas um enorme... caminhão, ela está mostrando para você que agora já conhece diferentes categorias de veículos, alguns grandes, outros pequenos. É lógico que um caminhão não é um ônibus, e sua primeira reação pode ser a de corrigir o "erro" de seu filho. Sim, ele usou a palavra errada — mas emitiu o conceito correto, fez uma associação cognitiva importante, desenvolveu um entendimento por semelhança e deu o nome de "ôbus" a todos os veículos tão grandes quanto o ônibus que ele já conhecia anteriormente.

A visão de mundo de seu filho se torna cada vez mais fundamentada e precisa enquanto ele faz associações desse tipo. Aos poucos ele começará a agrupar animais, perceberá que as casas não se movimentam e compreenderá que os líquidos molham e a areia e a lama parecem agradáveis, mas sujam a roupa. Eventualmente um adulto atento pode orientar essas observações — mas, na maioria das vezes, a criança chega a elas por si mesma.

E totalmente por si mesmo, o seu filho, que não é mais um bebê, começará a demonstrar novas habilidades — para comunicar, realizar, exigir e exercer a independência dele. Seu filho emergirá por si mesmo como um indivíduo, fazendo você saber que ele é uma personalidade independente, que tem comportamentos, idéias e desejos próprios.

Das palavras às idéias

Uma grande descoberta para um "ex-bebê" é a utilidade da linguagem. Juntando duas ou três palavras, ele pode comentar o que vê ("Vovô nana!"), pedir alguma coisa ("Quer leite!"), protestar ("Não quer!"), cumprimentar um parente ("Oi, Dea.") e até tagarelar ao telefone, apesar de não fazer idéia muito definida sobre a pessoa que está do outro lado da linha.

Se você observar cuidadosamente a linguagem de seu filho à medida que ele a desenvolve, descobrirá que, sem que lhe ensinem, ele incorpora regras de gramática a sua fala. A mente de crianças de dois a três anos está harmonizada profundamente com os padrões de linguagem. Por exemplo, podem aprender, espontaneamente, que a terminação -eu significa algo que aconteceu no passado.

Quando seu filho de dois anos e meio declarar "Papai fazeu um desenho", estará demonstrando um início de entendimento da diferença entre o passado e o presente; apenas não conseguiu, ainda, apreender as exceções das regras. O mesmo acontece se ele disser "anãos" em vez de "anães" e "sols" e não "sóis". Para seus ouvidos de adulto, as palavras podem soar de maneira divertida, mas na verdade é espantoso como sua criança foi capaz de examinar todas as flexões que chegaram até ela e entendeu a idéia do plural.

Enciclopédia do bebê e da criança

Na seqüência, as crianças aprimoram ainda mais a sua linguagem, corrigindo algumas falhas gramaticais e acrescentando pronomes, principalmente eu e mim. As frases vão ficando mais longas e mais complexas, as perguntas passam a ser formuladas com os termos na ordem correta e com as inflexões adequadas. Aos dois anos e meio, a maioria já domina um vocabulário de algumas centenas de palavras. Mas é importante lembrar que as crianças em geral apresentam variações nesse processo de aquisição da linguagem — algumas falam muito pouco até completarem três anos, depois, de repente, começam a tagarelar sem parar.

Filhos de pais bilíngües muitas vezes desenvolvem dois idiomas ao mesmo tempo. O fato extraordinário é que eles mantêm as suas estruturas lingüísticas separadas em suas mentes, quando falam com adultos e crianças mais velhas, à sua volta. Eventualmente, um pequeno com problemas de fala terá dificuldade no uso de dois idiomas, mas em geral as crianças não apresentam restrições no desenvolvimento de habilidades lingüísticas.

Primeiras atuações

Uma forte percepção do "eu" é outra aquisição das crianças de dois a três anos. Começam a falar de si mesmas, fazendo constatações, como "Jairo corre" e "Tininha pinta". Elas falam de suas próprias coisas: "casaco da Maria" ou "caminhão do Beto". Da mesma maneira que se esforçam para correlacionar objetos, começam a ver onde elas próprias se encaixam na ordem das coisas.

Como qualquer outra pessoa, essas crianças adoram ser o centro das coisas, o alvo da atenção. A maioria adora se exibir e atuar. Tem orgulho de suas habilidades e prazer em compartilhar suas proezas.

Simulando os adultos

Desde o seu primeiro aniversário, as crianças começam a usar brinquedos que reproduzem objetos familiares. Levam minúsculas xícaras à boca para "beber" e mexem em tigelas de brinquedo com colheres de brinquedo. Por volta dos dois anos, entretanto, a simulação torna-se menos literal. Se quiserem representar o comportamento de beber algo, não precisam mais de um copo: um bloco, um sapato ou mesmo um papel amassado pode ser usado como se fosse copo. E prendedores de roupa com rostos pintados podem ser "a mamãe", "o papai", "o vovô".

Nessa idade de dois a três anos, as crianças também assumem o papel do diretor quando fazem, por exemplo, uma boneca ou um bicho de pano beber ou ir para a cama. Além disso, começam a imitar ações cada vez mais complexas que observaram em outras pessoas — principalmente nos pais. E a imitação pode ocorrer muito tempo depois que observaram a ação. Uma criança pode, sem ser estimulada, arquitetar uma sofisticada refeição na caixa de areia ou usar ferramentas de brinquedo (ou até transformar objetos diferentes em ferramentas), tudo para fazer uma imitação verossímil de reparos domésticos.

Dos dois aos três anos: seu pequeno decola

O outro lado da simulação

Assim que as crianças tornam-se capazes de simular, tornam-se também aptas a entregar-se a fantasias e a reagir emocionalmente diante de situações ameaçadoras. Devido a tanta coisa estar acontecendo em seu mundo interior, sensações de ansiedade são freqüentes e compreensíveis. Muitas vezes essa aflição adquire feições próprias, tais como animais, escuridão e máquinas barulhentas. Com suas novas aptidões, as crianças de dois a três anos conseguem imaginar vividamente o mal que os objetos temidos podem lhe causar, se "eles" tiverem oportunidade. Na melhor das hipóteses, no entanto, podem utilizar sua imaginação para criar cenários de brincadeira nos quais dominam seus medos.

Declaração de independência

"Eu faço sozinho!" Não sendo mais um bebê, uma criança de dois a três anos se expressa assim, em alto e bom som, garantindo que consegue levar o copo cheio de leite pelo quarto, arrastar o gato para fora da caixinha ou mover a mesa de jogos para onde quiser. Muitas vezes, aquilo que o pequeno deseja e o que faz sentido para a família não correspondem.

Apoiar o crescimento do espírito de independência restringindo o excesso de entusiasmo da criança é a corda bamba sobre a qual os pais têm de se equilibrar, nessa fase do desenvolvimento infantil. Certos dias de suas vidas com esse filho serão exaustivos e muitas vezes farão que se sintam como se tivessem sido atropelados por um trator. Mas essas sensações são compartilhadas por todos os adultos que têm de correr de quarto em quarto perseguindo um rebelde de dois anos e meio que declara a sua independência das normas da família.

É preciso manter a perseguição e continuar estabelecendo normas. A criança está procurando ordem, percepção e limites. À medida que se torna mais consciente de si mesma e percebe onde se encaixa, começa a entender o que é adequado e o que não é. Apesar de uma criança dessa idade não conseguir avaliar por completo o impacto de seus atos, quando vir um brinquedo quebrado ou um pedaço de móvel tombado haverá uma pausa, talvez um comentário, e muitas vezes algum sofrimento. Com o passar do tempo, com os gentis encorajamentos e a orientação dos pais, esse filho formará um senso de critérios — o que é admissível e o que extrapola os limites. E a melhor maneira de favorecer a autoconfiança e independência desse filho será oferecer-lhe um mapa claro das expectativas familiares.

A vida com um ex-bebê: o mapa da mina

Para dar a seu filho a estrutura de que ele necessita para se sentir seguro e permitir-lhe autonomia para desenvolver uma forte percepção do eu, é preciso planejamento e uma série de atitudes de sua parte, como as que estão relacionadas a seguir.

Enciclopédia do bebê e da criança

- Estabelecer uma rotina previsível para refeições, sonecas, atividades e hora de dormir.
- Se seu filho estiver em uma creche, tentar manter o mesmo ritmo todos os dias.
- Arrumar áreas acessíveis que a criança possa explorar livremente e com segurança.
- Dar atenção integral a seu filho durante parte do dia, mas não entretê-lo o dia todo, todos os dias.
- Aceitar as emoções da criança. Medos injustificados e fúria incontrolável fazem parte dessa fase do desenvolvimento. No entanto, infelizmente, os pais muitas vezes tomam as emoções de seus filhos como algo pessoal, ficando aborrecidos, distantes ou ressentidos.

Mais do que quando eram bebês, as crianças dessa idade gostam de rotina. Têm necessidade de fazer praticamente as mesmas coisas à mesma hora, todos os dias. Como as grandes alterações, tais como as férias, podem deixá-las assustadas e inseguras, um pouco de planejamento extra ajuda a evitar que seu filho de dois anos estrague o prazer da família.

A criança de dois anos de idade depende de pequenos rituais: a cadeirinha que lhe serve de assento no carro deve ficar sempre no mesmo lugar; o café da manhã deve ser servido na mesma caneca, todos os dias; o mesmo pijama deve ser usado todas as noites. Algumas crianças são mais insistentes do que outras nesse sentido, mas praticamente todas têm algumas regras inflexíveis, e o melhor a fazer, se você puder, é aceitá-las.

Embora os detalhes variem de família para família, o dia de uma criança dessa idade se passa mais ou menos como está comentado nas páginas seguintes, sob os títulos: "Manhã", "Tarde", "Noite".

Como parte de seu recém-encontrado senso próprio, as crianças aprendem a reconhecer seus rostos no espelho.

Dos dois aos três anos: seu pequeno decola

COMO DISCIPLINAR CRIANÇAS PEQUENAS?

Filhotes humanos de dois anos têm um entendimento básico do que é certo e errado, mas falta-lhes o autocontrole para agir de acordo. Sem a orientação dos pais e de quem cuida deles, os pequenos podem achar esse paradoxo muito estressante. Resultado: acessos de raiva freqüentes, constantes lutas pelo poder e muito pouca harmonia doméstica. Mas como refrear os impulsos de oposição de seu filho sem abalar sua independência?

Não existe uma resposta simples, e todos os pais estão fadados a cometer erros. Veja, a seguir, algumas dicas que podem ajudar.

- Dê um bom exemplo. Isso significa evitar a tentação de favorecer o comportamento que você quer desencorajar. Socar, gritar e bater portas são comportamentos inaceitáveis. Se você se abstiver dessas atitudes, será menos provável que seu filho as exiba.

- Quando uma criança dessa idade fizer algo inaceitável, faça uma constatação verbal imediata, severa. Para os menores de dois anos, um simples NÃO, seguido de um redirecionamento da atenção, pode ser suficiente. Crianças maiores podem entender uma explicação simples e direta: "Não, você não pode bater no vidro com o cubo. Se você continuar, terei de levar os blocos embora".

- Se uma criança pequena continuar com o comportamento depois de uma reprimenda, tire-a do ambiente em que estava. Para uma criança maior, imponha uma conseqüência lógica: retire brinquedos que estejam sendo usados de forma inadequada; termine um banho que esteja fugindo ao controle; saia do parquinho se a criança estiver sendo agressiva demais.

- Evite a armadilha de recompensar mau comportamento. Se a criança conseguir sua atenção apenas quando bater e morder, vai bater e morder mais. Demonstre que você nota quando ela se comporta bem.

- Assegure-se de que suas expectativas são razoáveis. A maioria das crianças de dois anos não consegue ficar sentada quieta em cerimônias religiosas ou caminhar obedientemente a seu lado durante mais do que alguns passos. Você dirá NÃO menos vezes se mantiver em grau mínimo as oportunidades para más ações.

- Empregue disciplina adequada à idade. Colocar em um breve isolamento o filho malcomportado é muito eficiente com crianças um pouco mais velhas. Essa técnica pode ser iniciada por volta dos dois anos e meio, três anos.

Manhã

As crianças de dois a três anos freqüentemente acordam cedo, mas muitas podem ser persuadidas a ficar em seus quartos (senão em seus berços) por mais meia hora, mais ou menos, se alguns brinquedos e algo para beber (como suco de laranja) estiverem ao seu alcance. Essa independência matinal pode surgir com mais naturalidade para as que dormem em uma cama comum, da qual podem descer sem ajuda. Logicamente, a maioria das crianças dessa faixa etária aprende a sair de seu berço, façanha que deveria, como medida de segurança, apressar a mudança para uma cama mais baixa e sem tantas grades.

Enciclopédia do bebê e da criança

Muitos pais acham que seus filhos são mais controláveis e bem-humorados pela manhã. Como este pode ser o melhor horário para planejar tarefas ou trabalhar, seu filho pode ficar brincando a seu lado com pouca ou nenhuma interferência. Você poderá, também, levá-lo a um parquinho ou uma praça em que se encontram outras crianças.

Os pais que trabalham fora em geral acham as manhãs difíceis. Uma vez que as crianças dessa idade querem seguir seus próprios esquemas, convencê-las a sair de casa e ficar fora o dia todo, na escolinha, pode ser uma luta diária. A maioria das crianças sofre também de algum grau de ansiedade de separação; lágrimas podem correr com a simples idéia de ficar com uma babá ou ir à escolinha.

TORNANDO MAIS FÁCEIS AS MANHÃS

Tirar uma criança pequena de casa, pela manhã, não é tarefa simples. Mas pode ser bem-sucedida com algumas estratégias.

- Se a criança leva uma sacola para a creche ou para a babá, apronte-a na véspera.

- Torne a refeição da manhã bem simples. Leite, pão e frutas são saudáveis e de fácil preparo.

- Divida os encargos da manhã com os outros membros da família. Assegure-se de que cada um conheça a sua tarefa.

- Separe a roupa de vestir na véspera.

- Já que seu filho provavelmente irá se distrair de seus objetivos, reserve um pouco mais de tempo para ele, na rotina, com uma atividade agradável, a fim de facilitar a transição dele para o dia.

- Se a correria ou o atraso deixa os pais tensos, uma boa medida será reservar bastante tempo para si mesmos, pela manhã. O filho pode perceber o desconforto dos pais e tornar-se particularmente difícil para se pôr em movimento.

- O mais importante é tentar manter a mesma rotina matinal todos os dias. Assim que a criança estiver habituada, agirá de maneira mais afável.

Tarde

Dependendo do horário em que se levantam e quanto do período da manhã é ocupado, muitas crianças, nessa idade de dois a três anos, começam a dar mostras de cansaço por volta do meio-dia. A maioria precisa de uma soneca após o almoço. A duração pode variar, mas o padrão é de uma a três horas. Muitas crianças acordam rabugentas e precisam ser acalmadas ou simplesmente deixadas chorando durante alguns minutos antes de retornarem ao mundo.

Dos dois aos três anos: seu pequeno decola

É um erro comum imaginar que pular a soneca automaticamente significa ir para a cama mais cedo, à noite. É mais provável que a criança que fica acordada durante a tarde toda fique insuportavelmente irritada, tenha um ataque de fúria e caia em sono intermitente ao entardecer, apenas para acordar descansada e faminta à meia-noite. Para evitar esse transtorno, tente não deixar a criança dormir além das três horas da tarde, sobretudo se você quiser estabelecer o horário das 19:30 ou 20 horas como rotina para ir dormir. A maioria das crianças dessa idade dorme em torno de 11 horas por noite.

O período após o cochilo da tarde pode ser uma boa ocasião para brincar tranqüilamente com seu filho, seguido de atividades mais agitadas, como corrida, balanço e outros exercícios ao ar livre. Dependendo de seu esquema familiar, talvez seja necessário servir um lanche no final da tarde e retardar o jantar, ou servir a criança por volta das 17 horas e ter uma refeição em família depois da hora de dormir dela. Se seu filho estiver em uma creche, você terá de ajustar os horários das refeições com o esquema de lá.

Noite

É particularmente importante seguir uma rotina para a refeição noturna, já que seu filho se encaminha para o que você espera que seja um momento calmo e cooperativo para ir dormir. As atividades características desse horário são o banho, a leitura de livros e cantar ou ouvir música. Mas não pense estar errando se ainda assim seu filho amolar na hora de dormir. As crianças de dois a três anos compartilham de uma relutância quase universal para deitar e fechar os olhos — a vida simplesmente é excitante demais, e elas não querem perder um minuto sequer. Também detestam se separar de seus pais e, portanto, recusam-se a fazer o que você pede. Como resultado, talvez seja impossível evitar por completo as lutas na hora de dormir.

O que muda no brincar e na alimentação

As crianças de dois a três anos dedicam a maior parte de suas horas de vigília a brincar, de uma maneira ou de outra. Por meio de alguns tipos de jogos — como quebra-cabeças e blocos —, aprimoram o desenvolvimento de suas habilidades motoras. Com outros — jogos de faz-de-conta com bonecos e/ou com outras crianças —, elas exteriorizam conflitos emocionais e se conscientizam de seu lugar no mundo. Brincar, assim como falar, é algo que crianças dessa idade fazem sem precisar serem estimuladas.

Enciclopédia do bebê e da criança

ENFRENTANDO PROBLEMAS DE SONO

Problemas de sono geralmente são causados por uma ruptura na rotina diária da criança. Uma doença recente ou a chegada de um novo bebê, por exemplo, causam perturbação. Infelizmente, podem surgir problemas crônicos se a criança se acostumar a ser embalada ou acalentada para dormir. É comum que a criança ativa comece a demorar mais para adormecer e a acordar durante a noite — após o que todo o ritual acalanto precisa ser repetido.

Caso seu filho comece a desenvolver o hábito de acordar durante a noite, tente deixar que chore durante alguns minutos, depois entre no quarto e diga algumas palavras confortantes, mas não o tire da cama. Repita esse procedimento, esperando um pouco mais, a cada vez, para entrar no quarto, até que a criança adormeça. Depois de algumas noites com essa rotina, a maioria das crianças percebe que pode se embalar sozinha para o mundo dos sonhos.

Pode parecer boa a opção de mandar seu filho para a cama com uma mamadeira ou uma chupeta, mas ir dormir sugando uma mamadeira com leite ou suco estraga os dentes da criança, e as chupetas tendem a cair da cama, levando a um chamado ansioso aos pais, para resolver o problema.

Não é bom levar os pequenos de um quarto a outro durante a noite. Todas as crianças (e adultos) alternam períodos de sono leve e profundo. Durante o sono leve, é comum as crianças ficarem alertas durante um instante antes de adormecerem novamente. Se durante um desses curtos momentos de vigília seu filho perceber que não está no mesmo quarto em que foi dormir, pode acordar por completo e ter um período difícil até adormecer novamente.

Organize grupos e horários para brincar

Caso seu filho não tenha contato regular com outras crianças, em um parquinho ou uma creche, este é o momento para começar. Mantenha os contatos curtos (uma hora para crianças muito pequenas, duas horas para maiores) e prepare-se para algo mais do que um pequeno empurrão, cotovelada e tirada de brinquedos. Essas disputas não são necessariamente hostis; as crianças dessa idade têm pouco controle em seu comportamento social, mas geralmente dão um jeito de arranjar as coisas sem a interferência dos pais.

Você pode manter a paz providenciando duplicatas dos brinquedos mais populares e providenciando uma grande quantidade de objetos para escolha. Intervenha apenas quando a agressão fugir ao controle.

Não se preocupe se seu pequeno ficar ansioso e agarrar-se a você na presença de outras crianças de mesma idade. Essa ansiedade equivale, na infância, à ansiedade a estranhos, e a melhor maneira de lidar com ela é restabelecer tranqüilamente a confiança. Por volta dos dois anos, o medo de crianças desconhecidas começa a diminuir, apesar de alguns pequenos permanecerem tímidos com seus colegas até a idade pré-escolar.

Dos dois aos três anos: seu pequeno decola

FACILITANDO A SEPARAÇÃO

Apesar de a ansiedade de separar-se dos pais diminuir aos poucos a partir dos 18 meses de idade, ficar aos cuidados de outra pessoa — particularmente uma desconhecida — é perturbador para a maioria das crianças pequenas. Mas algumas medidas podem facilitar.

- Ao iniciar com uma nova creche ou com uma nova professora, ajuste um período de transição gradativa durante o qual a criança é levada para uma ou mais visitas enquanto você permanece na sala. Se possível, mantenha curto os períodos de separação durante os primeiros dias e vá aumentando em torno de uma hora, até que a criança permaneça durante o período todo.

- Cumprimente a professora com um sorriso gentil. Demonstre a seu filho o quanto você gosta e confia na pessoa que irá tomar conta dele.

- Dê alguma coisa sua para a criança, como um lenço de pescoço ou uma fotografia, para que ela possa se lembrar de que sua volta é certa.

- Deixe a criança levar um objeto-conforto, como um cobertor predileto ou um bicho de pelúcia.

- Mantenha as despedidas curtas e simples. Dê um abraço rápido e um beijo, diga que você vai voltar, depois siga o seu caminho. Não espere até que seu filho esteja entretido para depois sair sorrateiramente; isso só irá dificultar a sua partida da próxima vez.

- Se a separação estiver se tornando particularmente difícil, experimente pedir a seu cônjuge (ou, se não tiver, a um amigo íntimo) que leve seu filho durante algum tempo à escola.

Arrume tempo para brincar com seu filho

Quanto tempo você deve passar brincando com seu filho? Até os dois anos, ele pode necessitar ficar perto de você em todos os momentos, satisfazendo-se em brincar com o que quer que lhe ofereça. Assim, você pode oferecer os brinquedos da cozinha enquanto prepara o jantar ou dar a seu filho seu próprio pano de pó para ele "ajudar" na limpeza. E pode se afastar durante algum tempo, deixando-o num cercadinho.

Algumas crianças de dois anos brincam sozinhas por períodos relativamente longos, registrando a presença dos pais de vez em quando, mas outras parecem precisar de atenção constante — em parte porque estão acostumadas a recebê-la. Com essas crianças, uma abordagem firme porém sensata será útil: continue suas próprias atividades, e informe seu filho que você poderá brincar com ele quando terminar seu trabalho.

Os pais devem reservar um tempo todos os dias para brincar com seus filhos. Deixe que eles lhe sirvam uma refeição imaginária ou observe-os quando rodam um carro ou constroem uma torre com os blocos. Evite a tentação de fazer coisas pelo seu filho. Se um brinquedo decepcionar, é provável que seja sofisticado demais e deva ser guardado por alguns meses.

Seu filho de dois a três anos terá forte interesse por livros com figuras. Providencie muitos exemplares resistentes, do tipo em pranchas, no início, e estabeleça um momento de leitura com ele — e de conversa sobre as figuras do livro — tantas vezes quanto possível. Ler com os pais ajuda a formar o vocabulário da criança e é a primeira etapa para ela aprender a ler sozinha.

Enciclopédia do bebê e da criança

Respeite o estilo de brincar

Durante a maior parte da primeira infância, as crianças se envolvem com o que chamamos de "jogo paralelo". Ficam bem perto umas das outras, mas sua interação é pequena. Mesmo parecendo haver pouco do toma-lá-dá-cá nessas reuniões, elas são valiosas porque lançam a base para os jogos cooperativos de mais tarde. Com dois anos, as crianças podem ser capazes de brincar juntas durante alguns minutos com blocos para construção ou com um par de telefones de brinquedo.

Tenha em mente que a maneira de brincar varia muito entre os pequenos de dois a três anos. Alguns, por exemplo, gostam de armar uma história com um conjunto de bonecas ou de bonequinhos; outros gostam de arrumar seus brinquedos ou acondicioná-los em um recipiente. Qualquer estilo de brincar é normal, e cada um tem seus méritos.

Crianças de dois anos raramente brincam juntas, mas observam e copiam umas as outras. Muitos de seus jogos envolvem a imitação de atividades dos adultos.

Dos dois aos três anos: seu pequeno decola

Crianças pequenas raramente comem muito de uma só vez, portanto pode ser melhor oferecer-lhes várias refeições pequenas do que três grandes.

Enciclopédia do bebê e da criança

Seu filho não come?

Os pais de crianças de dois a três anos muitas vezes se queixam de que não conseguem fazer seus filhos comerem. Mas o fato é que crianças dessa faixa etária geralmente dão um jeito de obter as calorias e os nutrientes de que precisam para crescer e ganhar peso dentro de um ritmo normal. É verdade que os hábitos alimentares desses pequenos podem ser pouco ortodoxos, mas suas necessidades alimentares são simples. O ideal para uma dieta diária adequada para o período de dois a três anos resume-se nos itens relacionados a seguir.

- Meio litro de leite. Até os dois anos, o melhor leite é o integral. A partir daí, você pode mudar para o semidesnatado, se a criança estiver ganhando peso demais.

- Quatro porções de frutas e de vegetais. Para a criança, a quantidade servida em cada refeição deve corresponder, aproximadamente, a um quarto de pedaço de uma fruta inteira ou a duas colheres de sopa de vegetais. Inclua um terço de copo de suco de laranja ou de outra fonte de vitamina C como uma dessas refeições.

- Quatro ofertas de uma porção de cereal, por dia. Cada porção deve significar, aproximadamente, um terço de uma fatia de pão, uma bolacha ou um quarto de xícara de cereal em flocos ou em pó.

- Duas refeições com carne de vaca, de aves ou com outra fonte de proteína. Cada porção deve ser de apenas quinze gramas; portanto, uma colher de sopa de pasta de amendoim ou de soja, ou alguns bocados de frango ou de bife serão suficientes.

Para conseguir o equilíbrio

Na prática, em qualquer dia a dieta de uma criança pode ser menor do que o ideal. Um dia ela pode devorar duas ou três fatias de pão e algumas gramas de queijo de uma só vez. No outro, as frutas podem ser o seu alimento preferido. E em outros dias, pode parecer que não come quase nada. Juntando os dias, no entanto, o consumo deve proporcionar um equilíbrio razoável.

O apetite das crianças pequenas é errático — elas não sentem tanta fome como sentiam quando bebês, sobretudo porque não crescem mais com tanta rapidez. Também têm paciência limitada para fazer refeições sentadas; preferem comer pouco de cada vez, em parte porque nunca fazem algo por muito tempo, em parte porque o estômago é pequeno demais para acomodar mais do que poucos bocados de cada vez. Embora não seja bom deixar seu filho comer constantemente, ele pode se beneficiar de lanches no meio da manhã e da tarde.

O mais importante é não deixar a comida ser o alvo de lutas de poder entre você e seu filho — e isso pode acontecer com excessiva facilidade. Os pais devem proporcionar uma variedade de alimentos ricos e tentar, dentro do razoável, adaptá-los aos gostos e às aversões das crianças. No entanto, nenhum pai ou mãe consegue obrigar seu filho a comer. Quanto mais se preocuparem e adularem, tanto maiores ficarão as aversões da criança.

Dos dois aos três anos: seu pequeno decola

Petiscos nutritivos para crianças pequenas

Os alimentos apropriados não têm de ser maçantes. Na realidade, existem muitas alternativas divertidas e nutritivas para as batatas fritas, os salgadinhos e os bolos. Aqui estão algumas sugestões:

- um pãozinho, com ou sem uma fina camada de queijo cremoso;
- um biscoito com um pouco de manteiga;
- pedaços de frutas frescas;
- um pedaço de pão integral, torrado ou fresco, cortado com forminhas para biscoitos ou com a estampa de heróis prediletos;
- iogurte integral com frutas;
- pedaços, espirais ou rodelas de cenoura;
- bolinhos de arroz;
- pedaços de queijo;
- ovos cozidos, fatiados ou inteiros;
- pedaços de carne desfiada — de peru ou de frango;
- cereais sem açúcar, em flocos não umedecidos;
- bolas de sorvete feito com suco de frutas e congeladas em formato de brinquedos.

Não há problema em permitir que seu filho de vez em quando se satisfaça com docinhos, sorvetes, bolos, batatas fritas e outros alimentos menos saudáveis. No entanto, reserve-os para ocasiões especiais e evite deixá-los à mostra o tempo todo.

Cuidados especiais

Crianças que ficam em creches tendem a apanhar mais resfriados e doenças intestinais por vírus do que as que ficam em casa. No entanto, ambos os grupos podem passar boa parte do tempo com um desses problemas e com resfriados, tosses e infecções de ouvido. Na verdade, as crianças abaixo de dois anos padecem de oito a dez doenças leves todos os anos, e não passam muito melhor entre os dois e três anos.

Muitas crianças começam a ter infecções de ouvido recorrentes nesse período da primeira infância. Não deixe de procurar o médico se durante ou logo após um resfriado seu filho tiver febre e dor de ouvido. Esses pequenos também podem pegar uma faringite estreptocócica, infecções dos seios nasais, rubéola, eritema infeccioso (a quinta-doença e catapora, principalmente se tiverem irmãos em idade escolar que trazem essas doenças para casa.

A curva de crescimento

As crianças muito pequenas têm uma postura encurvada, pernas curtas e estômago protuberante. Com dois anos e meio, em geral já se tornaram mais eretas, com pernas mais longas. Não parecem mais bebês.

Enciclopédia do bebê e da criança

Consultas médicas

Os pediatras costumam agendar consultas de controle em torno do segundo ou terceiro aniversário. Durante essas consultas, eles pesam e medem a criança e avaliam determinados padrões, como o emprego de sentenças, a capacidade de subir escadas e o interesse recente em fazer rabiscos. Nas regiões em que há grande perigo de intoxicação por chumbo, esses médicos deverão pedir um exame da concentração de materiais pesados no sangue de seu filho, a cada seis meses aproximadamente.

Saúde dentária

Apesar de seu filho poder fazer alguns esforços precoces para escovar os dentes sozinho, durante esse período você deve continuar a limpar seus dentes com uma gaze ou escova de dentes macia. Entre os vinte e 24 meses, os segundos molares — que são os últimos quatro dentes-de-leite — emergem, causando, às vezes, algum desconforto durante algumas semanas. Uma vez irrompidos todos os dentes-de-leite, leve seu filho ao dentista para um primeiro exame. Dessa maneira, visitas posteriores, que podem envolver tratamentos como obturações e limpeza, serão menos assustadoras.

A higiene dos dentes é particularmente importante após o nascimento dos segundos molares. Deixe seu filho escovar os dentes sozinho, depois repasse a limpeza. Pasta dentifrícia não é necessária — e pode ser deglutida —, mas se a criança gostar, coloque um pouco na escova. Faça isso após o café da manhã, antes de dormir e após regalos açucarados, que, logicamente, devem ser restringidos ao mínimo. Se a água de sua região não for fluoretada, talvez seu filho necessite de suplementos de flúor. Verifique com o pediatra.

Permanecendo em segurança

Pais de crianças pequenas devem ser particularmente cuidadosos em relação à segurança. Justamente quando a criança está gostando de conseguir as coisas (e perigos ocultos), pode ser que você esteja passando menos tempo perto dela, de modo que o risco de acidentes aumenta de muitas maneiras. Você terá de redobrar os cuidados para proteger seu filho, dando especial atenção aos medicamentos, produtos de limpeza, sacos plásticos e outras coisas perigosas, mantendo-os fora do alcance ou fechados e trancados. As grades nas escadas são obrigatórias até que seu filho esteja perfeitamente seguro para subi-las e descê-las. Mantenha as tomadas elétricas cobertas e coloque tudo o que quebra no alto. Pelo menos até os três anos, as crianças podem colocar coisas na boca, portanto certifique-se de que os brinquedos não tenham partes pequenas destacáveis e não dê nozes e doces duros para a criança.

Se você tiver filhos mais velhos, talvez seja útil colocar grades nos quartos *deles*. Isso evitará que seu pequeno de dois anos faça pilhagens nos quartos dos irmãos para examinar os brinquedos ali — enfim, torne as coisas mais seguras, eliminando, assim, as grandes batalhas familiares.

Dos dois aos três anos: seu pequeno decola

BRINQUEDOS PARA CRIANÇAS DE DOIS A TRÊS ANOS

Visite qualquer loja especializada, e você ficará subjugado(a) diante da interminável oferta de brinquedos. É tentador carregar peças caras para seu filho, que — pela primeira vez — está começando a brincar de maneira mais organizada.

No entanto, antes de comprar, pondere sobre alguns tópicos. Nessa idade, as crianças abandonam os brinquedos praticamente com a mesma rapidez com que perdem os sapatos, portanto grandes despesas realmente não fazem sentido. Além disso, alguns brinquedos indicados para crianças de dois anos ou mais velhas podem ser seguros (isto é, livres de partes pequenas que podem levar a engasgos), mas não necessariamente adequados às habilidades da criança. Finalmente, você pode encontrar uma porção de coisas que servem como brinquedo em sua casa. Uma criança pequena ficará tão satisfeita com uma caixa de papelão grande como com uma casinha de material sintético que custa duzentos reais. A caixa pode até ser melhor, uma vez que serve para mais de uma finalidade. Pode ser enfeitada com traços a lápis de cor e adesivos, ou ser usada como palco para teatrinho de fantoches.

Ajuda muito guardar brinquedos em caixotes de plástico rijo, os quais você pode colocar em diferentes pontos estratégicos da casa ou do apartamento — na cozinha ou na sala e, certamente, no quarto da criança. A possibilidade de acondicionar todos os brinquedos infantis e limpar a área social da casa pode ajudar a eliminar a desordem que gera estresse em toda a família. Dessa forma, pais e filhos também terão maior probabilidade de encontrar os brinquedos favoritos.

Veja, a seguir, uma lista de coisas para brincar — muitas podem ser improvisadas com o que estiver fora de uso em sua casa —, que as crianças de dois anos provavelmente irão gostar.

- Potes, panelas, jarras plásticas e colheres de pau.
- Recipientes de plástico rijo encaixáveis.
- Caixas de papelão vazias.
- Blocos para pôr em caixas vazias.
- Sacos de papel com alças.
- Brinquedos com rodas, para empurrar.
- Bolas grandes e coloridas.
- Brinquedos simples para montar.
- Formas geométricas variadas.
- Quebra-cabeças simples.
- Tábua de pinos com peças grandes, redondas e de cores vivas.
- Bonecas laváveis.
- Bichos de pano (verifique se não têm pequenas partes que possam se desprender).
- Recipientes para brincar com água.
- Caixa de areia com baldes, pás e fôrmas.
- Jogos para refeições — de plástico, com peças grandes.
- Lápis de cera para rabiscar.
- Escada baixa com escorregador.
- Túnel de plástico, para atravessar engatinhando.
- Um conjunto de blocos grandes.
- Peças de encaixe para construir.
- Telefones, ferramentas e utensílios de cozinha de brinquedo.
- Carros, trens, navios e aviões de brinquedo.
- Conjuntos para brincar de farmácia, escola, casa e ambientes familiares.
- Instrumentos musicais, como xilofones e teclados.
- Massas de modelar (você pode fazer em casa).
- Canetinhas.
- Um triciclo (a maioria das crianças começa a pedalar aos três anos).
- Roupas e chapéus para brincar de vestir-se.

Enciclopédia do bebê e da criança

A criança de dois anos adora brincar com tudo o que lhe permita exercitar habilidades motoras grossas e finas e lhe forneça oportunidade para fazer simulações.

Padrões de desenvolvimento

Entre os dois e os três anos, as crianças fazem enormes progressos cognitivos e físicos. O modo suave de correr da criança de três anos é apenas uma reminiscência do tropeçar do bebê de 18 meses. Habilidades motoras finas dão à criança um aumento do controle sobre brinquedos e objetos pequenos. A capacidade lingüística explode.

Nesse período, o desenvolvimento acontece em etapas de arranque e ajuste e nunca duas crianças apresentam exatamente o mesmo cronograma. No entanto, há padrões observáveis na maioria das crianças desse período.

Dos dois aos três anos: seu pequeno decola

Padrões físicos

Aos dois anos e meio

Pula com os dois pés.

Segura o lápis de cera.

Corre.

Aos três

Monta em triciclo.

Sabe se vestir (com exceção de abotoar).

Forma torres de blocos com mais de seis blocos.

Escala.

Padrões de aprendizagem

Aos dois anos e meio

Entende mais de duzentas palavras.

Fala de trinta a cinqüenta palavras.

Nomeia cinco partes do corpo.

Começa a entender certos conceitos, como "grande" e "pequeno" ou "mole" e "duro", e pode classificar os objetos de acordo com esses atributos.

Rabisca com lápis de cera.

Aos três

Forma sentenças com três palavras:

Copia uma circunferência.

Sabe seu nome e sobrenome.

Pode identificar algumas cores.

Brinca de faz-de-conta.

Usa pronomes — "eu", "me", "você", "nós" etc.

Padrões emocionais

Aos dois anos e meio

Repreende a si mesmo por romper normas, dizendo "não, não", mas de modo geral continua agindo da mesma forma.

Fica irritado quando as coisas não são como deveriam ser, por exemplo, ao se vestir.

Aos três

Julga acontecimentos como sendo bons ou maus.

Começa a utilizar palavras para expressar emoções.

Certifique-se de que o equipamento que seu filho experimenta é seguro e apropriado para a idade dele.

Dos dois aos três anos: seu pequeno decola

Crianças de dois anos fazem grandes avanços,
conseguindo empilhar e classificar,
além de outras aptidões similares.

Indícios de problemas

As crianças adquirem habilidades verbais e motoras em seu próprio ritmo, com grandes contrastes em seus níveis de desenvolvimento, todos na faixa da normalidade. Mas os pais devem estar atentos a certos atrasos que podem indicar problemas subjacentes. Dêem especial atenção se a criança **NÃO**:

- criar modelos vocais para imitar a fala;
- comer com colher;
- estabelecer contato visual com você ou com outras pessoas;
- abaixar-se para levantar as coisas.

Procure ajuda se seu filho de dois anos:

- passar longos períodos em comportamentos estereotipados, repetitivos, como balançar ou bater a cabeça;
- não souber o nome de objetos familiares ou usar poucas sentenças de duas palavras;
- não pegar carros, caminhões e louças de brinquedo para imitar usos dos objetos reais;
- não notar animais, árvores, flores e veículos quando vocês saem de casa.

Educação para uso do banheiro

Problemas

Nenhuma criança passa pelo "treino do vaso sanitário" sem esbarrar em alguns obstáculos. Veja, a seguir, alguns dos problemas que freqüentemente surgem, junto com sugestões de como enfrentá-los.

Recebendo ajuda

Fale com seu pediatra se:

- seu filho de dois a três anos parecer não perceber que está urinando ou evacuando;
- seu filho não tiver feito progressos no uso do vaso sanitário aos três anos;
- seu filho tiver acessos de raiva ou outras reações intensas, negativas, ao ser estimulado a usar o urinol.

> **SINAIS DE PRONTIDÃO**
>
> Seu filho pode estar pronto para iniciar a educação para uso do banheiro quando ele:
>
> - perceber que está urinando e evacuando;
> - usar termos infantis para urinar e evacuar (como xixi, cocô);
> - pedir para trocar sua fralda quando necessário;
> - demonstrar interesse quando os pais, amigos e irmãos usam o banheiro;
> - for capaz de abaixar calças de elástico na cintura.

Dos dois aos três anos: seu pequeno decola

133

PARA REFLETIR

O TREINO PARA USO DO BANHEIRO

Para a maioria das crianças, a educação para uso do banheiro é o principal acontecimento nesse período da primeira infância. Em torno dos 18 meses, as crianças começam a reconhecer as sensações que acompanham a micção e a evacuação. Elas podem se segurar, parar de brincar por instantes ou mesmo ir para um canto. A maioria das crianças dessa idade conhece as palavras para as eliminações e tem consciência de que vão "fazer xixi" e "cocô". Essa consciência sem quaisquer tentativas de treino está condenada a ser infrutífera.

Infelizmente, existe muita pressão sobre os pais para tirarem as fraldas de seus filhos logo depois dos dois anos. Visto de maneira realista, no entanto, as crianças adquirem essa habilidade da mesma maneira como adquirem todas as outras — aos poucos e em seu próprio ritmo. O escritor e pediatra norte-americano T. Berry Brazleton fez um estudo com crianças normais e descobriu que praticamente todas adquirem controle vesical e intestinal entre os dois e dois anos e meio. Concluiu também que o início precoce não garante o sucesso do aprendizado: metade das crianças pesquisadas que começou o treino para uso do banheiro aos 18 meses ainda apresenta eliminações acidentais aos três anos.

Quando o treino começa um pouco tarde — aos dois anos e meio ou três anos —, é um processo muito mais rápido do que quando começado cedo. Tanto nesse aspecto como em muitos outros da educação infantil, é importante prestar mais atenção aos indícios de seu filho do que ceder à pressão externa. Faça o seu filho saber o que os adultos e crianças grandes fazem quando precisam urinar ou evacuar; ensine a ele os nomes dessas funções e faça demonstrações. Se possível, faça com que um amigo mais velho, que ele admire, ou um irmão mais velho faça uma demonstração — repetidas vezes. As crianças pequenas também querem se sentir "meninos e meninas grandes".

Algumas coisas a serem lembradas: as crianças costumam adquirir controle do intestino mais ou menos seis meses antes do da bexiga. E meninas podem ser educadas um pouco antes do que os meninos. É bom iniciar o treino em um período no qual a criança esteja em fase relativamente dócil. E, lógico, é difícil predizer quando (ou se) essa fase acontece, mas você obterá resultados bem melhores se começar o treino quando seu filho estiver cooperativo do que quando estiver atravessando uma fase de teimosia.

Uma vez que seu filho esteja sendo treinado, aguarde alguns retrocessos em períodos de estresse. Assim como com a comida, o uso do banheiro é assunto que você deve tentar deixar livre de lutas pelo poder. Se seu filho tiver um retrocesso, seja paciente e objetivo(a), e lembre-se de que, virtualmente, todas as crianças estão fora das fraldas logo depois dos três anos.

Enciclopédia do bebê e da criança

ESTRATÉGIAS QUE FUNCIONAM

PROBLEMA

Seu filho resiste a qualquer sugestão para usar o urinol.

Seu filho quer usar apenas o urinol especial dele e o de ninguém mais, e, com certeza, não um de adultos.

Seu filho urina, mas não evacua no urinol.

Seu filho fica seco por algumas semanas, depois recomeça a ter acidentes freqüentes.

SOLUÇÃO

Deixe o urinol de lado e traga o assunto à tona de vez em quando. De tempos em tempos, realce como é agradável não ter o aborrecimento de usar fraldas. Deixe a criança sem vestir calças ou sem usar fraldas durante alguns dias (e prepare-se para limpezas extras), depois lhe diga que, para essa liberdade poder continuar, o urinol tem de ser usado.

Leve o urinol com você durante algumas semanas. Se o assento for destacável da base, leve apenas ele e coloque-o sobre um vaso sanitário. Você tem a opção de comprar um adaptador para assento de vaso sanitário (assento de tamanho apropriado para crianças, que se adapta sobre um de adultos), que pode ser mais fácil de carregar. Se seu filho não se importar, coloque fraldas quando sair. Descubra se há sanitários adaptados para crianças na livraria que você freqüenta, em sua biblioteca ou na loja de brinquedos da cidade, e faça com que seu filho utilize-os algumas vezes.

Continue a usar fraldas até que seu filho insista em continuar usando calças com elástico nas pernas. Calmamente, explique-lhe que as fezes devem ir para o urinol, não para a roupa de baixo. Se a criança tiver mais de dois anos e meio, insista para que ajude a limpar os acidentes. (Nota: chame o pediatra se constipação for parte do problema. A constipação cria um círculo vicioso de evacuações dolorosas, seguidas da retenção de fezes para evitar o desconforto, seguida de sujar-se com fezes, constipação mais grave e pior desconforto. Talvez seja preciso mudar a alimentação de seu filho ou tomar outras providências prescritas por seu pediatra para aliviar o problema.)

Resolva os acidentes com calma e paciência. Verifique se existe um ritmo para a ocorrência e veja se consegue quebrar a rotina lembrando a criança de ir ao banheiro em intervalos regulares, impedindo-a de tomar líquidos em determinadas horas ou fazendo algumas outras mudanças.

Dos dois aos três anos: seu pequeno decola

TÉCNICAS DE TREINAMENTO

Veja a seguir algumas diretrizes para o treino de uso do banheiro. Talvez seja necessário executar algumas dessas etapas e omitir outras, ou você poderá desenvolver uma técnica própria, que funcione particularmente bem com a sua criança. Antes de começar o treino, certifique-se de que a babá de seu filho ou quem cuide dele durante o dia saiba como você quer agir.

1. Leve seu filho com você para comprar o urinol e deixe que ele ajude na escolha. Compre o urinol alguns meses antes de pretender que a criança se sente nele.

2. Leia para seu filho livros sobre o treino para o uso do urinol.

3. Quando seu filho evacuar na fralda, coloque as fezes no urinol e diga: "É aqui que queremos colocá-las". Depois deixe que o (a) veja dando a descarga para tirá-las do vaso sanitário.

4. Quando você quiser começar um treino mais formal, primeiro deixe seu filho se sentar totalmente vestido no urinol, durante alguns minutos, todos os dias. Se ele se recusar, não insista; espere algumas semanas e tente outra vez.

5. Observe o horário do dia em que seu filho geralmente evacua.

6. Depois que a criança tiver recebido treino diário para se sentar no urinol durante mais ou menos uma semana, coloque-o sem a fralda. Se possível, peça à criança para se sentar no urinol no horário em que costuma evacuar depois de uma refeição ou de algumas horas com a fralda limpa, por exemplo. Novamente, se você encontrar resistência, recue e aguarde mais um tempo.

7. Comece a observar sinais de que seu filho precisa urinar ou evacuar. Muitas crianças ficam quietas ou se seguram. Pergunte se ele quer tentar o urinol.

8. Faça elogios — e talvez dê um pequeno prêmio — quando o urinol for utilizado, mas não exagere. Por um lado, seu entusiasmo irá diminuir quando o sucesso se tornar mais freqüente. Por outro, seu filho pode ficar com medo de desapontar os pais quando não usar o urinol.

9. Quando seu filho estiver usando o urinol ocasionalmente, leve-o para comprar calças de "criança grande". Calças esportivas, que têm espessura dupla na entrepernas, são a melhor opção. Também são adequadas as calças com elástico na cintura e nos tornozelos. E novamente permita que a criança tenha alguma participação na escolha.

10. Quando seu filho estiver usando o urinol várias vezes durante o dia, diga-lhe que está na hora de tentar ficar um dia sem fralda. Vista calças esportivas na criança ou esqueça por completo as calças, opção especialmente boa durante o verão, quando vocês podem ficar no jardim ou no quintal. Espere por vários acidentes, os quais você deve abordar de maneira objetiva.

11. Quando você for sair de casa por um tempo longo, não se esqueça de levar alguns pares de calças e peças íntimas de reserva. De início, você talvez prefira pôr fraldas em seu filho, ao sair, mas essa estratégia pode causar alguma confusão. Se ele resistir à fralda, não insista. E NUNCA coloque uma fralda em seu filho como castigo por um acidente.

12. O mais importante é lembrar que o treino para o uso do banheiro é um processo gradual. NÃO COMPARE SEU FILHO COM OS AMIGUINHOS DELE, e não caia na armadilha de igualar um treino para uso do banheiro bem-sucedido com sua eficiência na tarefa de educar.

Enciclopédia do bebê e da criança

Como lidar com os acessos de raiva

A vida de uma criança de dois anos está repleta de frustrações. A persistente necessidade de ajuda destoa vivamente do impulso por independência. Objetos tentadores, como o som ou o vídeo, estão fora de seu alcance, mas uma criança de dois anos nem sempre consegue controlar o impulso de explorar e freqüentemente é repreendida por isso. Brinquedos que parecem engraçados podem estar além de sua capacidade física, levando a desapontamento e sofrimento. Seus desejos em relação ao que vestir, comer e fazer muitas vezes estão em conflito com os das pessoas que cuidam dela, de sorte que batalhas de vontades (que as crianças pequenas geralmente perdem) são comuns. O pior de tudo é que a criança de dois anos sabe o que quer, mas falta-lhe a comunicação verbal para se explicar.

Ao pensar nesses estresses, fica fácil perceber por que as crianças de dois a três anos (e às vezes mais novas ou mais velhas) são ocasionalmente atormentadas por intensa cólera. Por não terem entendimento das emoções (mesmo que conheçam palavras para expressá-las), as crianças dessa idade desafogam suas frustrações de uma forma dramática e física: em acessos de raiva.

Anatomia de uma explosão I

Não importa quão maravilhoso(a) você seja como pai ou como mãe, chegará o dia em que o limite de frustração de seu filho estará um pouco abaixo do normal e algum fato inevitável dará origem a uma explosão maior. O mais comum é que o cansaço, a fome ou a doença detonem o processo. Haverá um período de advertência durante o qual o mau humor da criança aumentará e, em seguida, uma última afronta — provavelmente algo insignificante — a levará à loucura. Seguirão lágrimas, berreiro, batidas e pancadas com os punhos; algumas crianças até prendem a respiração e ficam roxas. (Não se preocupe: a respiração é um instinto forte e dentro de segundos voltará, automaticamente.) O que quer que tenha desencadeado o comportamento, você tem em suas mãos, nesse instante, um acesso de raiva.

Imagine, por exemplo, que são seis horas da tarde, bem no meio daquilo que muitos pais chamam "a hora da bruxa": quando todos estão cansados, famintos e facilmente irritáveis. Você está circulando pelos corredores do supermercado, e com seu irritado filho de dois anos (que perdeu a soneca da tarde) a reboque. Sua principal meta nesse exato momento é pegar algumas coisas para o jantar, e sua agitação, coroada por um dia repleto de estresse no escritório, torna essa tarefa particularmente tensa. Mesmo assim, você conseguiu escapar da maioria dos pedidos de seu filho por guloseimas, apesar de haver cedido e permitido que ele mastigasse algumas bolachas com figuras de animais. Depois, você se dirige para o caixa, onde são exibidas, de maneira tentadora, fileiras de gomas e de dropes. "Quer doce!", seu filho exclama, antes que você consiga tirá-lo de lá. "Nada de doce hoje", você responde de maneira lacônica. "Eu quero!", ele grita, jogando fora o pacote de bolachas. Fica vermelho, grita e cai no chão, uma contorcida massa de fúria. Antes que você se aperceba, o acesso de raiva está explodindo.

Dos dois aos três anos: seu pequeno decola

LIDANDO COM AS EXPLOSÕES DE HUMOR

- **Regra 1:** Ignore-as. Crianças abaixo dos três anos raramente as têm deliberadamente. Por isso, se reagir, seu filho rapidamente aprenderá a manipular você por meio de explosões.

- **Regra 2:** Mantenha seu filho em segurança durante um acesso de raiva. Um travesseiro colocado debaixo da cabeça poderá evitar dor pelas batidas de crânio — fato que praticamente nunca causa ferimento real, mas muito aborrecimento aos pais. Uma criança que está se tornando destrutiva poderá ter de ser removida para um quarto acarpetado, longe de objetos quebráveis.

- **Regra 3:** Não tente conter seu filho durante uma explosão. Até mesmo segurar as crianças na intenção de acalmá-las às vezes aumenta sua fúria.

- **Regra 4:** Se seu filho tiver um acesso de raiva em público, vá com ele, imediatamente, até o carro ou outro lugar isolado e depois ignore seu comportamento. Não permita que a perspectiva de embaraço deixe você agir de maneira diferente do que quando está em casa.

- **Regra 5:** Controle a sua própria raiva. As explosões são muito desconcertantes, mas um berreiro seu só irá irritar ainda mais a criança. Sobretudo não recorra a chineladas nem a surras. Isso não resolverá a explosão e enviará a mensagem de que bater é correto. O exemplo que você dá também é importante.

- **Regra 6:** Depois, não tente discutir sobre a explosão com uma criança que tem menos de três anos. Para os pequenos, as explicações não têm sentido e é inútil repreendê-los ou assustá-los. Mas repasse o fato em sua mente para verificar o que levou seu filho para além do limite e como você pode evitar uma repetição futura.

Anatomia de uma explosão II

Agora você tem uma série de opções: a mais simples é comprar algum doce e sair enquanto consegue. Infelizmente, esta também é a pior escolha, uma vez que passa à criança a mensagem involuntária de que gritar e bater lhe dá aquilo que quer. Jamais mude sua atitude uma vez instalada uma explosão; é assim que ela se tornará hábito e verdadeiramente problemática.

O melhor enfoque é pegar seu filho e, calmamente, levá-lo até o carro ou a algum lugar onde ele possa se recompor. Em poucos minutos você poderá voltar, pegar seu carrinho e pagar suas compras. Uma vez que seu filho esteja fora das vistas públicas, sua abordagem deverá variar de acordo com as circunstâncias. Se as explosões forem raras ou se esta for a primeira, acalme-o com palavras suaves e um abraço carinhoso. No entanto, se essa tentativa não parar a explosão rapidamente, o melhor é esperar até que passe.

Se seu filho vem tendo explosões regularmente, a abordagem deve ser de pouco caso desde o começo. Leve-o para fora da loja, depois faça suas coisas como se nada de anormal estivesse acontecendo. Pode ser um desafio — mas se ele estiver acostumado à sua reação, poderá deixar as explosões de lado por algum tempo.

Enciclopédia do bebê e da criança

Retrocedendo um pouco, talvez você pudesse ter evitado o acesso de raiva encarando a situação de maneira diferente. A saída para as compras, com vocês dois tensos, era realmente necessária? Você poderia ter previsto o pedido de guloseimas e distraído seu filho no momento crucial, antes que ele visse os doces? Uma vez que ele viu os doces, a resposta negativa era a única que você poderia dar? (Se cabia em seu orçamento, você poderia deixar que ele escolhesse um pequeno presente como parte de todas as saídas para compras, o que não quebraria seus princípios de alimentação saudável.)

Mesmo com todos os cuidados do mundo, no entanto, as explosões infantis estão fadadas a acontecer. Mantenha a calma, trate-as com objetividade e concentre sua atenção em aspectos mais agradáveis da criação de filhos.

ESTRATÉGIAS QUE FUNCIONAM

Veja a seguir uma lista de situações que freqüentemente provocam explosões de raiva em crianças de dois a três anos, ao lado de sugestões para ajudar seu filho a manter-se sob controle.

SITUAÇÃO	SOLUÇÃO
Compras.	Faça saídas breves e inclua uma parada numa padaria ou barraca de frutas para um pequeno presente.
Festas de aniversário.	Compareça somente quando seu filho estiver descansado. Saia cedo se ele começar a ficar irritado.
Viagens longas de ônibus, de carro ou de avião.	Leve alguns brinquedos novos para abrir durante a viagem. Também leve lanches e bebidas. Se estiver de carro, faça paradas freqüentes para descanso. Em avião, ande com seu filho, periodicamente, para frente e para trás, no corredor.
Recusa ao pedido de um brinquedo novo ou outro presente, durante as compras.	Proponha alternativas — uma maçã em lugar de um doce ou um pequeno livro de figuras em vez de um brinquedo sofisticado. Estes são pedidos aos quais você não deve ceder, senão leva à repetição, no futuro.
Separação.	Prepare seu filho para separar-se de você, falando a respeito, lendo livros de histórias com situações semelhantes e visitando, antes, a creche ou a babá. Dê alguma coisa sua ao seu filho para servir como lembrança de que você voltará logo.
Mudança nas atividades.	Avise seu filho cinco a dez minutos antes de se aproximar a hora de mudar de atividade. Depois, faça um jogo de transição para a nova atividade — por exemplo, peça a seu filho para tentar se despir sozinho enquanto você conta até dez.
Desejo de colo.	Utilize um carrinho e mantenha suas saídas a pé suficientemente curtas para seu filho poder enfrentá-las.

Dos dois aos três anos: seu pequeno decola

Prevenindo explosões

- Assegure-se de que seu filho está bem descansado.

- Diga às crianças o que devem fazer em vez de proibir constantemente as coisas. Melhor do que dizer "Nada de lápis de cera na sala", diga "Venha pintar na cozinha".

- Poupe seu filho de situações que são difíceis de enfrentar. Arranje uma babá quando você tiver de sair ou jantar fora. Se precisar levar seu filho, junte alguns brinquedos e fique fora por pouco tempo.

- Aprenda a reconhecer os sinais de uma explosão próxima e, se possível, distraia seu filho. Muitas vezes, uma soneca ajuda. Outra opção é brincar com água (ficando em pé, em uma cadeira firme, na pia da cozinha), o que pode acalmar as crianças mais depressa do que qualquer outra coisa.

- As crianças tendem a ficar agitadas quando os pais estão nervosos. Se você perceber que está perdendo o controle, reduza o seu ritmo: adie algumas tarefas, flexibilize as suas regras e desfrute de um momento de silêncio.

Procurando ajuda

Fale com seu pediatra se:

- seu filho tiver vários acessos de raiva durante o dia;

- seu filho bater a cabeça ou recorrer a outras atividades repetitivas durante as explosões e em outros momentos;

- seu filho continuar tendo acessos de raiva freqüentes após os quatro anos de idade;

- a freqüência das explosões estiver aumentando.

* * * * *

Enciclopédia do bebê e da criança

Dos três aos cinco anos: novidades e desafios... para todos

Aos três anos, as crianças já tiveram suficiente experiência pessoal para se aperceberem do complexo mundo que as cerca. Dominam conceitos simples, tais como alto baixo e atrás/na frente, e chegam a entender muitas relações importantes. Por exemplo, sabem qual refeição devem aguardar em determinado horário e quem é quem na família. Sabem também os nomes e a utilidade da maioria dos objetos domésticos e conseguem identificar formas simples.

O desafio, agora, é construir em cima desses conceitos básicos. As crianças o fazem por meio da linguagem, juntando frases em parágrafos e organizando os parágrafos em histórias. Suas atividades também se tornam mais complexas. Com blocos, constroem casas em vez de torres que sobem e caem, e, com a imaginação, criam uma série de jogos com os personagens que vêem na tevê ou a respeito dos quais ouvem nos livros de histórias.

Mudanças significativas

Modo de pensar

Como seu desenvolvimento intelectual alcança novos graus de complexidade, a mente de crianças de três a cinco anos pode parecer bastante misteriosa para os adultos. Esses pequenos estão em idade pré-escolar e apresentam um crescente acúmulo de conhecimentos, mas mesclado com algumas crenças não consolidadas, até irracionais. Nessa fase, elas demonstram perspicácia surpreendente, bem como falta de entendimento (igualmente surpreendente). E, embora estejam começando a entender o conceito de ação e efeito, com freqüência confundem os dois.

A visão de mundo dessas crianças, apesar de se ampliar, ainda é muito limitada. Elas permanecem firmes no centro de seu mundo e têm dificuldade para imaginar o mundo dos outros. Assim, atravessam um período difícil para aprender a ver as coisas sob o ponto de vista das pessoas. É por isso que compartilhar brinquedos prediletos com companheiros continua complicado para a maioria dessas crianças. Também permanece, neste seu filho, aquela impassividade celestial quando você lhe comunica que precisa se apressar porque tem um compromisso importante; o fato de as necessidades de seus pais às vezes entrarem em conflito com as dele está completamente fora do alcance de crianças de três a cinco anos.

Por estarem centrados em si mesmos, os pré-escolares tendem a se culpar por qualquer coisa que aconteça na família. É exemplar a história — um menino de quatro anos, que estava batendo num poste de iluminação com um pau, quando aconteceu a falta de luz de 1963, que escureceu a faixa nordeste do EUA durante 24 horas. O menino não teve dúvida de que havia apagado as luzes de Montreal até Filadélfia. Pelo mesmo motivo, crianças dessa idade também podem se sentir responsáveis pelas brigas entre seus pais, pela morte de animais de estimação e por uma série de desventuras domésticas de menor importância.

Não importa, porém, quão acidentado seja o desenvolvimento da criança de três a cinco anos; nesse período, ela fará grandes progressos: está aprendendo a ter idéias e a raciocinar de maneira simbólica. Por exemplo, agora uma boneca representa, claramente, uma pessoa de verdade, não mais apenas um pedaço de plástico. Novas interpretações abrem caminho para horas de brincadeiras fantasiosas durante as quais essas crianças utilizam linguagem e conceitos para resolver problemas. Agora, em vez de buscar soluções usando o processo de tentativa e erro, elas começam a generalizar, aplicando estratégias e recursos que surtiram efeito em suas experiências anteriores.

Surge um acrobata

O progresso físico de crianças de três a cinco anos é tão espantoso quanto o desenvolvimento intelectual. Os pequenos, que há não muito tempo atrás corriam o risco de cair a cada passo, agora correm e escalam com agilidade e autoconfiança. Sabem andar para trás; fugir virando esquinas e parar repentinamente; ficar em um pé sozinhos e saltar.

Aos três anos, a maioria das crianças sabe subir em um triciclo e jogar bola. Aos quatro anos, também sabe segurar um lápis e começa a escrever seu nome em letras de fôrma. Tenta desenhar pessoas, embora os resultados possam parecer rabiscos para muitos adultos. Durante os próximos seis meses, no entanto, os rabiscos irão evoluir para desenhos de objetos mais identificáveis.

Nessa idade, o crescimento não é tão intenso como nos primeiros dois anos de vida. Mais marcante é a mudança da forma física, uma vez que o tronco e as pernas da criança se alongam, a gordura de bebê cede lugar a um aspecto mais esbelto e o "barrigão" some. O peso médio de uma criança de três anos fica em torno de 15 quilos e a altura, por volta de 90 centímetros. Durante o próximo ano, a criança ganhará cerca de 2 quilos. E crescerá aproximadamente 6 centímetros. A cabeça ainda é relativamente grande, com circunferência próxima à de um adulto.

Enciclopédia do bebê e da criança

Desenvolvimento social, autoconfiança e sexualidade

Crianças de três a cinco anos orgulham-se de seu crescimento pessoal e de suas habilidades. Começam a se vestir sozinhas, "ajudam" no serviço doméstico, usufruem do período no jardim-de-infância ou na pré-escola e participam de jogos. A autoconfiança e a eficiência estão emergindo.

Ampliando o cenário social

No período pré-escolar, as crianças também aprendem a fazer amizades. Por volta dos três anos, não só brincam com outras crianças, como também começam a interagir com elas. Juntas, decidem com quais brinquedos brincar e para qual parte do parquinho correr. É visível que gostam de encontrar um determinado amigo e ter a possibilidade de passar algum tempo em companhia daquela criança.

Apesar desses progressos, compartilhar continua sendo tarefa difícil. A criança de três a seis anos ainda não tem idéia definida de que um amigo pode brincar com um brinquedo seu sem levá-lo embora. Pais e professores podem facilitar a situação explicando que quando as crianças dividem seus brinquedos, suas roupas ou a atenção de seus pais, elas não perdem essas coisas para sempre.

Nessa fase, as crianças com freqüência se revelam agressivas. Quando não conseguem encontrar palavras para manifestar seus sentimentos, podem iniciar uma briga. Esses conflitos precoces na verdade são muito importantes para o desenvolvimento. Por meio de discordâncias, os pequenos aprendem uma lição importante, ou seja, que as pessoas têm pontos de vista diferentes tão válidos quanto os seus. Os adultos podem favorecer a compreensão deles, instigando discussões e "traduzindo" os sentimentos de uma criança para a outra.

Regras do jogo

Durante os anos pré-escolares, as crianças começam a aprender noções básicas acerca do que é certo e do que é errado, além de normas gerais de conduta. No início, as regras não fazem sentido para essas crianças. Por que o menino não pode correr para a rua para pegar uma bola? Por que a menininha não pode pegar o gato do vizinho pelo rabo? O que há de errado em usar o escorregador das crianças grandes? As conseqüências, óbvias para adultos e mesmo para crianças maiores, simplesmente não fazem parte da experiência do pré-escolar. O tempo, a repetição e, infelizmente, algumas contusões e feridas contribuirão para o aprendizado dele e para sua aceitação das regras.

Jogos simples, com regras simples, também podem ajudar meninos e meninas a entender o dar e receber no sentido social. Para crianças dessa faixa etária, esperar a vez, esperar até que um amigo termine ou ter de seguir instruções simples pode reforçar o aprendizado a respeito dos outros, sobre a rotina e os limites.

Dos três aos cinco anos: novidades e desafios... para todos

PARA EVITAR ESTEREÓTIPOS DE GÊNERO

Durante os anos pré-escolares, os meninos e as meninas podem começar a brincar em estilos bem diferentes. Os meninos assumem uma ampla gama de papéis em suas brincadeiras, como jogador de futebol, astronauta, médico, fazendeiro, piloto de avião etc. As brincadeiras das meninas eventualmente podem refletir uma visão limitada de suas oportunidades, como brincar "de casinha", sem imaginar maiores aventuras.

Os pais que estiverem preocupados com os estereótipos sexuais, podem ajudar muito suas crianças falando sobre o assunto e chamando a atenção para mulheres que são bombeiras, policiais, esportistas, médicas e prefeitas. Manter em aberto essas opções, tanto para meninos como para meninas, ajuda as crianças a desenvolverem um senso mais equilibrado sobre o papel social das pessoas de qualquer sexo.

Para ampliar ainda mais o horizonte infantil, providencie uma série de brinquedos dentre os quais se possa fazer uma escolha. As meninas, por exemplo, podem ter menos objetos domésticos e mais carrinhos de brinquedo e trens. Os meninos podem ganhar não apenas bonecos masculinos guerreiros, mas também bonecas que dêem vontade de afagar e bichinhos de pelúcia ou de pano. No entanto, esse esforço pode não ser coroado de êxito, se estiver contrariando correntes culturais poderosas em sua comunidade.

Os pais também podem estimular atividades de que ambos os sexos possam gostar. A leitura é um bom exemplo; a literatura infantil oferece inúmeras imagens de meninos e meninas tiradas de muitas épocas e lugares diferentes. Nadar, caminhar, dançar e projetos de arte também são, na sua maioria, atividades sexualmente neutras.

Aprendendo sobre sexualidade e gênero

Crianças de três a cinco anos progridem, também, no reconhecimento das diferenças entre os sexos. Os pais são assediados com milhões de perguntas como: "Por que só as mamães podem ter bebês na barriga?", "Como nascem os bebês?", "Por que minha irmã não tem pênis?". Essa curiosidade pode confundir os adultos, mas é perfeitamente normal. Algumas crianças até mesmo surpreendem os pais com declarações aparentemente românticas: "Posso casar com o papai (ou a mamãe) quando crescer?"

Nessa idade, as crianças também ficam cientes dos papéis sexuais, elaborando-os de maneira exagerada, estereotipada, o que ajuda a estabelecer suas próprias identidades. Os especialistas discordam sobre as forças que atuam nesse processo. Alguns psicólogos tendem a dar mais crédito ao ambiente da criança. Observam que os pais reforçam nos filhos aquilo que consideram um comportamento sexual apropriado, enfatizando o conceito das crianças sobre quem são e como devem agir. Outros psicólogos dão importância muito maior à natureza, afirmando que meninos e meninas diferem naturalmente entre si, tanto sob o aspecto físico e psíquico, como no comportamental. A verdade pode estar entre as diversas opiniões, com a atuação de fatores tanto biológicos quanto culturais.

Enciclopédia do bebê e da criança

Duas crianças de três a cinco anos podem brincar em jogo paralelo (acima), bem como cooperativo (centro). Conflitos por causa de brinquedos (embaixo) ainda são freqüentes nessa idade, uma vez que noções claras sobre propriedade ainda estão por se desenvolver.

A vida com a criança "independente"

Aos três anos, é de se esperar que as crianças se tornem participantes ativas da rotina matinal. Embora possam não ser capazes de, por exemplo, se vestir da cabeça aos pés sozinhas, geralmente sabem calçar suas meias, puxar as calças, e até mesmo manipular um zíper, se você o firmar embaixo.

Essa é a idade para começar a envolver seu filho nos trabalhos domésticos, uma vez que ele está se esforçando para imitar os adultos, provavelmente menos para ajudar do que para agradar. Por exemplo, você pode estimulá-lo a pendurar seu pijama e as toalhas, sobretudo se elogiar seus esforços. Porém não espere perfeição e prepare-se para interferir, se necessário. Não deixe que seu filho lute durante muito tempo com um botão difícil, um zíper, cadarço de sapatos ou outras tarefas; ele pode se frustrar e desistir.

As crianças em idade pré-escolar devem ser capazes de escovar seus dentes — com supervisão — e de se vestir com um mínimo de ajuda. Nessa fase, porém, surgem novos problemas em relação à roupa. Crianças de três anos têm idéias próprias sobre o que querem vestir, seja um par de sandálias no meio do inverno ou uma roupa de festa para ir ao parquinho. Podem, também, ter sua própria agenda matinal, que geralmente inclui muita ociosidade. Parte desse comportamento se deve à busca de autonomia.

Para lidar com essas características, uma boa idéia é separar as roupas na véspera, deixar bastante tempo para se vestir, pela manhã, e dar à criança a opção entre vários conjuntos de roupa adequados. Também pode ser necessário estimulá-la com pequenas coisas, como estrelas ou adesivos, para que execute as suas tarefas, ou transformar em jogo o ato de se vestir: "Veja se você consegue vestir sua camiseta antes que eu diga o alfabeto inteiro!"

Sobretudo, priorize suas batalhas. A auto-produção visual de seu filho pode não refletir a última moda (nem qualquer padrão conhecido de moda), mas, se estiver apropriada para o clima e para as atividades do dia, talvez não valha a pena brigar por causa dela.

TIRAR OU NÃO UMA SONECA

A maioria das crianças deixa de tirar sonecas quando chega aos três ou quatro anos. Mas essas sonecas não param de repente. Você poderá notar que em algumas tardes a sua criança não estará com sono na hora de dormir, e refutará tenazmente a idéia. Em outras ocasiões — talvez em dois ou três dias por semana —, ela necessitará, claramente, do sono e de bom grado irá dormir.

Se você permitir que seu filho ignore o período da soneca quando não estiver cansado, não conseguirá fazê-lo deitar-se quando ele precisar. E, também, a maioria das crianças até os cinco anos precisa de um pouco de descanso à tarde, e em alguns dias você também precisará de um pouco de descanso. Portanto, pode ser interessante alterar o nome desse horário da soneca para "momento silencioso" e impô-lo diariamente.

Assim como você faz na hora de dormir, à noite, estabeleça um ritual para ajudar seu filho a perceber a hora de descansar. Mesmo que ele não esteja sonolento, introduza atividades calmas, que possam ser feitas no quarto, como olhar livros de figuras, ouvir fitas ou desenhar.

Enciclopédia do bebê e da criança

146

Administrando as refeições

As crianças pequenas são sensíveis a odores e temperos fortes, podendo facilmente ser desencorajadas pela textura ou pelo odor de um alimento. Assim, podem hesitar em experimentar alimentos novos ou podem querer comer a mesma coisa em todas as refeições.

Em geral, não há nenhum mal em respeitar as preferências alimentares de seu filho — dentro do razoável. De fato, forçar a situação, ainda que com gentis afagos, pode muitas vezes ter efeito contrário e inspirar a criança a se utilizar da refeição para manipular o adulto. Em lugar disso, observe quando a fome de seu filho é maior e tente fixar a hora para comer. Mantenha, também, as porções pequenas. Em vez de incluir todos os tipos de alimentos em todas as refeições, balanceie a dieta de seu pequeno durante o dia, ou durante alguns dias, e mantenha lanches saudáveis à mão.

Estimule seu filho a tentar alimentos novos. É interessante servi-los ao lado dos favoritos dele. A fim de gerar um pouco de entusiasmo, deixe a criança, sempre que possível, participar do planejamento das refeições, das compras no supermercado, das tarefas de cozinhar e pôr a mesa. Algumas coisas, tão simples quanto um arranjo colorido, podem despertar o interesse da criança por determinado prato. No mais, mantenha a hora da refeição a mais agradável possível.

A CRIANÇA NA COZINHA

Cozinhar com uma criança é uma boa maneira de passar uma tarde tranqüila e deixar um paladar exigente mais interessado em alimentação. O orgulho em ser o cozinheiro(a) pode levar até mesmo uma criança enjoada a alimentar-se melhor.

A regra número um é o adulto estar preparado. Se você estiver fazendo biscoitos, por exemplo, deverá estar com todos os ingredientes separados em tigelas e recipientes. Puxe uma cadeira para a pia ou para a mesa, vista aventais ou batas, verifique se todas as mãos estão limpas, e ao trabalho!

Deixe a sua criança ser inovadora, dentro de alguns limites. Ela não só se sentirá realizada, também é provável que coma o que ajudou a fazer.

Veja, a seguir, algumas tarefas que mesmo os pequenos de três a cinco anos podem empreender na cozinha.

- Decorar bolos e bolachas.

- Preparar bebidas criativas, como limonada com pedaços de fruta ou de iogurte congelado.

- Criar sanduíches com os ingredientes que você selecionou, tais como carne, queijo, tomate, alface ou patês.

- Fazer esculturas com frutas. Pêras pela metade, bananas cortadas ao comprido, rodelas de abacaxi, passas e outros ingredientes podem ser colocados em um prato para parecer uma boneca, um coelho ou um barco com uma vela de queijo suíço.

- Juntar itens, como queijo e vegetais, para uma pizza feita em casa.

Dos três aos cinco anos: novidades e desafios... para todos

Crianças de três a cinco anos gostam de ajudar a cozinhar e têm muito prazer em servir suas criações.

Enciclopédia do bebê e da criança

Estratégias para a hora de dormir

Garantir que crianças de três a cinco anos durmam o suficiente é de extrema importância. Nessa idade, elas aos poucos param de dormir depois do almoço, enquanto o tempo de sono durante a noite permanece aproximadamente o mesmo.

Infelizmente, garantir a necessidade de dormir o bastante é mais fácil de ser dito do que de ser feito. De fato, colocar uma criança na cama pode requerer mais habilidade do que qualquer outra atividade do dia. Tente entender por que seu filho reluta em ir para a cama, mesmo quando está com sono. Afinal de contas, muitas crianças vêem a hora de dormir apenas como aquela hora em que têm de deixar os pais, irmãos e uma sala clara, aconchegante, para penetrar na escuridão, na quietude, no isolamento de seus quartos.

O processo irá se tornar mais racional se você aderir a um horário fixo e deixar a criança saber que ele não é negociável. Talvez você precise incluir um aviso prévio de dez minutos ou mostrar onde os ponteiros do relógio estão, na hora de dormir. Mas não se precipite. Os rituais que as crianças escolhem parecem ser fonte importante de consolo. Além disso, se a hora de dormir for uma parte constante e agradável do dia, seu filho pode vir a desejá-la com satisfação.

Os pais podem borrifar um invisível "pó de sono" na criança, que relaxa, fecha os olhos e começa a deixar-se levar ao repouso antes mesmo que o ritual tenha terminado. Outras crianças se satisfazem com uma história ou uma canção, com uma conversa a respeito do que aconteceu durante o dia ou discutindo sobre os planos do dia seguinte. Uma história que as crianças sempre gostam de ouvir várias vezes é a "história do dia em que nasci".

A hora de dormir é a oportunidade ideal para ler com seu filho em idade pré-escolar. Ao compartilhar de um livro, você pode estar particularmente próximo (a) e calmo (a). As crianças adoram ouvir a mesma história repetidamente, porque o ritmo se torna familiar e as palavras ganham um sentido mais completo para elas. Reveze os livros preferidos de seu filho, que ele sabe de cor, com outros novos, que introduzam palavras, idéias e figuras desconhecidas. Se existe algo que realmente prepara as crianças para a escola e que instila um amor permanente pela linguagem, é a leitura em voz alta com seus pais.

Dos três aos cinco anos: novidades e desafios... para todos

Torne a leitura uma parte normal da rotina da hora de dormir. Não é apenas calmante; estabelece, também, as bases da aprendizagem da leitura já nos primeiros anos escolares.

Enciclopédia do bebê e da criança

Brincar é preciso!

Enquanto atende às necessidades físicas de seu filho de três a cinco anos, você encontrará nele, também, a necessidade de uma boa porção de alimento emocional e intelectual. Grande parte desse tipo de alimento seu filho obtém brincando. Crianças dessa idade, enquanto mexem em objetos de casa, tão simples como tubos de papelão e caixas vazias, dão a si mesmas importantes aulas sobre contagem, relação de causa e efeito e resolução de problemas. E, ao encontrarem novas finalidades para objetos conhecidos, aprendem a pensar com criatividade.

Nas brincadeiras imaginárias com outras crianças, seu filho aprende a respeito da cooperação. O faz-de-conta é uma tentativa dele de entender o mundo adulto. Falar alto enquanto comanda suas próprias ações e as de outras crianças é a maneira dele de aprimorar sua capacidade verbal. Inventar um passatempo próprio e treinar as habilidades que conquistou representam verdadeiros alimentos construtores da confiança.

Brincar também proporciona às crianças a oportunidade de demonstrar seus sentimentos. Os pequenos de três a seis anos repetem cenas familiares; por exemplo, podem encenar rotinas domésticas comuns. Às vezes até expressam, dramaticamente, para bonecas ou outras crianças, medos, desejos e frustrações profundamente enraizados.

O papel dos pais no brincar de seus filhos consiste em proporcionar às crianças uma variedade de experiências que possam incorporar em seu jogo. Passeios simples, como uma ida ao correio ou ao corpo de bombeiros, podem ser fonte de fascinação para um pré-escolar. Experiências desse tipo ajudam as crianças novas a tomar conhecimento crescente do mundo e a ver o que o torna organizado. Aprendem que os bombeiros dirigem grandes caminhões vermelhos e saem para apagar o fogo. Os policiais vestem uniformes, têm distintivos brilhantes e ajudam as pessoas a obedecer às leis. Lojistas, carteiros, jardineiros e uma multidão de outras pessoas exercem funções que crianças de três a cinco anos estão começando a entender, memorizar e representar em jogos e interpretações de seu ambiente.

O mais importante, ainda, é a participação dos pais nos jogos do filho. Se você sugerir, por exemplo, um chá da tarde, e segurar uma xícara na boca da boneca, a criança poderá imitá-lo e fazer o mesmo. Mas não espere que ela imite a realidade até o último detalhe. Se ela decidir fazer uma viagem de barco na rua, concorde com isso. Ao brincar, as crianças devem estar livres para expressar seus sentimentos e para testar os próprios conhecimentos sem medo de errar.

Tente, também, não dominar o jogo. A hora de brincar é uma hora em que a criança deve estar no controle. O mesmo se aplica quando ela está criando algo, seja pintando, construindo ou descobrindo. Pode acontecer de seu filho ficar desanimado com os resultados e pedir que você assuma o controle. Mas se você o fizer, ele poderá introjetar a mensagem de você ser o responsável pela solução dos problemas dele. Em vez disso, ofereça-lhe uma pequena ajuda e lhe assegure de que o que quer que ele faça estará ótimo.

Dos três aos cinco anos: novidades e desafios... para todos

Os pré-escolares são naturalmente criativos. Sem qualquer estímulo, essas crianças freqüentemente combinam materiais de modo diferente e fazem quadros, desenhos e histórias originais. Estimule essa característica deixando sua criança pré-escolar fazer as coisas à sua moda, sem se basear em padrões preestabelecidos. Permita que suas flores icem vôo pelo céu em vez de se enraizarem na terra. Deixe que pinte seu peixe de cor-de-rosa, o carneiro de púrpura e que invente histórias sobre gatos voadores e meninas que podem ficar invisíveis. Ao alimentar a criatividade de seu filho, você está ajudando-o a se tornar autoconfiante e a aperfeiçoar a habilidade dele de solucionar seus próprios problemas.

Também é importante elogiar as criações de seu pré-escolar e exibi-las, sempre que possível. A maioria provavelmente acabará presa sob um imã na geladeira, mas, quando surgir uma verdadeira obra-prima, talvez você precise pensar em uma moldura para pendurá-la no corredor ou na sala.

Brincar de se vestir com esmero permite às crianças de três a cinco anos criar jogos de faz-de-conta mais elaborados.

A transição da casa para a escola

Por volta dos três anos de idade, muitas crianças já passaram bastante tempo sendo levadas para fora de casa, geralmente para locais que oferecem cuidados diurnos, como as creches, ou para a casa de um parente. O período pré-escolar é o momento de os pequenos que não receberam cuidados fora de casa fazerem suas primeiras incursões em outro ambiente. Nessa idade, a maioria das crianças está pronta para se afastar da família e ficar sob os cuidados de adultos que não sejam nem seus pais nem os parentes mais próximos. Também estão prontas para aprender a cooperar com outras crianças e desfrutar de sua companhia. Em suma, estão aptas para o maternal, o primeiro estágio da pré-escola, que facilita a transição de casa para a escola convencional e ensina muitas das habilidades que as crianças precisarão para passar para o segundo estágio ou jardim-de-infância: autocontrole, convivência com os outros e seguir instruções.

Mesmo as crianças que estiveram em creches podem se beneficiar de uma atmosfera mais estruturada, com a revelação de novos jogos, de brinquedos e atividades em grupo com crianças de mesma idade. Por essa razão, muitas creches de qualidade, para crianças de três ou quatro anos, são bastante parecidas com a pré-escola; a diferença é que trabalham com a criança por um período muito mais longo.

Preparando a criança

Como os pais podem saber que seus filhos estão aptos para "sair para o mundo"? Antes de começar a pré-escola, a criança deve ser capaz de ir sozinha ao banheiro, ou pelo menos avisar quando precisa ir. Também deve estar apta a tolerar um certo número de frustrações, brincar sozinha pelo menos durante algum tempo e entender instruções simples.

No entanto, a prontidão da criança para o maternal ou primeiro estágio da pré-escola não diminui a necessidade de prepará-la para a sua aventura fora de casa. Algumas semanas antes, pai e mãe devem começar a enumerar o que o filho pode esperar fazer na "escolinha" e a conversar sobre como está se sentindo a respeito de sua ida para lá, diminuindo, assim, suas ansiedades. As crianças podem se preocupar, por exemplo, com a localização do banheiro, se farão amigos ou se dormirão na hora habitual do cochilo. Os pais devem visitar a escola junto com o filho, conhecer a professora e observar outras crianças brincando.

Selecionando a escolinha

Encontrar a escola maternal adequada ao seu filho pode começar com uma busca no catálogo telefônico, na Internet, ou com perguntas para vizinhos e amigos cujos filhos já estejam matriculados. Você descobrirá que algumas instituições enfocam o desenvolvimento intelectual, enquanto outras enfatizam a interação, as atividades físicas ou as artes plásticas. Quando encontrar

Dos três aos cinco anos: novidades e desafios... para todos

escolas que lhe interessam, verifique se têm licença de funcionamento, peça o nome de pais com que você possa falar e faça uma visita a cada instituição, com bastante calma, para ter uma idéia de como ela funciona.

Um dos componentes mais importantes do programa de uma pré-escola bastante qualificada é a capacidade de seus professores. Isso determina, em grande parte, o quanto as crianças, lá, irão aprender a respeito de seu mundo e que auto-imagem formarão. O professor ou professora deve:

- tratar as crianças com respeito e afeto, trazer à tona seus pensamentos e idéias e realmente ouvir o que elas têm a dizer;

- realçar suas habilidades sociais e escolares, estimulando a cooperação e a relação com os outros;

- realçar o entusiasmo e a obrigação, o que não só reverte em melhor ensino, mas também diminui a probabilidade de ocorrerem mudanças no corpo docente;

- estar disposto a falar com os pais sobre a criança;

- ser capaz de lidar com a indisciplina e manter o controle pela razão e pelo reforço positivo em vez de fazer críticas.

É preciso haver, ainda, freqüente contato individual entre o professor e os alunos e abundância de atividades em pequenos grupos. Na verdade, quanto menor a classe, melhor para as crianças. Classes pequenas permitem uma maior atenção personalizada e aumentam a probabilidade de as crianças conviverem em paz e com interação verbal. Porém se classes maiores não puderem ser evitadas, pelo menos se certifique de que existe uma proporção adequada de professores.

As atividades, que incluem jogos em sala de aula e ao ar livre, devem ser cuidadosamente planejadas para o dia todo. Devem enfocar o desenvolvimento de várias habilidades: jogos físicos e exercícios, para habilidades motoras em geral; jogos de armar e atividades de desenvolvimento da destreza, para as habilidades motoras finas; livros para olhar e ouvir. As crianças não podem ser obrigadas a participar e, nesse caso, devem ser entretidas com outras atividades em vez de deixadas a vagar sem rumo.

Aquele olhar perspicaz

Salas de aula muito arrumadas, quietas e lindamente decoradas não são, necessariamente, um bom sinal. As crianças aprendem brincando, e o brincar pode ser barulhento e confuso. Ao visitar a escola, procure um ambiente limpo, seguro, confortável, com áreas individuais para brincar com sossego. Em lugar de gravuras impressas e de cartazes, procure pelas obras de arte das crianças nas paredes, sinal de que seus feitos são respeitados e apreciados.

Deve haver áreas agradáveis para descanso e para as refeições. Os equipamentos para diversas atividades — blocos, arte, jogos para montar e livros — devem estar reunidos. O equipamento propriamente dito deve ser durável, atraente e seguro.

Um sinal de ambiente seguro é o cuidado em proibir as crianças de deixarem o prédio com outras pessoas que não sejam os pais, a menos que estes tenham dado autorização prévia por escrito. Além disso, dentro dos prédios, os pequenos alunos devem estar sempre sob a

Enciclopédia do bebê e da criança

supervisão de adultos e precisa haver um cuidadoso sistema de controle pelos professores. O mais importante é ter cautela em relação a programas que não permitem aos pais aparecerem de surpresa. Na verdade, os pais devem ser sempre bem-vindos à escola e com a oportunidade de falar sobre seus filhos com os professores ou diretores.

Se a escola fornece alimentação, deve ser capaz de se adaptar às necessidades dietéticas especiais de seu filho, inclusive exigências religiosas e de saúde. E deve dar ênfase à limpeza: lavar as mãos com freqüência, principalmente antes das refeições e de lanches, é muito importante.

Outros sinais de ambiente sadio incluem a lavagem freqüente dos brinquedos (os quais, mesmo nessa idade, podem ir parar na boca da criança), pias e banheiros limpos, uma bem suprida farmácia de primeiros socorros e uma política clara que defina quando as crianças ou professores doentes devem ficar em casa, afastados da escola. (A maioria permite crianças com resfriados, mas não com febre, por exemplo.)

Após uma análise final, no entanto, sua decisão provavelmente se baseará em gosto pessoal e impressão. As crianças parecem felizes, relaxadas e entretidas? Parece haver mais cooperação do que brigas? O professor ou professora parece caloroso(a), dando apoio e atenção às necessidades das crianças? O ambiente parece convidativo e seguro? Se você puder responder com um sim a todas estas perguntas, é provável que tenha encontrado o local certo para seu filho.

Apresentando a escolinha a uma criança

Quer seu filho tenha passado algum tempo numa creche ou todo o tempo em casa, mesmo assim é provável que o novo ambiente da escola lhe cause ansiedade. As coisas correrão de maneira mais tranqüila se você conceder um período de adaptação às novas rotinas, empregando algumas das mesmas técnicas que utilizou quando seu filho entrou para a creche ou quando contratou uma babá.

Uma das formas de facilitar o primeiro dia é permanecer no local, até que seu filho se ambiente. Se a escola não permitir isso, envie alguma coisa que ajude seu filho a se lembrar de você, como uma fotografia ou uma lembrança. Quando for sair, fique firme e tenha cautela. Faça a criança saber que você voltará, mencione algumas coisas que a classe estará fazendo no período e assegure de que tudo correrá bem.

Com o tempo, você desenvolverá uma rotina para a sua partida, da mesma maneira como para a hora de dormir. Alguns pais fazem seus filhos os acompanharem até a porta ou acenar da janela. Outros se sentam e esperam a criança se envolver com um jogo ou quebra-cabeça antes de se retirar.

O que quer que você faça, não saia sorrateiramente. Isso gera desconfiança e também priva as crianças de uma valiosa experiência. Quando finalmente forem capazes de ver os pais saírem sem estardalhaço, estarão seguras e autoconfiantes.

Tornar a transição amena pela manhã é apenas metade da tarefa; a volta para casa também pode ser tensa. Depois de um dia repleto de atividades, a criança pode estar cansada, irritada e precisar de um pouco de afago ou de um momento de calma.

Dos três aos cinco anos: novidades e desafios... para todos

Lavar as mãos regularmente, em especial antes de comer e depois de ir ao banheiro, deve fazer parte da rotina da escola.

Enciclopédia do bebê e da criança

Precaução

Se durante as primeiras semanas seu filho parecer todo dia muito cansado, talvez seja interessante diminuir as horas que ele passa na escolinha, até que esteja totalmente adaptado. Ele pode ir durante parte do dia, por exemplo, ou ficar em casa um ou dois dias por semana. Não hesite em comentar com o(a) professor(a) esses e quaisquer outros problemas que a criança estiver enfrentando; ele(a) poderá fazer-lhe sugestões baseadas em sua experiência com outras crianças.

Padrões de desenvolvimento

Padrões físicos

Sabe correr e escalar.
Alterna os pés quando sobe escadas (por volta dos cinco anos).
Salta e fica na ponta dos pés.
Anda em um triciclo.
Joga um pouco de bola.
Apresenta controle motor fino; por exemplo, já segura bem um lápis.

Padrões de aprendizagem

Pensa simbolicamente.
Se expressa com frases completas e utiliza o plural.
Presta atenção em histórias e reconhece algumas palavras escritas.
Escreve algumas letras, talvez seu primeiro nome.
Desenha pessoas de modo rústico, mas reconhecível.

Padrões emocionais

Usa palavras para expressar emoções, o que resulta em comportamentos com menos agressão física.
Torna-se cada vez mais independente.
Assume identidade sexual.
Aprende a fazer amigos, freqüentemente interagindo durante os jogos, esperando sua vez e compartilhando.

Dos três aos cinco anos: novidades e desafios... para todos

Entre os três e quatro anos, a maioria das crianças aprende a andar em triciclo.

ESTABELECENDO UMA ÁREA PARA BRINCAR

Você pode ajudar seu filho a tirar o máximo proveito ao brincar, criando, dentro da casa, uma atmosfera segura, confortável e cordial a crianças. Os materiais de arte, como lápis de cera, tintas e papel, são escolhas particularmente boas para essa idade. Podem ser complementados por toda espécie de sobras e retalhos — caixas vazias de ovos, revistas velhas com fotografias coloridas, pedacinhos de tecido e de enfeites, para citar apenas alguns.

Uma vez que crianças de três a cinco anos gostam de imitar os adultos, você precisa providenciar material para as encenações, como roupas, brinquedos, ferramentas e equipamento de cozinha. Você pode oferecer a seu filho objetos domésticos velhos, tais como aparelhos de telefone ou monitores para bebês que não têm mais conserto, mas que servem muito bem como "walkie-talkie" para brincar de bandido-e-ladrão. Certifique-se de que tudo o que você lhe dá seja seguro — sem pontas cortantes, fios elétricos, pintura tóxica ou pequenas partes que possam se desprender.

Tendo providenciado os brinquedos, a próxima tarefa é encontrar um lugar para guardá-los. Sem dúvida isso será mais fácil se você puder organizar um cômodo de brincar no quintal ou num quarto extra. Caso contrário, será preciso guardar a maior parte dos brinquedos no dormitório da criança e manter alguns nos recintos em que a família passa a maior parte do tempo. Você pode, por exemplo, utilizar, na cozinha, a parte de baixo de um armário para os brinquedos ou, na sala, colocar num canto uma mesa com cadeiras para brincar.

Os baús de brinquedos funcionam para alguns itens — uma coleção grande de bichos de pano, por exemplo. Mas outros tipos de brinquedos ficam misturados em seu interior, principalmente aqueles que têm um monte de peças. As crianças podem até mesmo desanimar com a desordem e deixar o baú intacto ou encará-lo como desafio, tirando tudo de dentro, sem brincar com nada.

Prateleiras abertas são uma boa alternativa, talvez demarcadas com caixas para separar as espécies de brinquedos, como blocos, carros e caminhões, materiais de arte. Os brinquedos parecerão mais convidativos e será mais fácil para você — e para a criança — deixar tudo arrumado.

Saúde, nutrição e segurança

As crianças que freqüentam creches e pré-escolas têm tendência maior para pegar resfriados e outras viroses do que acontecia antes, em casa. Muitas também sofrem de repetidas infecções de ouvido, apesar de, nessa idade, não estarem mais tão sujeitas a essa moléstia como antes.

Nesse período do desenvolvimento, seu filho deve ser levado ao pediatra uma vez ao ano. Por exemplo, durante a consulta dos três anos, o médico deverá pesar e medir a criança, realizar um exame físico, verificar a pressão arterial e fazer testes de visão e de audição. Nessa idade, é provável que ele peça, também, um teste de tuberculose. Será apenas uma precaução, caso seu filho venha tomando vacinas regularmente e nos períodos recomendados — sua carteirinha de vacinações pode ser exigida para entrar no jardim-de-infância.

Dos três aos cinco anos: novidades e desafios... para todos

Crianças de quatro a cinco anos se entretêm por horas com jogos de montar. Para evitar perder peças, guarde brinquedos desse tipo em caixas grandes ou em latas.

Enciclopédia do bebê e da criança

Agora, as crianças apresentam febre com menos freqüência do que quando eram menores, mas sua temperatura ainda pode se elevar muito.

As visitas ao dentista para limpeza e aplicação de flúor devem ser anuais, começando aos três anos. No intervalo das visitas, certifique-se de que seu filho escove os dentes depois das refeições e evite que ingira uma quantidade exagerada de alimentos açucarados. Nos locais em que a água potável não é fluoretada, as crianças precisam de suplementos de flúor para prevenir cáries dentárias.

Cenouras sim, doces não!

Limitar a ingestão de açúcar é parte de um bom programa de alimentação e saúde odontológica. Mas não substitua o açúcar por sacarina, sorbitol ou aspartame, a menos que sua criança tenha um problema dietético especial, como diabetes, que impossibilite o uso de açúcar. Alimentos gordurosos também devem ser evitados, mas não eliminados. Em seu lugar, intensifique o uso de grãos como o arroz, de leguminosas, como o feijão, frutas, legumes, verduras e proteínas suficientes para garantir um crescimento saudável — leite, carne vermelha magra, peixe, frango e ovos são uma boa opção protéica.

Alguns pediatras recomendam pelo menos meio litro de leite por dia, podendo ser leite semidesnatado (2% de gorduras) em vez de leite integral. Restringir os ovos, que são uma boa fonte de proteínas, não parece necessário nessa idade.

As crianças de três anos ainda precisam lanchar. O estômago desses pequenos não consegue receber alimento suficiente para agüentar de uma refeição até outra. Você precisa ter à mão uma série de refeições leves e saudáveis: cenouras cruas, queijo branco e frutas frescas.

Se você seguir essas orientações e mantiver seu filho comendo uma grande variedade de alimentos, um suplemento polivitamínico diário não será necessário. Mas pode vir a ser útil para uma criança difícil de se alimentar, que corre o risco de desenvolver deficiência nutricional. Verifique com o pediatra.

Guia para refeições

A longo prazo, as crianças escolhem uma dieta bem balanceada, se lhes for oferecida uma variedade de alimentos salutares. Se houver alguns alimentos de que seu filho não goste, você pode encontrar substitutos.

Usar um pouco de criatividade e não forçar alimentos aos paladares relutantes ajuda a tornar a hora da refeição em família mais agradável. Os cardápios a seguir são uma referência para o planejamento de refeições que ofereçam uma dieta variada e balanceada para uma criança de três a cinco anos.

Dos três aos cinco anos: novidades e desafios... para todos

Desjejum

leite (puro, com café, com achocolatado ou com aveia e cereais)
pão, bolacha
manteiga ou queijo

Os grãos de cereais integrais e da aveia são particularmente ricos em vitaminas e minerais, e o leite fornece proteínas, gordura, açúcar (lactose), vitaminas e minerais. Se a criança recusar o leite, tente oferecer iogurte ou queijo — não há nada de errado em um sanduíche de queijo quente no café da manhã. Considere, também, os cereais cozidos, como a canjica, que absorvem bastante leite. Se a criança também estiver cansada de pão, crie para ela uma bebida especial, batida no liqüidificador, com leite ou iogurte, frutas e germe de trigo.

Almoço

Carne de vaca, peixe ou ave
vegetais de diversas cores
purê de batata ou arroz com feijão
leite

Muitas crianças de três anos gostam do sabor, mas não da textura das carnes. Você pode moer a carne para seu filho até ele chegar à idade de quatro ou cinco anos, para torná-la mais gostosa. Mas, se ele se opuser inflexivelmente a todas as formas de proteína animal, você poderá suprir suas necessidades alimentares com ovos, leite, pasta de grãos integrais, legumes e verduras.

No entanto, algumas crianças também torcem o nariz para os vegetais. Você poderá preencher essa lacuna com sopas de vegetais "coloridos", como ervilha, espinafre ou beterraba. Se seu filho recusar vegetais de todas as maneiras, há diversas frutas que fornecem os mesmos minerais e vitaminas, especialmente se você oferecê-las em variedade. Se a deficiência de vitaminas continuar preocupando, peça um suplemento a seu pediatra.

Jantar

sopa ou sanduíche de vegetais e frango
leite com bolachas

O jantar pode ser a refeição mais difícil do dia para se programar. Como as opções são um pouco restritas em comparação com o almoço, é fácil cair na rotina. Tente variar o tipo de pão que você usa e os recheios não têm de se restringir a um patê de vegetais e frango. Frutas secas, vegetais crus, como cenoura ralada, queijo branco e ovos podem ser usados em uma variedade de combinações.

No verão, você pode iniciar a refeição com uma salada de vegetais cozidos. No inverno, uma sopa de vegetais com arroz, cevada ou macarrão será uma refeição rica, sobretudo se servida com bolachas ou torradas integrais. Para variar, sirva um alimento que normalmente você destina ao café da manhã, como leite com bolachas ou germe de trigo. Ou mude para um alimento tradicionalmente servido no almoço, como uma sobra de ravióli ou uma carne cozida.

Enciclopédia do bebê e da criança

REGRAS DE SEGURANÇA

Além de ensinar às crianças os cuidados com fogo, água, bicicleta e carros, os pais precisam também discutir a respeito da abordagem de estranhos e como prevenir abusos. Existem muitos livros bons para crianças sobre esse assunto. Mas talvez seja preciso você mesmo seguir as normas, para não deixar as crianças assustadas.

- Crianças não devem falar com estranhos, aceitar coisas ou ir a parte alguma com eles, mesmo que eles digam que você deu permissão.

- Crianças devem saber que têm o direito de recusar toques indesejados. Devem saber também que se alguém as tocar de uma forma que lhes desagrada, devem contá-lo a um adulto de confiança.

- Crianças que estão perdidas em uma loja devem procurar por um caixa ou por alguém uniformizado.

Novas habilidades, novos riscos

Aos três anos, as crianças estão menos propensas a colocar tudo na boca, o que diminui alguns dos riscos à sua segurança. Por outro lado, agora que estão mais independentes e prontas para explorar por conta própria, surgem novas probabilidades. Até mesmo seus jogos de faz-de-conta podem colocá-las em perigo.

Você precisa ter certeza de que seu filho não poderá escapar pelas janelas e portas quando você virar as costas. Facas, fósforos e outros utensílios potencialmente perigosos devem ser mantidos fora do alcance dele. Brincar de hospital pode apresentar periculosidade se as crianças tiverem acesso à caixa de remédios da casa para usar comprimidos reais como "elementos de cena". A temperatura do aquecedor de água deve ser mantida baixa o suficiente a prevenir queimaduras quando a criança aprender como abrir a torneira sozinha.

Crianças dessa idade de três a cinco anos são ágeis corredoras e escaladoras. Elimine os perigos de correr com a boca cheia, pular de alturas e precipitar-se na rua para apanhar uma bola. Jamais deixe de olhar as crianças enquanto brincam na calçada ou numa piscina, e ensine-lhes regras de segurança contra fogo e carros.

Dos três aos cinco anos: novidades e desafios... para todos

Crianças em idade pré-escolar devem continuar usando assentos de segurança infantil todas as vezes em que saem de carro.

Imaginação fértil, medo e indisciplina

Como as crianças de três a cinco anos desenvolvem uma imaginação mais fértil, elas também apresentam novos medos. São, agora, capazes de fantasiar perigos que ainda não experimentaram, desde mordidas de cachorro até a morte. Conseguem, também, conceber mentalmente monstros e bruxas. Sem saber exatamente onde traçar a divisória entre realidade e fantasia, conseguem facilmente imaginar que uma sombra na esquina é uma dessas criaturas. O medo do escuro é especialmente intenso nessa idade.

O medo de traumatismos é preocupação comum em crianças do período pré-escolar. Sabendo que os brinquedos quebram, as crianças suspeitam que também elas podem se quebrar. Ao ver um deficiente físico, querem saber se a mesma coisa pode acontecer a elas. A primeira vez em que um menino de três anos vê a irmãzinha, ele pode imaginar que corre o perigo de perder seu pênis, como parece ter acontecido com sua irmã.

Os adultos talvez não entendam como esses medos são reais para as crianças e podem fazer pouco caso deles. Mas dizer à criança que não há motivo para ter medo do escuro provavelmente não irá ajudar. Além disso, as crianças pequenas não podem ser induzidas a enfrentar determinados medos. As que temem cachorros, por exemplo, não devem ser obrigadas a acariciá-los e as que têm medo de água não devem ser forçadas a mergulhar. Veja, a seguir, algumas opções eficientes.

- Faça a criança saber que medos são normais. Se ela tiver dificuldade para falar diretamente sobre seus medos, encontre um livro infantil no qual os personagens lutam contra problema semelhante. A família pode, até, dramatizar cenas que preocupam a criança, como uma ida ao médico.

- Tente ficar o mais calmo(a) possível em relação a seus próprios medos, mas admita à criança que às vezes você também fica apreensivo(a) e fale com ela sobre como você lida com isso.

- Ajude seu filho a encontrar maneiras próprias de enfrentar os medos. Por exemplo, ele pode descobrir que uma lâmpada à noite e a porta aberta do quarto ajudam a vencer o medo do escuro.

- Tente descobrir o que desencadeou a ansiedade; talvez tenha sido um fato real que você pode discutir e explicar. Por exemplo, depois da morte de um dos avós ou de um amigo, talvez esteja faltando você discutir os medos da criança em relação à sua própria morte. Aproveite para enfatizar que a maioria das pessoas morre quando está muito velha.

- Evite filmes e histórias alarmantes e assustadoras, principalmente antes da hora de dormir. Discussões não resolvidas também podem levar a pesadelos.

- Quando as crianças mostram preocupação por diferenças sexuais físicas, destaque que os meninos e as meninas são diferentes e que cada qual tem partes especiais do corpo que serve a funções importantes.

Dos três aos cinco anos: novidades e desafios... para todos

Crianças de três e quatro anos muitas vezes conservam o objeto de conforto que ajuda a superar medos.

Enciclopédia do bebê e da criança

Os pré-escolares podem ter muito medo de traumatismos, de maneira que até um pequeno arranhão parece o maior desastre. Não menospreze esses medos; em vez disso, preste os primeiros socorros adequados: um beijo, um curativo e um "isso vai sarar logo".

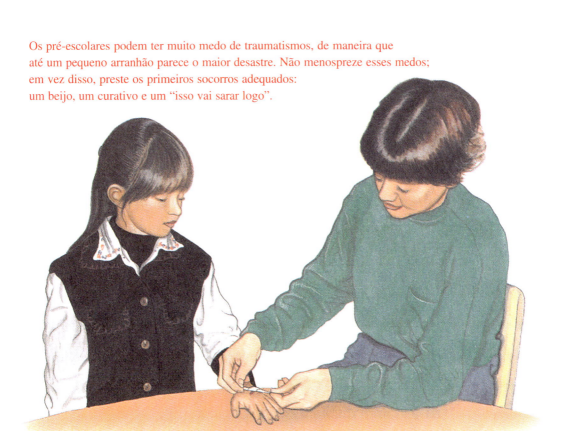

O treino para uso do banheiro: altos e baixos

A maioria das crianças de três a cinco anos tem controle razoavelmente bom sobre as funções de seu corpo, mas às vezes ainda ocorrem acidentes. Considerando que o controle noturno vem um pouco mais tarde do que o diurno, pode ser que continuem a molhar a cama durante alguns meses depois de haverem conseguido ficar secos durante o dia. Essas crianças em geral estão tão ocupadas que não querem se preocupar com o urinol. Além disso, os acidentes são comuns em épocas de tensão ou de mudança — quando começa a primeira escolinha, quando a família sai de férias ou quando nasce um novo filho na família.

Se a criança tiver um deslize com relação ao banheiro, o pior a fazer é reagir com raiva. Tentar forçar a situação pode transformar o banheiro em campo de batalha. Isso não só é ineficaz, como também pode agravar a situação. Às vezes as crianças reagem retendo as fezes, o que pode ser muito doloroso para elas e frustrante para os pais.

A melhor opção é manter a calma, esclarecendo à criança que qualquer um comete erros eventualmente, e depois recompensá-la nas próximas vezes em que conseguir êxito. Com isso você reforçará o comportamento que deseja e enfraquecerá aquele que deseja eliminar.

Dos três aos cinco anos: novidades e desafios... para todos

A espinhosa questão da disciplina

Os pais de crianças de três a cinco anos muitas vezes cometem o erro de pensar que seus filhos, com todos os progressos de entendimento, podem reconhecer de imediato as razões para determinadas regras e obedecê-las automaticamente. Na verdade, limites rígidos ainda são necessários, porque impedem que as crianças assumam comportamento de risco, destrutivo ou indesejável — o que os pais que "afrouxam" nesse período estão destinados a rapidamente descobrir.

Nessa idade, muitas crianças começam a imitar o comportamento indesejável de seus irmãos e companheiros para avaliar a reação de seus pais. Uma determinada dose desse comportamento é bom sinal, pois provém do desejo de independência da criança.

Castigar de maneira autoritária pode reprimir a criatividade e a autoconfiança da criança — os filhos de pais críticos e ameaçadores têm maior probabilidade de se tornarem irritadiços, agressivos e infelizes. Entretanto, soltar as rédeas pode resultar em ter filhos sem autocontrole ou sem autoconfiança. Realmente, as crianças se assustam com a falta de disciplina dos pais. Não conseguem se conter em pôr à prova os limites, mas têm necessidade de saber que alguém está lá para fiscalizar. A permissividade excessiva não fará a criança amar mais os seus pais. Na verdade, quanto mais os pais cederem, mais difícil o filho poderá ser.

Tente uma aproximação firme, mas carinhosa e lógica. Muitas das técnicas utilizadas na primeira infância ainda lhe serão úteis, mas o desenvolvimento da linguagem e o domínio da relação de causa e efeito lhe oferece mais opções, como as que estão relacionadas a seguir.

- Decida onde colocar limites e certifique-se de que seu filho os entende.

- Quando seu filho transgredir as normas, aponte para as conseqüências desse comportamento. Fale a respeito do quanto lhe dói, por exemplo, ele bater em outra criança, ou quanto trabalho ele lhe dá quando arma uma confusão.

- Rejeite com palavras simples a ação — mas não rejeite a criança. Diga "eu detesto quando você faz desordem", em vez de "você é muito relaxado". O ataque direto apenas provoca mais rebeldia e pode afetar a autoconfiança de seu filho. Não insista no assunto; uma declaração de como você se sente é o bastante.

- Confirme e respeite os sentimentos de seu filho: "Eu sei que você se irrita quando o bebê toma tanta atenção da mamãe e do papai". Com essa afirmação simples, você o ajuda a expressar sua irritação, demonstra que entende o ciúme dele e prova que nada o impede de ter esses sentimentos. Ao mesmo tempo, ponha fim à agressão que acompanha os sentimentos do seu filho.

- Ofereça um comportamento alternativo. Sugira que, em vez de bater em outra criança, por exemplo, seu filho bata em uma bola, no travesseiro ou num saco de pancada.

- Permita a seu filho participar da solução, oferecendo duas atitudes alternativas e deixando que ele escolha o que quer fazer.

- Evite "discussões" prolongadas sobre o que correu mal e por que aconteceu.

Enciclopédia do bebê e da criança

PARA REFLETIR

A CRIANÇA TÍMIDA

Os amigos são importantes para o desenvolvimento de seu filho. Crianças brincam e exploram de maneira mais criativa quando estão juntas. Podem ensinar novas habilidades umas às outras e se ocupar entre si por mais tempo do que com os adultos. E os amigos fazem a criança se sentir importante e autoconfiante.

No entanto, algumas crianças têm muita dificuldade de se interpor em situações sociais. Embora a maioria das que estão em período pré-escolar tenha cautela com estranhos ou perca a autoconfiança de tempos em tempos, alguns têm problemas mais graves de adaptação ao mundo exterior.

Alguns pequenos, particularmente os primogênitos que foram adulados e tratados como sendo o centro do universo durante a maior parte de suas vidas, estão particularmente predispostos à timidez exagerada. Uma vez que sempre receberam admiração e atenção sem terem feito qualquer esforço nesse sentido, é possível que não tenham aprendido a ser expansivos e sociáveis para começar uma conversa ou demonstrar afeto. Os pais podem ajudar as crianças tímidas fazendo o que se segue.

- Ensinar habilidades de comunicação. Descrever como uma criança pode se aproximar de um grupo de outras crianças e pedir ajuda para uma brincadeira ou para entrar num jogo.
- De início, limitar a atividade social para grupos menores e organizar atividades que requeiram cooperação em pares ou por períodos de tempo. As crianças tímidas muitas vezes sentem-se mais à vontade com crianças menores e menos desenvolvidas ou com as mais velhas mais educadas.
- Uma criança tímida pode não estar apta para iniciar a pré-escola tão cedo quanto uma extrovertida. Talvez seja necessário deixá-la em um grupo de recreação durante um ano ou mais, especialmente naquele em que os pais podem estar presentes e as crianças se conhecem muito bem.
- Falar com antecedência a respeito de situações ou acontecimentos que possam gerar tensão, preparando a criança para o que pode acontecer.
- Não a obrigar a "agir". Mais importante que isso, não comparar a criança com outras. Antes, enfatizar positivamente suas qualidades e elogiar suas façanhas.

Quando nada parece funcionar

Às vezes seu filho está cansado demais, com fome ou simplesmente irritado. Qualquer que seja o motivo, você nota que um mau comportamento persiste. Nessa altura, precisa demonstrar que existem conseqüências para as regras que são intencionalmente quebradas.

Se a criança continuar a espalhar comida pelo chão, por exemplo, ela deve limpar. Se continuar a bater em seus companheiros, deve ser separada. Se você relacionar uma conseqüência a cada ação, em vez de simplesmente cortar um presente prometido ou o programa predileto de tevê, ajudará seu filho a aprender as regras para aquele determinado comportamento.

Dos três aos cinco anos: novidades e desafios... para todos

Quando uma situação já estiver fora de controle, talvez você tenha de castigar a criança colocando-a sentada em uma cadeira especial ou em um quarto silencioso até que se acalme e concorde em colaborar. Os castigos, nessa idade, devem ser bastante curtos; um método empírico é dar um minuto de castigo para cada ano de idade da criança.

Alguns pais espancam seus filhos. Bater pode encerrar o problema naquele momento, mas, a longo prazo, esse tipo de castigo ensina à criança a obedecer pelo medo em vez de usar a razão. Também lhe ensina que a agressão física é a maneira de resolver um problema, e pode levá-la a se sentir amedrontada e ressentida com você.

Ameaças tampouco funcionam. As crianças acham que as ameaças são um desafio. Na verdade você as estará convidando a repetir a malcriação.

Oferecer suborno por bom comportamento pode funcionar a curto prazo, mas leva a criança a obedecer apenas para ganhar uma recompensa, em vez de aprender que o bom comportamento se aplica a outras situações. Além disso, os prêmios geralmente são usados para levar a criança a fazer alguma coisa, e não a parar de fazer algo. Em pouco tempo, a criança poderá vir a recusar-se a fazer qualquer coisa sem recompensa. Há alternativas melhores; veja a seguir.

- Focalize a atenção da criança na tarefa atual e faça algumas recomendações prévias antes que ela salte de uma atividade para outra.

- De maneira rápida e clara, explique por que você quer que alguma coisa seja feita, para que a criança possa aprender a obedecer porque compreende as regras e não por medo.

- Fracione a tarefa em partes viáveis.

- Permita que a criança escolha entre uma e outra tarefa ou entre diferentes maneiras de executá-la.

- Elogie uma tarefa terminada e torne o elogio específico: "Você guardou esses blocos com muito capricho. Estou muito orgulhoso(a) de você".

Também é vital dar um exemplo positivo a seu filho em idade pré-escolar. Você pode, por exemplo, transformar uma tarefa em jogo ou em desafio: "Vamos ver se você consegue guardar todos os blocos antes que eu guarde todos os bichos de pelúcia na cesta". As crianças, nessa idade de três a cinco anos, querem ser exatamente como seus pais, imitando seus atos e suas palavras. Se perceberem que você respeita os sentimentos de outras pessoas, é bastante provável que também adotem esse tipo de atitude.

Por fim, não deixe a tarefa de disciplinar obscurecer a alegria de observar seu filho crescer e aprender. Durante esse período de três a cinco anos de idade, você perceberá progressos espantosos em suas habilidades verbais, sociais e físicas. Desfrute a emoção de ver seu filho deixar para trás, definitivamente, a primeira infância e sair para o mundo.

* * * * * *

Enciclopédia do bebê e da criança

Dos cinco aos seis anos: emerge o ser social

O próximo salto de seu filho é enorme. Praticamente diante de seus olhos, o pequeno ser em idade escolar se torna um conversador talentoso, com idéias constrangedoras, e com sofisticados e persistentes questionamentos. Agora, a sua criança pode parecer assustadoramente auto-suficiente e confiante.

É um período de muita excitação para a família, pois o menino ou menina começa a firmar uma identidade nítida e independente — diferente da dos pais, dos irmãos e de outras crianças. Um cuidadoso equilíbrio entre orientação e distanciamento será o estímulo e apoio necessários ao desabrochar da capacidade intelectual, física e emocional desse filho.

Os avanços e as fronteiras

Habilidade intelectual

O que diferencia as crianças de cinco a seis anos de outras menores é a capacidade de compreender a linguagem e de lidar com novos conceitos. Crianças dessa idade conseguem acompanhar a complexa lógica das histórias dos adultos, como: "Ele acaba de telefonar para seu amigo e lhe pediu para ir à loja comprar um presente para ele dar à sua mãe". Também entendem e gostam de piadas, trocadilhos e duplos sentidos, e riem com entusiasmo quando um parceiro usa a linguagem para ser engraçado.

Nessa idade, as crianças aprendem a importância dos símbolos e começam a apreciar abstrações. Percebem que as letras têm utilidade e sabem usar os números para expressar quantidades. Começam a ter noção do tempo e falam sobre "lembrar" do que aconteceu quando eram menores.

Seus cérebros estão preparados e prontos para adquirir uma imensa quantidade de novos conhecimentos. Além disso, encontram prazer nesse aprendizado.

Capacidade física

As crianças dessa faixa etária ainda não adquiriram a força que terão em anos posteriores, mas são extremamente flexíveis, dispostas e ativas. Às vezes você chega a pensar que seu filho de cinco anos é mais macaco que humano. Ele não pode passar por uma cerca sem escorregar por baixo ou saltar por cima, ou, então, chegar a um degrau sem executar um dramático salto mortal.

Aos cinco anos, a aversão das crianças por ficar imóvel está aliada, felizmente, a habilidades motoras mais requintadas. Agora os pequenos são bem coordenados e têm muito orgulho de sua coragem física recém-adquirida. O controle motor sutil também melhora muito, nessa idade. Enquanto a maioria das crianças de cinco anos tem dificuldade para reconhecer letras, aos seis, muitas conseguem compor frases curtas bastante lógicas e quase legíveis.

Padrão emocional

Pai e mãe podem ficar bastante confusos pelos altos e baixos emocionais que seu filho de cinco a seis anos atravessa. Os períodos de calma, nos quais o pequeno é um perfeito anjo, são repentinamente interrompidos por períodos geniosos, em que ele não parece estar no seu estado normal e radiante. Parte dessa inconstância se deve a novas experiências e adaptações que a criança está fazendo.

É crucial que os pais reconheçam que não importa o quanto seu filho pareça adulto e independente, ele ainda precisa do seu apoio e orientação para se sentir seguro, amado e bem orientado.

O valor da rotina e do brincar

A escola requer concentração, atenção, capacidade de seguir instruções e de lembrar-se dos componentes de um programa. As crianças que já estão acostumadas a seguir uma rotina têm poucos problemas para se adaptar a esse regulamento. É claro que todas seguem um esquema diário, desde aquelas primeiras mamadas às duas horas da madrugada. A diferença importante, nessa fase, é que a criança se torna perfeitamente consciente de que determinadas coisas acontecem em determinados horários.

Ao contrário de quando eram bebês, esses pequenos escolares, agora, muitas vezes resistem a levantar cedo. Talvez seja necessário estabelecer uma seqüência regular de atos que acelere a rotina matinal, se você estiver tentando sair para o trabalho.

A maioria das crianças de cinco anos quer desenvolver tarefas individuais por si mesma, inclusive tomar banho, escovar os dentes e se vestir. Muitas evacuam depois do desjejum e podem, agora, ter um senso de privacidade, fechando a porta do banheiro sem necessariamente anunciar o que vai fazer.

Crianças de cinco anos têm energia ilimitada e excelente coordenação.

Dos cinco aos seis anos: emerge o ser social

Vestir-se é uma habilidade que se desenvolve durante o quarto, quinto e sexto anos. Crianças de cinco anos podem continuar calçando os sapatos no pé errado, e o amarrar dos cadarços pode atrapalhar as de seis anos. Contudo, elas sentem muito orgulho em se vestir sozinhas, apesar de o seu senso de estilo ser muito particular. (Tente conter o riso se, por exemplo, seu filho aparecer com calças listadas púrpuras, uma meia vermelha, outra verde, e uma camisa laranja de bolinhas!) As de cinco anos ainda podem ter problemas para se vestir, mas isso muitas vezes se deve mais à pouca vontade ou à distração do que à falta de habilidade para lidar com botões ou com o zíper.

Aos seis anos, um problema totalmente novo surge: "Não consigo decidir o que vestir!" Seu filho pode passar por calças de brim, macacões e bonitos conjuntos, apenas para surgir usando a primeira calça que viu. Talvez seja útil às crianças de todas as idades escolher a roupa na noite anterior.

Crianças de cinco a seis anos se beneficiam muito de rotinas em casa e na escola. Assim como os adultos, elas entendem seu dia como uma série de acontecimentos: deixar mamãe e papai, cumprimentar o professor e os colegas, brincar à vontade, depois participar de atividades específicas. É confortante para essas crianças saber o que acontece durante o dia. Por exemplo, saber que o ônibus as levará para casa ou que um dos pais irá buscá-las é um ponto importante que deve ser conhecido antecipadamente. Elas programam suas atividades prediletas, tais como merendas, histórias ou períodos no parquinho.

A importância da rotina diária, para as crianças, fica mais evidente quando é interrompida. Não importa quão maravilhosa seja a nova rotina, a ausência de um professor pode ser penosa, não apenas porque a pessoa querida não está lá, mas também porque a rotina pode ser alterada. Da mesma maneira, uma criança que fica em casa por causa de uma doença leve pode se queixar de tédio o dia todo.

Em casa, uma rotina diária pode ajudar seu filho de cinco anos que ainda não entrou para o jardim-de-infância a se preparar para a escola. Por exemplo, tente incluir atividades lúdicas ao ar livre, desenhos e trabalhos manuais, horários para ouvir histórias e para recreio, tudo com muitos brinquedos e itens domésticos interessantes (mas seguros). A interação com crianças de mesma idade também é importante; talvez você possa favorecer a continuidade de um grupo para brincar, já formado durante a primeira infância. Crianças dessa idade são muito sociáveis e progridem na interação com dois ou três de seus melhores amigos.

Brincadeiras: prelúdio do aprendizado formal

Nessa idade de cinco a seis anos — como em períodos anteriores — as coisas mais atraentes para brincar não são custosas novidades em brinquedos, mas, sim, objetos usuais que estimulam a livre imaginação das crianças. Pais engenhosos podem usar um saco de retalhos de tecido, adquiridos por cinqüenta centavos numa liquidação, para construir uma tenda no jardim. Os mesmos retalhos podem ser transformados em fantasias exóticas, coloridas, num dia de chuva, em que é preciso ficar dentro de casa. Caixas de ovos e rolos de toalhas de papel são maravilhosas peças de construir castelos e uma pilha de roupas velhas de adultos pode suprir um batalhão de crianças com figurinos que realmente desafiam a imaginação!

Enciclopédia do bebê e da criança

A maioria das crianças de cinco a seis anos
gosta de atividades físicas com regras específicas,
como brincar de pega-pega e de amarelinha.

Dos cinco aos seis anos: emerge o ser social

A chave da brincadeira bem-sucedida, que pavimenta o caminho para um aprendizado formal, é a imaginação. Muitas pessoas, hoje importantes em diferentes áreas do conhecimento humano, compartilham de um contexto infantil similar, no qual seus pais ofereceram atividades lúdicas criativas durante os primeiros anos de escola. E o melhor de tudo é que mesmo os mais baixos orçamentos domésticos podem oferecer naves espaciais feitas com caixas de papelão, tratores de caixas de ovos e brinquedos de sucata.

Ao adquirir objetos para brincar, procure aqueles que existem desde a sua própria infância — há bons motivos pelos quais se mantiveram em moda durante uma ou mais gerações. Por exemplo, troque a boneca que fala ou os videojogos por um conjunto de blocos. Imagine o que eles podem ensinar mobilizando mãos e mentes! Um jovem arquiteto não consegue apenas contar e alinhar blocos, mas explora também sua simetria e seu equilíbrio, a causa e o efeito, experimentando quantos blocos são necessários para sustentar uma torre ou para preencher uma figura delineada. Professores de matemática utilizam blocos, simples, para os alunos manipularem —, cujas relações espaciais ilustram princípios da matemática — para ensinar elementos básicos dessa matéria. Os blocos também estimulam a investigação, permitindo que a criança tente diversas soluções para o mesmo problema. Em suma, brincar com blocos é realmente uma lição que emprega o método científico.

A maneira de brincar dos pequenos muda nesse período. A criança de cinco anos ainda é um dínamo, gosta de brincadeiras ao ar livre, faz muito barulho e, algumas vezes, o papel de fanfarrão. Adora amigos, mas fique alerta: o rótulo exaltado de "melhor amigo" e "pior inimigo" pode flutuar diariamente. Nessa idade, as crianças que não têm colegas para brincar simplesmente podem inventá-los (ou reviver um pretenso colega de anos atrás) porque a mamãe ou o papai não podem fazer o papel de parceiros. Quando estão em casa, as atividades de faz-de-conta, como vestir-se ou fazer barracas com um cobertor sobre cadeiras, são os passatempos prediletos. Nos momentos de calma, os pequenos de cinco anos gostam de ouvir histórias tolas, e as favoritas em geral são as de sua própria infância, daqueles "velhos tempos". Tente contar histórias incríveis sobre "como você lutou com dinossauros"! Canções infantis também são bem cotadas entre crianças de cinco anos. Há as que querem treinar a leitura e a escrita, mas não force essas atividades a seu filho, a menos que ele demonstre um interesse específico.

A crescente capacidade de concentração e da coordenação olhos-mãos em crianças de cinco anos torna possíveis projetos de arte mais complexos. Assegure-se de ter disponíveis muitos pedaços de papel, tesouras e fio para improvisar esculturas. Reúna, também, material para desenhar e decalques, e invista em miçangas e barbante. (Os armarinhos e bazares geralmente vendem fio grosso e encerado, ideal para enfiar contas.)

A criança de quase seis anos ou de seis anos completos às vezes está sobrecarregada de emoções fortes enquanto brinca, o que pode levar a brigas inesperadas. Durante essa fase de autovalorização, a sua única meta é ganhar. Em vez de admitir o erro, uma criança de seis anos pode trapacear, acabar com o jogo ou ter uma forte explosão de mau humor.

Enciclopédia do bebê e da criança

Crianças de cinco a seis anos gostam de explorar o ambiente externo e de juntar pedras, conchas, insetos e outros tesouros naturais.

A rotina para dormir

Até os três anos, a criança muitas vezes reluta em ir dormir, mas levanta-se alegremente, com os passarinhos. As quatro ou cinco anos, pode ir dormir com mais facilidade, mas ficar um tanto rabugenta pela manhã. Aos cinco ou seis anos, é raro a criança acordar durante a noite, talvez porque nessa idade ela geralmente não dorme durante o dia. Agora, é comum a hora de ir para a cama decorrer com bastante calma, sobretudo se uma rotina tiver sido estabelecida. Na verdade, histórias na hora de dormir podem representar a hora do dia preferida pela criança.

As crianças de cinco anos apreciam que se leia alguma coisa para elas, mas muitas gostam de olhar livros sozinhas e algumas reconhecem certas palavras. A maioria memoriza passagens de livros prediletos, habilidade diretamente dirigida para a leitura, mais tarde. Nessa idade, as crianças podem ficar deitadas acordadas, falando e cantando por algum tempo; também podem empreender diversas caminhadas noturnas, acordando para tomar água ou ir ao banheiro.

Dos cinco aos seis anos: emerge o ser social

Para crianças de seis anos, que têm muitas coisas na cabeça — já que começaram, para valer, a escola —, um papo tranqüilo à noite com a mamãe ou o papai pode ajudar a diminuir as preocupações e induzir ao sono.

Os pesadelos podem se tornar freqüentes a partir dos quatro anos e meio, aproximadamente. A criança pode acordar de repente, chorar e gritar, e geralmente não se lembra do sonho. Para evitar os pesadelos, não deixe seu filho assistir a filmes e programas de televisão muito assustadores, nem ouvir notícias particularmente perturbadoras. Se a criança de fato vivenciar uma tragédia — como a morte de alguém da família ou de um colega de classe —, assegure-se de que ela esteja recebendo apoio. Algumas escolas oferecem esse tipo de serviço quando acontece um desastre. Mas lembre-se de que as crianças dessa idade têm uma imaginação fértil, e talvez seja inevitável um pesadelo de vez em quando, mesmo sem motivos evidentes.

AJUDANDO SEU FILHO A FAZER AMIGOS

Um bom método para ajudar seu filho a fazer amigos é interferir o menos possível. Você pode convidar crianças, providenciar apetrechos e um local para brincar, mas depois saia, espiando discretamente para manter a segurança, acalmar alguma briga ou abrandar sentimentos fortes. Embora seja bom apresentar amigos a seu filho, não tente selecionar "candidatos"; deixe que ele escolha sozinho os seus companheiros.

As crianças precisam de outras crianças por muitos motivos, mas um dos principais é que elas simplesmente não pensam da mesma maneira que os adultos. Essa é a razão pela qual, nessa idade, elas brincam simulando situações que as perturbam. Crianças com um bebê novo ou com uma criança pequena que amola em casa, por exemplo, podem assumir o papel de um irmão mais novo. Providencie brinquedos que estimulem esses jogos em grupo — utensílios de cozinha, imagens de dinossauros e animais da fazenda, e bonecas que pareçam reais. Objetos de cenário de filmes populares pode oferecer horas de brincadeiras muito mais estimulantes, sob o ponto de vista social, do que assistir à tevê.

Mantenha um ouvido atento às provocações e brigas, que são ferozes nessa idade. Se o melhor amigo de uma criança de repente disser: "Odeio você", envolva-se para ouvir, proponha um abraço, mas deixe as crianças resolverem sozinhas os seus desentendimentos. Um pouco de distração, como um lanche, muitas vezes ajuda.

Seu filho fica sentado de lado durante as brincadeiras em grupo? Isso talvez não seja alarmante. É provável que tudo esteja bem se ele demonstrar o que os psicólogos chamam de comportamento "participativo" — as crianças conseguem se envolver de maneira ativa em atividades individuais. Seu filho fica de lado montando um brinquedo de armar ou absorto em um livro, enquanto todas as outras crianças vibram brincando de pega-pega? Pode ser que esse pequeno solitário apenas tenha uma concentração muito mais desenvolvida do que a de seus companheiros e o jogo tumultuado não seja do seu interesse, nesse momento.

No entanto, se a criança que está de lado olha tristemente para o grupo, uma apresentação carinhosa talvez seja importante. Crianças tímidas muitas vezes se dão melhor em grupos pequenos e com crianças de seis a doze meses mais novas.

Enciclopédia do bebê e da criança

Saúde e padrões de desenvolvimento

Não deixe de avaliar o estado físico e o aprendizado de seu filho durante o primeiro exame clínico anual, que é importante, quer ele tenha saúde durante o ano todo (como muitas crianças), quer seja um assíduo freqüentador de consultórios médicos por causa de resfriados freqüentes, dores de garganta ou de estômago e infecções de ouvido. A matrícula, tanto na pré-escola como na primeira série, geralmente exige um exame médico.

Na avaliação da criança saudável, o pediatra deverá verificar os olhos, ouvidos e outros órgãos dos sentidos; examinar a urina, o sangue e a pressão sangüínea; e avaliar a criança andando e se curvando para checar problemas motores ou ósseos. Pode ser que ele queira, também, verificar o nível de colesterol da criança.

A altura e o peso continuam a ser mensurados para permitir ao pediatra uma comparação com crianças da mesma idade. Vale lembrar que muitas tabelas são copiladas de dados colhidos de crianças caucasóides. As hispano-americanas e asiáticas são menores, e as negras são mais altas do que as brancas.

Entre os quatro e os seis anos, a criança precisa de reforço da vacina tríplice bacteriana DTP (proteção contra difteria, tétano e pertussis ou coqueluche) ou da nova forma, DtaP, da vacina OPV, contra poliomielite ou paralisia infantil, e da vacina tríplice viral SRC, que protege contra sarampo, caxumba e rubéola. Se a carteira de vacinação de seu filho não tiver campo para registrar esses reforços, peça um atestado, porque pode precisar apresentá-lo na escola. Uma avaliação odontológica por ano também é aconselhável, tanto para ensinar higiene bucal como para a detecção precoce de problemas dentários. Se preferir, leve seu filho a um odontopediatra, que tem especialização e treinamento em comportamento infantil e em saúde dos dentes.

Refeições animadas

Crianças de cinco e seis anos podem ser alegres companheiras às refeições em família. Muitas vezes gostam de ajudar a pôr a mesa, a escolher o cardápio, de se servir sozinhas, de comer e tagarelar ao mesmo tempo sem deixar cair comida da boca. Podem se levantar muitas vezes durante a refeição, hábito que diminui durante o sexto ano. Aos cinco, também tendem a dominar a conversa durante a refeição — tanto que sobra pouco tempo para comer.

Por volta dos seis anos, as crianças estão tão envolvidas na agitação de seus dias que a hora da refeição também pode ser engraçada. Agitação e inquietude geral podem levar a freqüentes derramamentos sobre e em torno da mesa. Muitas gostam de balançar suas cadeiras para trás e para a frente, e de um lado para o outro. Não é raro uma criança de seis anos desaparecer de repente da mesa do jantar porque escorregou da cadeira.

Nessa idade, as crianças precisam de orientação sobre a escolha dos alimentos. Se tiverem escolha livre, escolherão "bobagens", como salgadinhos e biscoitos em vez de vegetais e outros alimentos salutares.

Dos cinco aos seis anos: emerge o ser social

Embora seja importante a escolha de alimentos salutares e o consumo adequado, não se deve esperar que as crianças limpem os pratos. Elas consomem aproximadamente a mesma quantidade de calorias diariamente, apesar de talvez haver uma variação de refeição para refeição. Se parecer que uma criança não come o suficiente, tente envolvê-la mais no preparo dos alimentos — por exemplo, planejando o cardápio ou preparando um prato simples. Tente diminuir lanches calóricos para crianças com excesso de peso — os problemas de excesso de peso ao longo da vida muitas vezes remontam à infância, e livrar-se de quilos indesejados fica mais difícil com a idade.

Os pais devem demonstrar que esperam que as crianças comam tudo o que lhes é servido. Nas refeições em família, tente incluir pratos de que a criança goste, mas evite preparar uma refeição separada para ela sempre que você comer, ou logo descobrirá que se tornou uma espécie de cozinheiro(a) particular para lanches rápidos!

Caso você queira seguir alguma forma de vegetarianismo, assegure-se de combinar os alimentos de maneira adequada para suprir as necessidades da criança, que são diferentes das de um adulto. Por exemplo, uma dieta vegetariana que evita todos os produtos de origem animal, inclusive leite e ovos, pode deixar de fornecer suficientes proteínas de alta qualidade, cálcio, ferro e vitamina B12, que garantem crescimento e desenvolvimento adequados. Consulte uma nutricionista para ajudar a formular uma dieta que esteja de acordo com suas convicções, mas que também forneça os nutrientes necessários a uma criança em crescimento.

ESTIMULANDO A ATIVIDADE FÍSICA

Deixe que seu filho guie você na escolha e no estímulo à atividade física. A combinação de habilidades visuais e espaciais, acrescida da comunicação necessária para esportes em equipe, como futebol e beisebol, geralmente não está perfeitamente integrada antes dos sete anos. Em lugar dos esportes em equipe, você pode começar com natação, patinação ou dança, nas quais a criança pode "competir" consigo mesma. E as caminhadas são uma forma maravilhosa de exercício e de conhecimento da natureza.

Existem alguns nãos que os pais podem seguir para tornar positivas as primeiras experiências esportivas de seus filhos:

- Não insista para que uma criança participe de uma equipe apenas pelo interesse dos pais (mamãe jogou vôlei na seleção) ou porque determinadas crianças o fazem.

- Não force a competição. Crianças não devem ser pressionadas para atuar e ganhar.

- Não insista para que uma criança participe de um esporte para agradar você. Se você foi um admirador do futebol e seu filho preferir patinar, aceite sua preferência pessoal.

- Não obrigue seu filho a um ritmo de exercícios igual ao dos adultos. Uma criança de cinco anos ficará muito mal depois de uma hora de aula de tênis destinada a adultos.

As crianças muitas vezes experimentam várias modalidades esportivas antes de encontrar a certa. O segredo para apresentar os exercícios físicos a seu filho é simples — divirta-se.

Enciclopédia do bebê e da criança

Padrões de desenvolvimento

Padrões físicos

Apresenta melhor postura, coordenação e vigor.

Tem capacidade para saltar, pular obstáculos e cair em pé.

Sabe se equilibrar em uma gangorra.

Ajuda uma mão com a outra.

Começa a perder os dentes-de-leite e apresentar dentes definitivos.

Sabe amarrar sapatos, abotoar e escrever o alfabeto.

Sobe escadas alternando os pés.

Sabe jogar (e talvez pegar) uma bola.

Padrões de aprendizagem

Tem uma idéia do certo e do errado.

Sabe distinguir entre realidade e fantasia, mas muitas vezes conta histórias fantásticas.

Tem um vocabulário que cresce rapidamente — mais de duas mil palavras aos cinco anos.

Sabe seu nome completo, endereço e idade.

Entende "por baixo", "em volta", "mas" e "por que".

Consegue ordenar fatos; começa a entender o significado de antes e de depois.

Consegue deduzir regras com base em exemplos.

Adora aprender.

Padrões emocionais

As oscilações de humor diminuem.

Estabelece fortes laços com o lar e a família.

Coopera, espera a vez e divide.

Protege irmãos mais novos.

Entende quando é elogiado(a) ou castigado(a).

Linguagem, magia e sexualidade

Na década de 1980, alguns pais ambiciosos arrastaram seus filhos de cinco anos para serem treinados com cartões que os induzissem à leitura precoce. Essa tendência, que felizmente está declinando, foi seriamente mal orientada. As crianças não adquirem capacidade para ler decorando e não processam os pensamentos da mesma maneira que os adultos. Elas aprendem pela experiência. Por isso, as salas de aula da pré-escola e da primeira série geralmente são organizadas em "cantinhos" para ciências, escrita e matemática. Em cada espaço desses, as crianças aprendem fazendo — não por adestramento e preleções.

Dos cinco aos seis anos: emerge o ser social

As salas de aula da pré-escola e da primeira série são organizadas para corresponder ao estilo de aprendizado das crianças.
A maioria inclui uma biblioteca ou canto de leitura com diversos livros de figuras e de texto fácil.

A palavra escrita é um símbolo, uma sucessão de letras representando uma idéia. O brincar de crianças imaginativas também envolve símbolos — observe um grupo de pré-escolares brincando de casinha, com vários objetos que representam comida, utilidades, pessoas e animais de estimação. O caminho para a leitura começa assim que a criança aprende a brincar.

Você pode planejar jogos para desenvolver a concentração e a curiosidade necessárias à leitura. As crianças de cinco anos — bem como outras mais velhas — gostam de jogar "o que está faltando?". Coloque vários objetos numa bandeja e dê dois minutos para a criança observá-los. Depois esconda a bandeja e faça a criança enumerá-los. Esse jogo testa o desenvolvimento de habilidades de memória e a capacidade de visualizar padrões.

Quando as crianças começam a aprender a escrever, geralmente na primeira série, devem ser estimuladas a se expressar sozinhas, sem se preocupar em soletrar as palavras de maneira correta. Professores de primeira série experientes gostam de traduzir essas primeiras tentativas livres para a escrita. Para os pais, os rabiscos a princípio podem parecer incoerentes, mas com o tempo, quando a capacidade de ler for aplicada à escrita, mensagens claras emergirão do rabisco. Uma frase escrita no mês de março — "Mama deu doce" — em setembro poderá ter evoluído para "Mamãe me deu um docinho para comer".

Estimule incidentalmente a vontade natural da criança em aprender, formulando algumas perguntas à medida que vocês fazem coisas juntos. Enquanto mãe e filha misturam os ingredientes dos biscoitos de chocolate, por exemplo, pergunte o que ela acha que irá acontecer se este ou aquele ingrediente for aquecido. Ajude a criança a tomar decisões, não apenas memorizar fatos. Em pouco tempo, é possível que você encontre a criança arrebatada por um livro, tentando descobrir o significado das palavras.

Enciclopédia do bebê e da criança

Indícios de problemas

Medo

As crianças de cinco a seis anos são preocupadas, talvez em conseqüência de sua natureza altamente curiosa e sua imaginação fértil. Muitas vezes elas têm medo do escuro, de monstros, de animais e de pessoas de aparência diferente. Muitas continuam a se preocupar com os bebês e o modo como chegam — preocupação comum em pré-escolares —, possivelmente por causa da recente chegada de novos irmãos. Elas dão tratos à imaginação sobre exatamente como um bebê sai da mamãe, em geral fixando o umbigo como caminho óbvio. O receio comum é que os bebês sejam comprados, o que as faz temer que se uma criança se comportar mal elas possam ser devolvidas, exatamente como um liquidificador que não funciona bem! Talvez seja necessário pensar antecipadamente em como responder a essas perguntas capciosas. Como regra geral, tente dar informações suficientes para acalmar os medos, mas não em excesso, o que poderá incentivar ansiedades futuras.

Preocupações são normais nessa faixa etária, mas elas podem se transformar em problemas mais importantes. O roer unhas surge nesse período. Chupar o polegar é outra manifestação comum de ansiedade que tende a desaparecer na pré-escola ou na primeira série. Evite irritar-se com isso.

O centro de ciências deve ser o domicílio dos mascotes da classe (peixinhos dourados, girinos, roedores ou porquinhos-da-índia), de plantas e de outras maravilhas da natureza.

Dos cinco aos seis anos: emerge o ser social

Magia e sexualidade

As crianças entre cinco e seis anos são notórias contadoras de histórias fantásticas, às vezes incapazes de distinguir entre a realidade e a imaginação. Porém, a criança de cinco anos que conta para a professora que seu pai é o presidente dos Estados Unidos, ou aquela que orgulhosamente diz que sabe falar francês, não está mentindo no sentido dos adultos. Geralmente está apenas confusa ou exagerando alguma coisa — não tem intenção de enganar quando se desvia da verdade.

O interesse pelas partes "íntimas" do corpo aumenta, nessa idade. Dependendo dos comentários dos outros, a criança pode ficar constrangida em compartilhar o banheiro e prefere ir sozinha ao toalete. Respeite esse senso de privacidade emergente. Às vezes o interesse pelas eliminações é citado como "papo de banheiro". Xingar também pode fazer parte do jogo. É bom desencorajar esse comportamento, mas se você repisar muito o fato, a criança pode continuar ou mesmo piorar.

A masturbação é freqüente em crianças de todas as idades e muitos pais a consideram perturbadora. Uma resposta comedida e honesta é o mais adequado. Primeiro saiba que a masturbação é perfeitamente normal no processo de desenvolvimento, e que não causa cegueira, acne, esterilidade, doença mental, temperamento obsceno, nem problemas sexuais na vida adulta.

A masturbação em si não é perigosa — mas a reação dos pais ao observá-la pode ser. Em lugar de ralhar, o que confunde a criança e cria sentimento de culpa, aproveite essa oportunidade para falar sobre partes do corpo, e qual a diferença entre os meninos e as meninas. É importante ensinar às crianças os nomes de suas partes íntimas. Caso contrário, podem estranhar que a parte de seu corpo que é agradável ao toque não tenha nome, e concluir que há algo de errado com seus genitais. Além disso, na era da Aids, das doenças sexualmente transmissíveis e da gravidez precoce, nunca é cedo demais para dar as informações sobre o corpo.

Talvez a melhor maneira de lidar com a masturbação seja a mesma de outras questões normais da infância que podem incomodar igualmente os adultos. Um grupo de crianças brincando de "médico" pode facilmente ser direcionado para brincar de esconde-esconde ou para fazer um projeto artístico.

Prontidão para a escola formal

A próxima grande fase na vida de seu filho é a preparação para o aprendizado formal. A transição para a escola permanece um alvo importante para as famílias — mesmo em uma época em que a maioria das crianças, aos cinco anos, já teve pelo menos alguns anos de experiência em conviver com grupos fora de casa. De certa forma, a escola abre toda uma nova era de independência e responsabilidade para as crianças, obrigando-as a trazer à tona a amplitude de suas novas capacidades.

O horário estabelecido pela escola pode não corresponder ao horário interno de maturação de seu filho. Entre os cinco e oito anos, a maioria das crianças passa por uma maturação cerebral que as capacita a deixar de lado as distrações, a concentrar-se e a generalizar bem o bastante para aprender numa velocidade espantosa. O ritmo de amadurecimento, no entanto, varia de uma criança para outra.

Enciclopédia do bebê e da criança

Os professores de jardim-de-infância, o primeiro estágio da pré-escola, contam com ampla diversificação da capacidade de seus pupilos e freqüentemente lidam com crianças de níveis de maturação emocional muito diferentes. Professores e pais devem reconhecer que as crianças aprendem em padrões diferentes; a criança que aprende com mais rapidez, na verdade, pode não ser a mais inteligente ou a mais feliz. Um professor de jardim-de-infância se recorda de uma brilhante criança de quatro anos que chegou na escola com habilidade de leitura de aluno do quarto ano do primeiro grau, mas se derretia em lágrimas quando seus pais a deixavam na escola todas as manhãs. Seus companheiros, que tinham pouca habilidade de leitura, estavam muito mais bem preparados para ficarem por conta própria, longe dos pais.

Apressar o aprendizado da leitura antes

SINAIS DE PRONTIDÃO PARA A ESCOLA

As crianças estão aptas para a escola quando:

- conseguem se concentrar e se sentar quietas;
- têm controle muscular fino bem desenvolvido;
- conseguem se expressar;
- não falam constantemente;
- têm energia física suficiente e não precisam de cochilos;
- conseguem deixar a casa e seus pais sem ficarem demasiadamente perturbadas;
- conseguem seguir instruções;
- convivem com outras crianças;
- sabem se vestir sozinhas;
- sabem ir sozinhas ao banheiro;
- conseguem usar vários sentidos ao mesmo tempo.

---

que a criança esteja preparada pode desencadear um círculo vicioso. As de cinco anos que são pressionadas a ler antes de terem condições para isso podem desenvolver um profundo sentimento de fracasso. Numa situação dessas, não é de estranhar que o desempenho piore em vez de melhorar. Por outro lado, a leitura, a escrita e a aritmética no momento adequado e em ritmo conveniente podem estabelecer o cenário para uma vida inteira de prazer nos estudos.

Preparando para a primeira escola

Os pais naturalmente querem fazer tudo para que seus filhos tenham a melhor experiência possível em sua primeira escola convencional. Você pode fazer isso em casa. Restrinja o tempo de tevê. Em substituição, invente jogos que requeiram que a criança classifique objetos ou resolva problemas. Dê a seu filho um espaço privado para um período tranqüilo. Diminua a tagarelice — mostre a ele como se concentrar em uma lição. Use palavras e ação ao mesmo tempo. Uma simples aula de culinária pode ensinar muitas habilidades.

Habitue seu filho a seguir um encadeamento lógico de atividades. Por exemplo, diga: "Beto, por favor, coloque seu jogo de lado, lave as mãos e depois venha me ajudar a preparar a salada". A escola será uma seqüência de instruções. A criança habituada a seguir instruções em casa sofrerá menos com a transição para a organização da sala de aula e das atividades escolares.

Dos cinco aos seis anos: emerge o ser social

A prontidão para ler e a capacidade (ou o desejo) de seguir diretrizes e prestar atenção não são os únicos sinais de inteligência e criatividade, apesar de serem as habilidades que muitas vezes fazem sucesso durante a segunda série. Seu filho prefere colocar um rádio ligado como fundo sonoro a um vídeo educativo sobre o alfabeto? Jovens inventores são freqüentemente muito dotados, mas suas aptidões específicas podem estar à parte do currículo-padrão da primeira série, o que pode levar ao tédio ou à frustração. A partir do terceiro ano, as habilidades intelectuais ultrapassam o hábito de estudar. Nessa época, a criança inventiva brilhará. No ínterim, faça o melhor que puder para ajudar seu filho no dever de casa, sem apagar a centelha rara que pode fazê-lo parecer um pouco diferente nessa idade.

A "reprovação" no jardim-de-infância

Nos últimos anos, os pais têm adiado o primeiro estágio da pré-escola para filhos cujos aniversários deixam-nos entre os mais jovens da classe. O incentivo para isso é que as crianças às vezes são solicitadas a repetir o jardim-de-infância ou cursar um ano extra que sirva de ponte entre o jardim-de-infância e o primeiro ano. A meta dos pedagogos é reter as crianças cujo horário interno não esteja ainda de acordo com o calendário acadêmico e ajudá-las a terem êxito. Ironicamente, os pais que adiam a entrada de seus filhos no jardim-de-infância não sentem aquela vergonha associada à reprovação, embora o efeito seja exatamente o mesmo.

Numa reportagem sobre crianças norte-americanas "reprovadas" no jardim-de-infância, a revista *Time* concluiu que, na verdade, são os educadores e não as crianças que falham, nesses casos. Ao negligenciarem a moldagem do ensino às diferenças naturais de maturidade emocional

Controle motor fino e capacidade de se sentar quieto são sinais de aptidão para a escola.

Enciclopédia do bebê e da criança

das crianças, os planejamentos escolares levam alguns pequenos a não dominar as habilidades necessárias para a primeira série. Portanto, as crianças solicitadas a repetir o jardim-de-infância ou a pré-escola dificilmente podem ser consideradas como fracassos acadêmicos (palavras que jamais devem ser proferidas diante de qualquer criança). Em vez disso, esta deveria ser considerada como nova oportunidade. Pai e mãe devem pensar de maneira positiva, e o tempo complementar provavelmente fará o truque, permitindo à criança equiparar-se. Ao contrário da crença popular, crianças brilhantes muitas vezes são aquelas que precisam de um tempo complementar no início.

A repetência do jardim-de-infância ou a freqüência de uma classe de pré-primário é geralmente uma sugestão feita pelo professor e pelo diretor, sendo a decisão final deixada aos pais. Talvez seja mais fácil tomar essa difícil decisão se você reconhecer quando é melhor não repetir.

INDÍCIOS DE UM DESABROCHAR TARDIO

Algumas crianças simplesmente não estão prontas para ler quando outras da mesma idade estão. Essas crianças que desabrocham tardiamente podem ser tão brilhantes quanto os leitores precoces, mas seus relógios de maturação simplesmente estão regulados numa marcha mais lenta. As habilidades necessárias para a escola, incluindo a leitura, podem se desenvolver de maneira mais lenta em crianças que:

- têm mais de seis anos, mas não têm preferência pela mão direita ou esquerda;
- se distraem com facilidade e são incapazes de se concentrar por mais do que poucos minutos;
- nasceram prematuras;
- são desajeitadas em movimentos amplos e na coordenação fina;
- fisicamente são pequenas comparadas a outras crianças de mesma idade;
- têm doenças crônicas (asma, diabetes, alergias ou outras doenças graves);
- tiveram problemas físicos ou emocionais durante o primeiro ano de vida;
- têm história familiar de puberdade tardia;
- não repartem nem esperam a vez, o que demonstra atraso no desenvolvimento social;
- brincam apenas com crianças mais novas;
- empenham-se em "movimento excessivo": agitam partes do corpo que não são necessárias à atividade em curso, como remexer-se enquanto sentadas ou bater os braços enquanto caminham;
- operam com "pensamento mágico": em vez de tentarem resolver um problema, "desejam" que ele desapareça;
- são mais novas do que os colegas por causa de sua data de aniversário e da política da escola quanto à idade de entrada no jardim-de-infância.

Dos cinco aos seis anos: emerge o ser social

A maturidade física da criança é importante na decisão de repetir ou não um ano. Por exemplo, considere um menino fisicamente amadurecido, que faça aniversário no fim do ano, que tenha se saído mal e se sentido muito infeliz no jardim-de-infância. Os pais decidem promovê-lo, contra o conselho bem-intencionado do professor, por causa de seu tamanho muito grande. Ele já havia sido confundido com um aluno do segundo ano; mantê-lo no jardim-de-infância, os pais raciocinaram, corretamente levaria à continuação dos problemas gerados pelas expectativas das pessoas em relação a ele. Por ocasião da quarta série, essa criança estava com o desempenho esperado para aquele nível.

Uma criança muito nova, mas socialmente amadurecida para o nível de sua série e com história familiar de puberdade precoce, também fará melhor seguindo o caminho da primeira série. Lembre-se de que a criança do jardim-de-infância de hoje será o adolescente de amanhã e que poderá ter uma adolescência difícil se começar a se interessar por namoro enquanto seus colegas ainda estão assistindo desenhos animados.

Finalmente, *jamais* retenha seu filho na tentativa de lhe dar uma mão em competições acadêmicas ou esportivas com o grupo de sua idade. A decisão sempre deve ser tomada com consulta à equipe da escola. Às vezes, o que é preciso é uma intervenção individualizada nos problemas de aprendizagem — e não a retenção no jardim-de-infância.

Problemas de adaptação

Antigamente, as crianças muito brilhantes às vezes saltavam um ano. Isso podia acontecer, por exemplo, com uma de cinco anos que lia conforme o nível da segunda série, e que, obviamente, ficaria entediada com os exercícios preparatórios para leitura na pré-escola. Hoje, no entanto, a tendência é manter os pequenos precoces na turma correspondente à idade deles, mas recebendo ensinamentos mais avançados. Podem, por exemplo, ser assistentes do professor, ajudando um colega a aprender a ler. Essa técnica reconhece que o desenvolvimento social e físico são tão importantes quanto as habilidades acadêmicas.

Quer o filho seja uma criança precoce ou uma flor de desabrochar tardio (ou, como a maioria, simplesmente uma criança normal), os pais devem manter-se informados o melhor possível sobre todas as decisões que poderão afetar educação dele no futuro. Precisam se lembrar de que os professores de seu filho têm competência para predizer como uma decisão no jardim-de-infância ou pré-escola poderá influenciar o futuro daquela criança. Devem ouvir o professor, procurar aconselhamento especializado e solicitar testes padronizados para avaliar e documentar as capacidades de seu filho.

Uma abordagem óbvia para combater o hábito de o filho evitar a escola é falar com o professor da criança, mas mesmo ele pode não ser capaz de apontar exatamente qual parte da rotina escolar está causando a tensão. Pode ajudar fazer uma dramatização em casa, recriando partes da rotina escolar para esmiuçar quais atividades são especialmente difíceis. Muitos pais descobriram, assim, que uma criança fica completamente apavorada com atividades orais do tipo "mostre e diga o nome" — da mesma forma que muitos adultos têm medo de falar em

Enciclopédia do bebê e da criança

público. Treinar essas atividades em casa deixa as crianças mais à vontade, podendo ajudá-las a vencer o medo de expressar-se oralmente. A maioria dos professores deixa como opcional esse tipo de atividade, pelo menos nas séries iniciais do primeiro grau.

Crianças que odeiam a escola por timidez talvez se sintam melhor sabendo que um dos pais também era tímido ou descobrindo que pessoas muito conhecidas são notórias por sua timidez. Convide alguns colegas da classe de seu filho, que você imagina também tímidos, para brincar em sua casa e observe como cada um deles interage em grupo.

Lembre-se de que essa é a idade das preocupações. Uma criança inteligente, pronta para a pré-escola, estava terrivelmente perturbada e temia começar a primeira série no ano letivo seguinte porque pensava que se esperava de todas as crianças que soubessem ler. Teve essa idéia porque a irmã mais velha, na terceira série, sabia ler.

Ajude a acalmar esses sentimentos naturais de inadequação, elogiando feitos para reforçar a auto-estima da criança. Tente introduzir algo alegre na rotina matinal, para tirar da cabeça da criança os aspectos temidos da escola. Pode ser um alimento predileto no café da manhã, o preparo de um lanche especial ou o uso de uma roupa muito querida para ir à escola. Felizmente, à medida que o ano letivo continua e as crianças se familiarizam com as rotinas, a fobia pela escola diminui. Algumas crianças também se preocupam com o modo pelo qual os pais serão afetados por sua ausência. Se recebem a mensagem de que sua ida à escola está deixando um vazio no dia-a-dia do pai ou da mãe, talvez reajam desenvolvendo medo da escola. Da mesma maneira, a criança que tem um novo irmãozinho em casa talvez ache que está sendo mandada para a escola para que o bebê possa receber mais atenção. Uma investigação cautelosa pode revelar esses sentimentos que os pais devem discutir com a criança.

Desenvolvendo a autonomia

Um dia típico na escola inclui muitas tarefas. Se, ao iniciarem o aprendizado formal, as crianças estiverem acostumadas a ter seus pais servindo-as, é provável que tenham dificuldade para atender às exigências da sala de aula. Tente dar a seu filho, desde o início de sua vida de estudante, a responsabilidade de arrumar sua bagagem para a escola. Inclua um lanche (que você pode ajudar a colocar), alguns papéis que precisem ser devolvidos para o professor, material escolar e talvez algumas peças a mais de roupa.

Em casa, algumas tarefas podem ser delegadas às crianças, desde que não sejam perigosas: dobrar a roupa limpa, enxugar a louça, pôr a mesa, levar a louça para a pia e recolher os brinquedos. As crianças também podem participar de projetos da família, como cuidar de um animal doméstico, lavar o carro, limpar o jardim ou pintar uma cerca. Tarefas de discriminação, como separar a roupa branca da colorida, para lavar, e selecionar recipientes de plástico para reciclar, são particularmente importantes na construção de habilidades analíticas.

Dos cinco aos seis anos: emerge o ser social

Em tarefas mais complicadas, como reunir sobre a mesa todos os ingredientes de uma receita de bolo e depois misturá-los, peneirar ou dividir, incentive seu filho a recitar cada passo da atividade. Será um hábito útil para quando as tarefas escolares se tornarem mais complexas.

PARA REFLETIR

FUGA DA ESCOLA

Na louca correria para sair todas as manhãs para a escola, seu filho enrola ou se queixa de uma súbita dor de estômago? Esses sintomas desaparecem nos finais de semana ou nos feriados? Não é necessário ser um psiquiatra infantil para suspeitar de problemas relacionados com a escola. Sua função é descobrir exatamente o que está fazendo seu filho temê-la.

Problemas de linguagem?

Quando o desempenho dos alunos está bem abaixo de sua capacidade, os professores geralmente suspeitam de problemas de fala ou de raciocínio lingüístico. Estima-se que a incidência desses problemas esteja em torno de 10% a 20% entre os pequenos estudantes.

A fala de uma criança de cinco anos deve ser compreensível para os estranhos. A estrutura das frases também deve ser inteligível, e os tempos dos verbos, de um modo geral, devem estar corretos. No entanto, uma vez que as crianças aprendem a língua observando e deduzindo normas, esse padrão pode levar a alguns erros de construção previsíveis e muitas vezes até divertidos.

Lá pela metade do quarto ano, a criança deve ser capaz de contar uma história. Aos cinco, ela consegue escutar uma história e depois responder a perguntas sobre ela.

A definição pedagógica para a deficiência de linguagem é "um distúrbio, desvio ou deficiência da habilidade verbal, gestual ou vocal, incluindo articulação, fluência e qualidade da voz, que bloqueia a expansão do aprendizado acadêmico, da adaptação social e das habilidades de comunicação". Os pais oferecem definições mais familiares:

- "Ninguém consegue entendê-lo."
- "Ela usa apenas algumas poucas palavras."
- "Ele só começou a falar aos três anos."
- "Ela fala por expressões — não sabe como construir sentenças."
- "Ele não consegue emitir os sons do *r* ou do *s*."

Enciclopédia do bebê e da criança

Se não forem tratadas, as dificuldades de linguagem poderão levar à deficiência escolar. A boa-nova é que muitos tipos de problemas de linguagem podem ser corrigidos com tratamento que dura menos de dois anos. Se forem detectados antes da primeira série, os problemas secundários em áreas como a da compreensão, da leitura podem ser evitados. Isso significa que os pais devem buscar e tirar proveito de programas para detecção de dificuldades de linguagem em pré-escolares. Se esse tipo de programa não existir em sua comunidade, fale com seu médico para fazer testes de avaliação e controle adequados.

Caso seu filho, que parecia estar dominando a fala e o raciocínio lingüístico de repente perdeu essas habilidades, possivelmente retornando à linguagem de bebê, é o momento de examinar o ambiente doméstico. Aconteceu alguma coisa recentemente, como o nascimento de um irmão ou uma mudança que possa ter perturbado a criança? As dificuldades temporárias de linguagem muitas vezes podem ser resolvidas com um pouco mais de atenção à criança ou fazendo um jogo com sua fala deturpada que desafie a criança a dizer as palavras corretamente. No entanto, tome cuidado para não a ridicularizar — você pode piorar o problema, diminuindo a auto-estima de seu filho e instilando nele uma sensação de fracasso.

AOS SETE!

Entre os cinco e seis anos, a criança passa por uma admirável parcela do processo de crescimento e amadurecimento. Quase de repente, o pré-escolar ativo e questionador transforma-se em um primeiranista sério. Os rabiscos e escritos ainda são rudimentares, porém com sentenças lógicas, e seu menino ou menina agora pode ler uma história para você na hora de dormir. Felicite-se — você conduziu esse filho por uma importante parcela da jornada do crescimento.

* * * * * *

Dos cinco aos seis anos: emerge o ser social

Segunda parte

Primeiros socorros a crianças de até seis anos

PARA REFLETIR

Em algum momento, praticamente toda família se defronta com uma emergência médica. Saber como agir pode, literalmente, significar a diferença entre a vida e a morte. Isso é particularmente verdadeiro quando os bem pequenos estão envolvidos; na verdade, os acidentes são, de longe, a principal causa de morte em crianças de todas as idades. Esta parte do livro lhe oferece meios para atuar nas principais emergências médicas que envolvem crianças, com base nos procedimentos de primeiros socorros recomendados por organizações médicas reconhecidas mundialmente.

Vale lembrar que, apesar de os métodos específicos de primeiros socorros variarem de acordo com a natureza da emergência, existem algumas diretrizes comuns, de importância vital, que os pais devem ter sempre como seus "procedimentos básicos".

Procedimentos básicos

1. Esteja preparado(a). Evidentemente é impossível predizer onde e quando irá acontecer uma emergência. Por isso, todos os pais precisam se familiarizar com os fundamentos da prestação dos primeiros socorros em situações comuns de emergência como os que são apresentados aqui. Além disso, você deve:

- colocar os números de emergência próximos ao seu telefone. Caso seu aparelho possa ser programado para chamar automaticamente determinados números, não deixe de incluir os do pronto-socorro ou ambulância, do pediatra e de outros médicos que prestarem atendimento de emergência, além do corpo de bombeiros e da polícia;

- fazer uma visita de reconhecimento ao pronto-socorro mais próximo; assim, se você precisar, conhecerá o melhor caminho para lá;

- manter um estojo de primeiros socorros em lugar adequado, tanto em casa como no carro — verifique esses estojos de vez em quando e faça as reposições necessárias (veja na página 210 uma lista do que você deve ter à mão).

- caso seu filho tenha um problema crônico, como asma ou diabetes, providenciar para que ele use, sempre, uma pulseira médica de identificação.

2. Adote uma atitude preventiva. A maioria dos acidentes que envolvem crianças pode ser evitado pela simples remoção das fontes de perigo. Verifique se todas as crianças abaixo de três anos estão corretamente acomodadas em assentos próprios para carros todas as vezes em que o carro estiver em movimento; crianças maiores devem sempre colocar os cintos de segurança. Avalie cuidadosamente sua casa, jardim e outros pontos de risco potencial (veja "O bebê explorando a casa", à página 90). Isso é ainda mais importante se você tiver uma criança que engatinha. Muitos objetos normalmente inofensivos podem ser letais nas mãos de crianças curiosas e ingênuas. Verifique os objetos da casa pela perspectiva de seu filho e tente prever como ele poderia usar cada um. Por exemplo, ele pode puxar livros e enfeites de cima de mesas e estantes, engolir pequenos objetos, cutucar uma tomada — tudo com conseqüências potencialmente graves.

3. Quando acontecer uma emergência, NÃO ENTRE EM PÂNICO. É difícil saber com antecedência como você irá reagir quando uma emergência médica envolver seu filho, mas tente lembrar que manter a cabeça fria é essencial para tomar as decisões de salvamento corretas. Embora a natureza da emergência é que irá ditar a seqüência de suas atitudes, você deve começar estabelecendo prioridades.

- Dê prioridade maior ao afastamento de seu filho de qualquer elemento que represente perigo de vida, tal como fogo, água, corrente elétrica etc.

- Se possível, faça uma lista de pessoas que possam lhe oferecer ajuda; se você estiver só, acione essas pessoas o quanto antes.

Enciclopédia do bebê e da criança

- Avalie rapidamente os ferimentos e atenda primeiro o que mais ameaçar a vida. O sistema ARC (vias aéreas, respiração e circulação) oferece uma forma fácil de saber sempre como começar: verifique se as vias aéreas estão desobstruídas, se a criança pode respirar e se a circulação está presente, pelos batimentos cardíacos. Se algum desses sinais vitais estiver ausente, comece imediatamente a recuperá-los. (Veja a seguir as técnicas de reanimação cardiopulmonar, páginas 198 a 206.)

- Em seguida verifique e controle qualquer sangramento intenso.

- Procure outros ferimentos graves, sinais de envenenamento ou de doença (fraturas, queimaduras, convulsões, perda de consciência etc.) e aplique os primeiros socorros apropriados.

- Tente manter a criança tranqüila, calma e bem acomodada até que o socorro médico chegue.

- Faça todos os esforços para estabilizar a situação, mas não ultrapasse suas possibilidades; senão, você pode infligir novos traumatismos.

É claro que nem todas as emergências implicam risco de morte nem necessitam de reação precipitada. Mas, ainda assim, é importante você ser capaz de avaliar o que necessita de ação imediata e o que pode esperar até que a criança chegue ao pronto-socorro ou ao consultório do médico.

Reanimação cardiopulmonar — RCP

Se você constatar ausência de respiração e de batimentos cardíacos na criança, será necessário intervir imediatamente para evitar dano cerebral ou morte por falta de oxigênio. (Lembre-se do sistema ARC de verificação: desobstruir as vias aéreas; manter a respiração e a circulação.) A técnica de primeiros socorros utilizada para manter essas funções vitais é conhecida como "reanimação cardiopulmonar" ou, de forma abreviada, "RCP".

Apesar de muitas pessoas já terem ouvido falar da RCP, esta é uma habilidade que poucos que não são profissionais da saúde dominam. No entanto, todos os pais fariam bem em procurar um treinamento de RCP e freqüentar cursos de reciclagem periódicos. Na vigência de um acidente ou de doença grave e repentina, realmente esta será a diferença entre a vida e a morte.

SINAIS DE PERIGOS RESPIRATÓRIOS

Se uma criança estiver com problemas para respirar, tente levá-la até um pronto-socorro antes que a RCP seja necessária. Os sinais a serem observados são:

- pele azulada (cianose), principalmente em volta da boca e no leito das unhas;

- respiração rápida e batimentos cardíacos acelerados;

- ofego ou arfagem, principalmente depois da expiração;

- corpo dobrado para a frente ou qualquer outra posição diferente (como cócoras) para respirar com mais facilidade;

- torpor ou perda de consciência;

- ansiedade, comportamento agressivo ou inquietude.

Procedimentos básicos

Técnicas de primeiros socorros

Quando não há respiração: primeiro verifique se a criança está inconsciente, sacudindo-a suavemente e chamando-a pelo nome. Se não houver resposta e você tiver certeza de que ela não está respirando, ligue para o sistema de emergência de sua região e inicie a RCP conforme as instruções a seguir.

Como fazer a RCP em uma criança abaixo de um ano

1. Coloque o bebê de costas sobre uma superfície dura (um bebê pequeno pode ser colocado em seu colo, mas assegure-se de que a cabeça está apoiada).

2. Certifique-se de que as vias aéreas estão abertas sacudindo suavemente a cabeça e levantando discretamente o queixo. Essa posição garante que a língua não obstrua a via respiratória. No entanto, tenha cuidado para não torcer a nuca nem inclinar a cabeça muito para trás. Se houver suspeita de traumatismo nas costas ou na nuca, não incline a cabeça; em vez disso, abra a boca sem movimentar a cabeça e utilize seus dedos para desobstruir a boca e certificar-se de que a língua não está bloqueando a garganta.

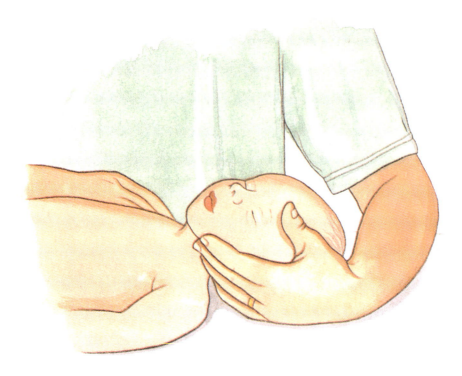

Enciclopédia do bebê e da criança

3. Verifique a respiração; coloque seu ouvido na boca do bebê e/ou observe o movimento do peito.

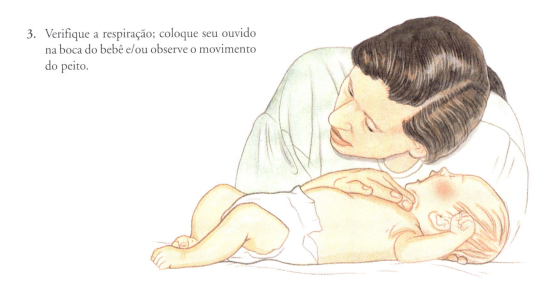

4. Se não houver sinal de respiração, comece a resgatá-la. Cubra o nariz do bebê, abra a boca dele com a sua boca e suavemente sopre o ar duas vezes para dentro do bebê. (Não force ar demais no bebê porque isso pode provocar vômitos.)

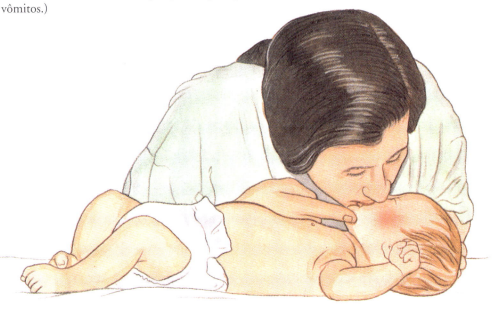

Técnicas de primeiros socorros

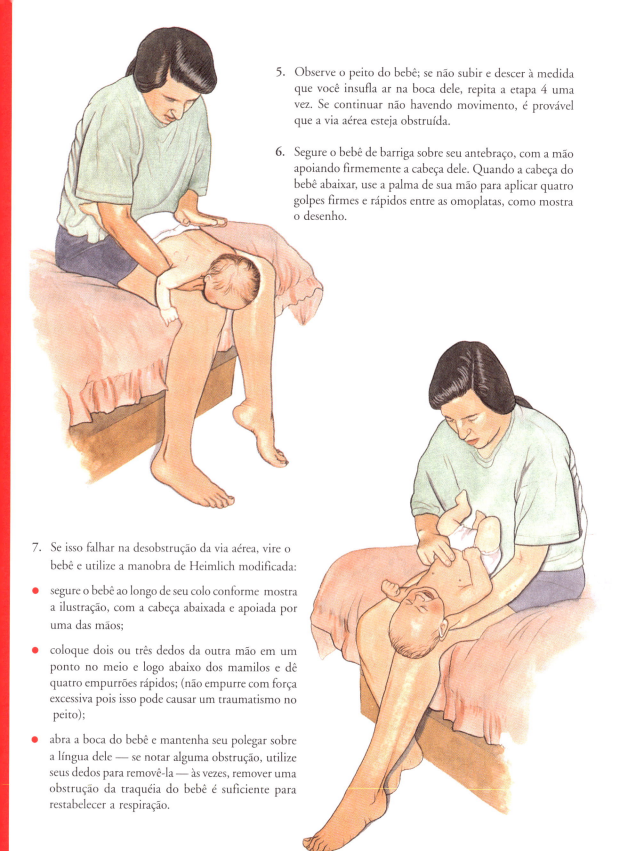

5. Observe o peito do bebê; se não subir e descer à medida que você insufla ar na boca dele, repita a etapa 4 uma vez. Se continuar não havendo movimento, é provável que a via aérea esteja obstruída.

6. Segure o bebê de barriga sobre seu antebraço, com a mão apoiando firmemente a cabeça dele. Quando a cabeça do bebê abaixar, use a palma de sua mão para aplicar quatro golpes firmes e rápidos entre as omoplatas, como mostra o desenho.

7. Se isso falhar na desobstrução da via aérea, vire o bebê e utilize a manobra de Heimlich modificada:

- segure o bebê ao longo de seu colo conforme mostra a ilustração, com a cabeça abaixada e apoiada por uma das mãos;

- coloque dois ou três dedos da outra mão em um ponto no meio e logo abaixo dos mamilos e dê quatro empurrões rápidos; (não empurre com força excessiva pois isso pode causar um traumatismo no peito);

- abra a boca do bebê e mantenha seu polegar sobre a língua dele — se notar alguma obstrução, utilize seus dedos para removê-la — às vezes, remover uma obstrução da traquéia do bebê é suficiente para restabelecer a respiração.

Enciclopédia do bebê e da criança

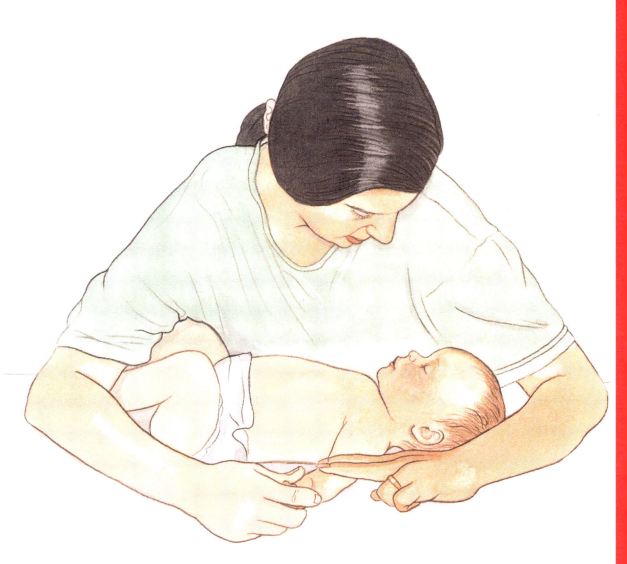

8. Caso o bebê ainda não volte a respirar, incline a cabeça dele e erga discretamente o seu queixo, conforme descrito na etapa 2, e restabeleça a respiração conforme descrito na etapa 4.
Dê dois empurrões suaves e observe o peito para ver se este se levanta e abaixa. Se houver resposta, a via aérea estará livre (caso contrário, repita as etapas 6 e 7). Faça mais duas ou três respirações leves em intervalos de três segundos.

9. Verifique o pulso para ver se o bebê está com batimentos cardíacos. É fácil detectar o pulso apertando dois dedos na parte interna do braço, logo acima do cotovelo. Não se apresse; tente encontrar o pulso durante dez segundos.

10. Se houver batimentos, mas não respiração, continue a respiração artificial a cada três segundos, ou 20 por minuto. Verifique se o pulso continua batendo a cada 20 respirações.

11. Se não houver pulsação, comece a fazer compressão torácica. Coloque dois ou três dedos

Técnicas de primeiros socorros

no osso do peito a aproximadamente um a dois dedos transversais abaixo da linha dos mamilos (o esterno). Pressione sobre o tórax (suavemente, com uma compressão entre um centímetro e meio a dois centímetros e meio) cinco vezes em três segundos.

12. Depois de cinco compressões torácicas, sopre ar conforme descrito na etapa 4.

13. Continue alternando cinco compressões com um sopro de ar durante dez ciclos, depois verifique o pulso. Continue a RCP até que a respiração e o pulso voltem ou até a chegada do socorro médico.

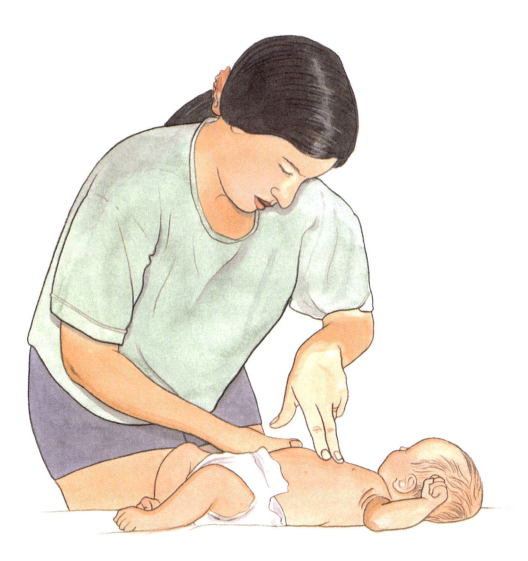

Como fazer a RCP em criança acima de um ano

Comece tentando levantar a criança e verificando os sinais de respiração. Chame o socorro e depois comece com o salvamento conforme as orientações a seguir.

1. Coloque a criança de costas sobre uma superfície dura e plana.

2. Com uma das mãos na testa da criança e a outra abaixo do queixo, suavemente incline a cabeça para trás e levante o queixo. (Não incline a cabeça ou o queixo se você suspeitar de traumatismo na nuca ou nas costas. Em vez disso, puxe a mandíbula para baixo para abrir a boca.)
Certifique-se de que a boca esteja desobstruída e que a língua não esteja bloqueando as vias aéreas.

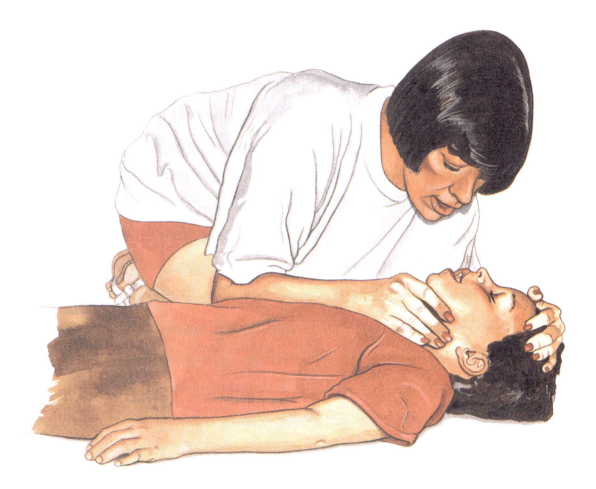

Técnicas de primeiros socorros

3. Se não houver sinais de respiração ou se você estiver em dúvida, comece a respiração artificial. Coloque dois dedos debaixo do queixo para erguê-lo, e use dois dedos de sua outra mão para fechar as narinas. Inspire profundamente, cubra a boca da criança com a sua e aplique duas respirações lentas e suaves dentro da boca da criança.

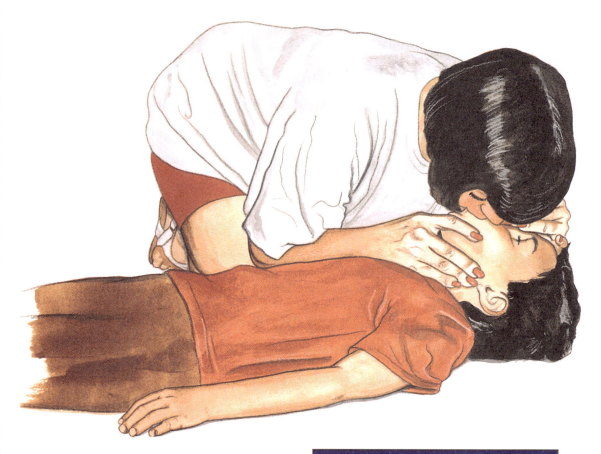

4. Observe o tórax para se certificar de que sobe e desce. Caso não esteja se movimentando, repita a etapa 3.

ALERTA

- Você estará mais bem preparado(a) para realizar a RCP com eficácia se tiver recebido algum treinamento e praticado em bonecos. Ligue para a seção local da Cruz Vermelha ou para um serviço médico de urgência para descobrir quando e onde há cursos disponíveis em sua região.

- Se você recebeu treinamento para executar a RCP em bebês e em crianças, deve continuar fazendo cursos para praticar sua técnica.

5. Se o tórax continuar não subindo e descendo, as vias aéreas precisarão ser desobstruídas por meio de uma manobra de Heimlich modificada: deite a criança de costas; coloque a palma de uma de suas mãos abaixo da ponta inferior do osso do peito e acima do umbigo; com dedos apontando para a cabeça da criança, administre seis a dez empurrões rápidos.

6. Abra a boca da criança e, se você vir a obstrução, retire-a com seus dedos. Desobstruir as vias aéreas muitas vezes restabelece de imediato a respiração, portanto, observe para ver se a criança voltou a respirar.

7. Se a criança ainda não estiver respirando, repita a respiração artificial descrita na etapa 3. Se o tórax não levantar e abaixar, repita a etapa 5.

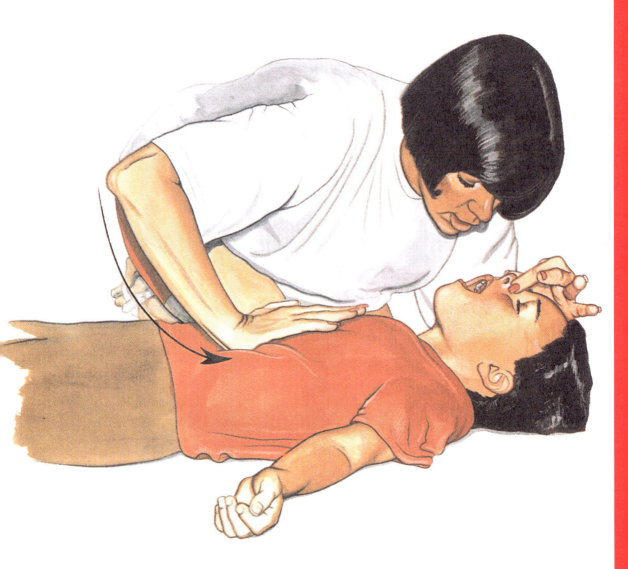

Técnicas de primeiros socorros

8. Se o tórax subir e descer, verifique o pulso pressionando dois dedos no lado do pescoço. Tente pelo menos durante dez segundos.

9. Se houver batimentos cardíacos, mas não movimentos do tórax, continue a respiração artificial na proporção de uma a cada quatro segundos, ou 15 respirações por minuto. Verifique o pulso ao final de cada minuto.

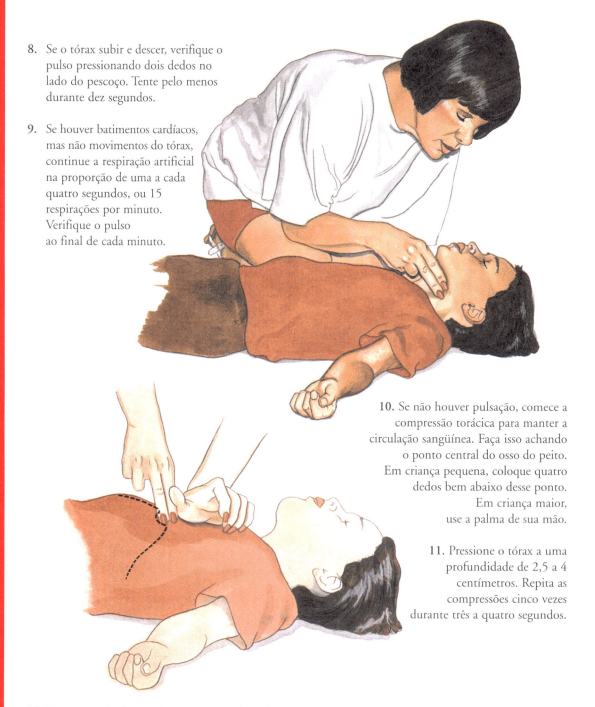

10. Se não houver pulsação, comece a compressão torácica para manter a circulação sangüínea. Faça isso achando o ponto central do osso do peito. Em criança pequena, coloque quatro dedos bem abaixo desse ponto. Em criança maior, use a palma de sua mão.

11. Pressione o tórax a uma profundidade de 2,5 a 4 centímetros. Repita as compressões cinco vezes durante três a quatro segundos.

12. Novamente incline a cabeça, erga o queixo, pince o nariz e assopre uma vez.

13. Repita as séries de cinco compressões torácicas seguidas por um sopro por mais dez vezes, depois verifique o pulso.

14. Continue a combinação de compressões e sopros até que a criança esteja respirando ou que chegue auxílio.

Enciclopédia do bebê e da criança

Engasgo

A comida, os líquidos e o ar precisam passar pela garganta. Para afastar os alimentos da traquéia durante a deglutição, a caixa de voz (laringe) desvia-se para cima, e a epiglote, uma saliência cartilaginosa, fecha para vedar a traquéia, evitando que a comida e os fluidos entrem nas vias aéreas.

Às vezes, como quando a criança está comendo e falando ao mesmo tempo, a laringe fica impossibilitada de fechar a epiglote a tempo para evitar que alimentos, líquidos ou outros objetos entrem na traquéia. Essa deglutição pelo "caminho errado" desencadeia o reflexo da tosse, forçando o ar que passa pela traquéia a deslocar o corpo estranho. Na maioria das vezes, a tosse é suficiente. Em algumas ocasiões, no entanto, o alimento ou objeto se aloja na traquéia, podendo obstruir a respiração. Se a obstrução for total, tem de ser desfeita imediatamente para evitar a morte.

Como socorrer, em caso de engasgo, a criança abaixo de um ano

1. Antes de começar, certifique-se de que o bebê está realmente engasgado. Se ainda for capaz de respirar, chorar ou tossir, geralmente o melhor é não fazer nada, porque o ar continua passando pela traquéia e o mecanismo natural da tosse poderá desobstruir a faringe.

2. Se o bebê estiver mesmo engasgado, chame o pronto-socorro.

3. Tente remover a obstrução, começando com uma série de batidas nas costas. Coloque o bebê de bruços sobre o seu antebraço e segure firmemente sua mandíbula com uma mão para apoiar a cabeça, que deve estar mais baixa do que o tórax.

4. Usando a palma de sua mão, dê quatro batidas rápidas nas costas do bebê entre as omoplatas. Se surgir líquido ou vômito, vire o rosto do bebê de lado para limpar a boca.

5. Se a respiração continuar obstruída, empregue batidas no peito. Vire o bebê de costas, ainda com a cabeça mais baixa do que o tórax. Coloque dois dedos no centro do peito, aproximadamente dois dedos horizontais abaixo dos mamilos, e dê quatro empurrões. Abra a boca, abaixe a língua com seu polegar, e, se você visualizar nitidamente o objeto, tente retirá-lo da garganta, com cuidado para não empurrá-lo ainda mais. Repita dando pancadas leves nas costas e empurrões no peito até que a obstrução seja removida.

6. Se o bebê ficar inconsciente, comece a RCP conforme descrita na seção anterior, páginas 198 a 206.

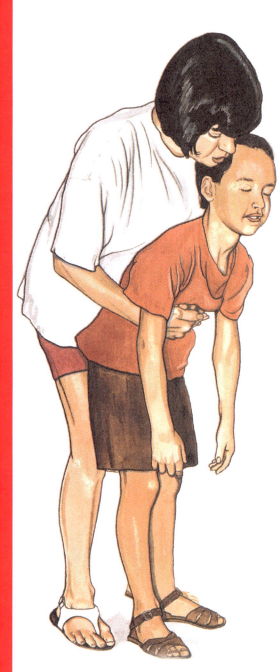

Posição adequada para a manobra de Heimlich.

Como socorrer engasgo em crianças acima de um ano

1. Certifique-se de que a criança está engasgada e não faça nada se ela estiver tossindo, falando ou respirando.

2. Se a criança estiver engasgada, chame o pronto-socorro e comece a aplicar compressões abdominais com a técnica-padrão da manobra de Heimlich:

- Posicione-se atrás da criança com seus braços em torno da cintura dela.
- Feche uma das mãos em punho e coloque o lado do polegar contra o estômago da criança em um ponto acima do umbigo e abaixo da caixa torácica.
- Segure o punho com a outra mão e rapidamente o empurre para dentro e para fora do estômago da criança.
- Repita os empurrões ascendentes até que a obstrução saia das vias aéreas ou a criança fique inconsciente.

3. Se a criança ficar inconsciente, deite-a de costas e abra sua boca. Tente remover a obstrução somente se estiver visível na garganta.

4. Se isso não eliminar a obstrução, comece a RCP conforme descrita na seção anterior.

ALERTA

- Mantenha seu bebê ou criança pequena longe de brinquedos ou de quaisquer objetos pequenos o bastante para cabe em sua boca e causar um engasgo. Objetos que comumente provocam engasgo incluem botões, partes soltas de brinquedos e comida que não foi cortada ou moída adequadamente.
- Ensine seus filhos a não falar com comida na boca e a mastigar cuidadosamente antes de engolir.
- Crianças com menos de três anos não devem comer nozes ou doces rijos.
- Desencoraje a criança de circular durante as refeições ou brincar enquanto come.

Enciclopédia do bebê e da criança

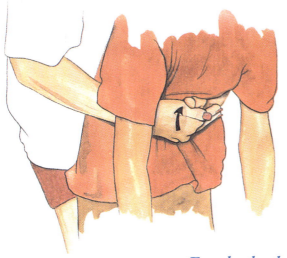

Posição das mãos durante a manobra de Heimlich.

SINAIS DE ENGASGO

Durante um engasgo, a criança:

- baterá na própria garganta;
- será incapaz de falar ou de emitir sons;
- não conseguirá respirar.

Dentro de dois ou três minutos, os lábios e a face ficarão azulados e a criança perderá a consciência.

Estado de choque

Quando uma criança tem um traumatismo ou uma infecção grave, o corpo pode reagir entrando em choque, o qual ocorre quando o organismo tenta redirecionar o sangue para o cérebro e para outros órgãos internos importantes. Como resultado, menos sangue é enviado para outras partes do corpo; a criança então fica pálida, sente frio e apresenta a pele úmida.

Quando uma criança está em choque, pode ser difícil detectar o pulso ou a pressão sangüínea. As condições que podem causar um choque incluem sangramento, envenenamento, fraturas, reações alérgicas graves, traumatismos cranianos, insolação, desidratação, infecções sangüíneas e meningite. O choque é uma emergência grave que requer pronto atendimento médico.

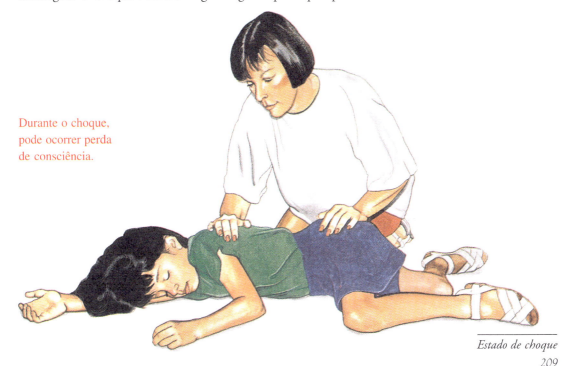

Durante o choque, pode ocorrer perda de consciência.

Estado de choque

MONTANDO UM ESTOJO DE PRIMEIROS SOCORROS

Os suprimentos básicos de primeiros socorros devem ser mantidos em local adequado em casa, e todos os membros da família, com idade suficiente para utilizá-los, devem saber onde estão. Além disso, você deve manter um estojo de primeiros socorros em seu carro e ter outro, portátil, que possa ser levado numa mochila, em passeios a pé.

Muitas farmácias vendem estojos para primeiros socorros, mas você pode formar o seu próprio com itens que provavelmente já tenha à mão, utilizando as listas a seguir.

Para a casa

■ Um sortimento de curativos adesivos de diferentes tamanhos.

■ Chumaços de gaze esterilizada e rolos de gaze de 2,5 a 5 centímetros de largura.

■ Um rolo de esparadrapo.

■ Ataduras elásticas.

■ Ataduras triangulares de algodão e tiras longas para serem usadas como tipóias, ataduras e amarras (podem ser cortadas de um lençol velho).

■ Pacotes de pedaços de algodão para aplicar como tampões e algodão esterilizado.

■ Lenços de papel ou rolo de papel higiênico.

■ Alfinetes de segurança, tesoura e pinças.

■ Termômetro.

■ Medicamentos básicos, como analgésicos, anti-histamínicos, pomada antibiótica, água oxigenada e *spray* ou pomada anti-séptica.

■ Um medicamento emético, para induzir o vômito em emergências por intoxicação, como os derivados da planta ipeca (*hybantus ipecacuanha*), na forma de extrato ou de xarope.

■ Além disso, se alguém da família tiver uma doença crônica, como asma ou diabetes, mantenha à mão um suprimento especial dos medicamentos de que a pessoa pode precisar.

Para o carro

Além dos itens listados para sua casa, você deve levar:

■ farolete e pilhas sobressalentes (teste periodicamente para ter certeza de que funcionam);

■ sinalizadores;

■ um cobertor leve, lençol limpo e um lençol plástico grande ou vários sacos plásticos de lixo.

Em sua bolsa ou carteira

Sempre leve o seguinte:

■ Cartão de identificação no qual conste seu nome, endereço, telefone, doença crônica ou alergia grave e o número do telefone de alguém que possa ser contatado em caso de emergência.

■ Cartão do convênio médico.

■ Cartão com o nome e o número do telefone de seu médico.

Enciclopédia do bebê e da criança

SINAIS DE ESTADO DE CHOQUE

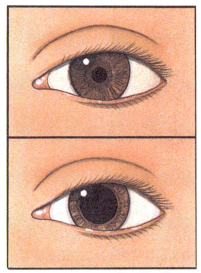

Procure os seguintes sinais primários de choque em qualquer traumatismo maior ou em outras emergências médicas:
- pele fria, úmida, pálida ou manchada;
- pulso fraco e rápido;
- delírio ou desfalecimento;
- respiração irregular, rápida e superficial;
- calafrios;
- sede intensa.

As pupilas estarão muito dilatadas (abaixo) e os olhos, vidrados.

Outros possíveis sinais de choque incluem:
- expressão cansada e olhar vago;
- olhos vidrados ou apalermados, com pupilas dilatadas e olhar fixo;
- inquietação, agitação ou gemidos sem ter dores ou demonstrar traumatismo evidente;
- perda de controle do intestino ou da bexiga.

COMO PRESTAR PRIMEIROS SOCORROS EM CASO DE ESTADO DE CHOQUE

1. Chame auxílio médico.
2. Mantenha a criança deitada e eleve seus pés, exceto quando ela tiver um traumatismo craniano. Tente manter a cabeça mais baixa do que o coração, para promover circulação suficiente ao cérebro.
3. Mantenha a criança aquecida com um cobertor ou com roupas.
4. Certifique-se de que as vias aéreas estão livres e que a criança consegue receber ar.
5. Certifique-se de que a criança está respirando e tem pulso. Se esses sinais vitais estiverem ausentes, comece a RCP (veja páginas 198 a 206).
6. Preste os primeiros socorros necessários para quaisquer traumatismos que possam haver causado o estado de choque, tais como sangramentos ou fraturas.
7. Não movimente a criança a menos que seja para levá-la ao hospital. Tente mantê-la calma e quieta, e evite barulho e perguntas desnecessárias.
8. Mesmo que a criança esteja com muita sede, dê apenas pequena quantidade de água ou bebidas não estimulantes nem alcoólicas. Não dê líquidos para uma criança com ferimento abdominal.
9. Continue a controlar a respiração e o pulso da criança até que chegue socorro.

Estado de choque

Eleve os pés para melhorar a circulação para o cérebro.

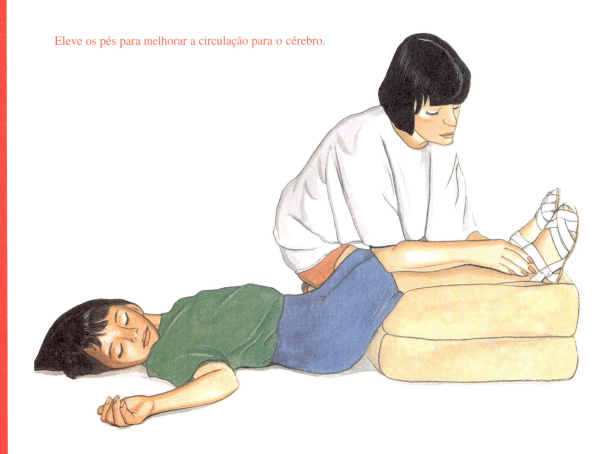

Mantenha a criança aquecida.

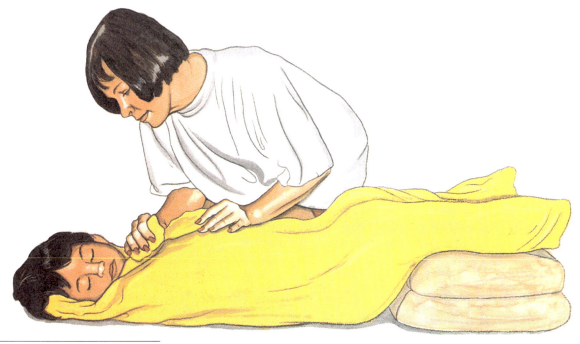

Enciclopédia do bebê e da criança

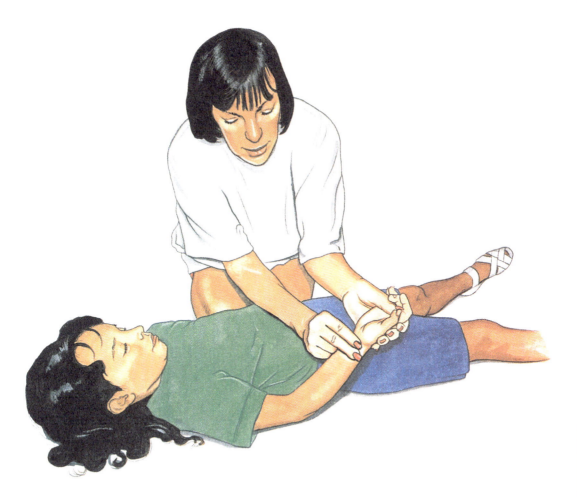

Quando uma criança parecer estar em choque, verifique a pulsação no pescoço e no pulso, e certifique-se de que há respiração.

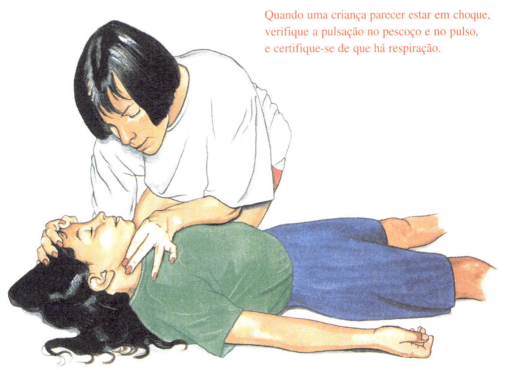

Estado de choque

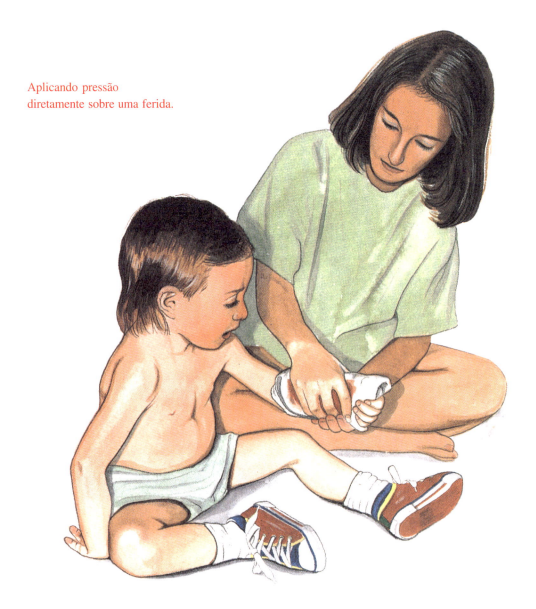

Aplicando pressão diretamente sobre uma ferida.

Sangramento

As emergências por sangramento podem ocorrer como resultado de um acidente ou de uma doença. Quando a criança sofre uma queda grave, está num acidente de carro ou é ferida com uma faca ou com um pedaço de objeto, pode haver sangramento grave. As crianças que sofrem de determinadas doenças, como a hemofilia e a úlcera, também podem perder uma grande quantidade de sangue em curto espaço de tempo. As hemorragias graves requerem atendimento imediato, com possível hospitalização, transfusão de sangue e/ou cirurgia.

Como prestar primeiros socorros em caso de sangramento externo

Cortes, arranhões e feridas pequenas

1. Controle o sangramento exercendo pressão sobre a ferida. Aperte um tampão esterilizado ou uma roupa limpa na ferida e segure firme até que o sangramento pare.

2. Se o sangramento persistir, coloque gelo embrulhado em um pano ou em um tampão esterilizado. O frio contrai os vasos sangüíneos e ajuda a estancar o sangramento.

3. Depois que o sangramento melhorar, verifique a gravidade do ferimento. Procure conselho médico no caso de ferida extensa e profunda, que possa precisar de sutura.

Ferimentos mais graves

Como no caso de qualquer ferida mais grave, comece aplicando os cuidados de emergência da ARC (vias aéreas desobstruídas, respiração e circulação) e tome qualquer providência necessária. Quando essas funções estiverem estáveis, estanque o sangramento.

1. Deite a criança com a cabeça um pouco mais baixa e as pernas elevadas (a não ser que haja uma fratura ou sangramento pelo nariz ou pela boca). Essa posição mantém a circulação cerebral e ajuda a evitar desmaios.

2. Pressione o local do sangramento. Se possível, utilize um tampão grosso esterilizado, um pano limpo, uma toalha ou coisa semelhante. Coloque o tampão diretamente sobre a ferida toda e aperte firme com a mão em concha.

3. Se o ferimento for em uma das extremidades, levante-a acima do coração da criança, o que ajuda a diminuir o aporte de sangue.

4. Continue a pressão até estancar o sangramento. Tome cuidado para não remover coágulos que se formam debaixo do tampão. Se este ficar embebido de sangue, não o retire; aplique nova compressa por cima e aumente a pressão sobre uma área maior.

5. Quando o sangramento diminuir ou parar, aplique uma atadura sobre as compressas, mesmo que estejam embebidas de sangue. Tenha cuidado para não apertar demais o curativo e dificultar a circulação. Você deve conseguir perceber a pulsação abaixo do curativo.

6. Caso o sangramento persista apesar da compressão e da elevação, tente estancar o sangue comprimindo o ponto arterial apropriado. A intenção é interromper a circulação no vaso sangüíneo comprometido. Isso é feito comprimindo-se, contra o osso subjacente, a artéria que leva o sangue para a ferida.

Sangramento

7. Utilize as imagens das páginas 218 e 219 para encontrar o local adequado para a compressão. Por exemplo, se o ferimento estiver próximo do pulso, você deverá comprimir a artéria na porção média do braço.

8. Não continue a comprimir um ponto arterial depois que o sangramento parar. Libere lentamente o ponto enquanto pressiona diretamente a ferida.

9. Se um sangramento forte recomeçar, repita a etapa 7.

Para enfaixar uma ferida que parou de sangrar,
mantenha a compressão sobre ela
enquanto enrola a atadura em torno do membro.
Certifique-se de que não está
interrompendo a circulação.
Se você tiver utilizado um ou mais tampões
para estancar o sangramento,
coloque a atadura sobre os tampões.

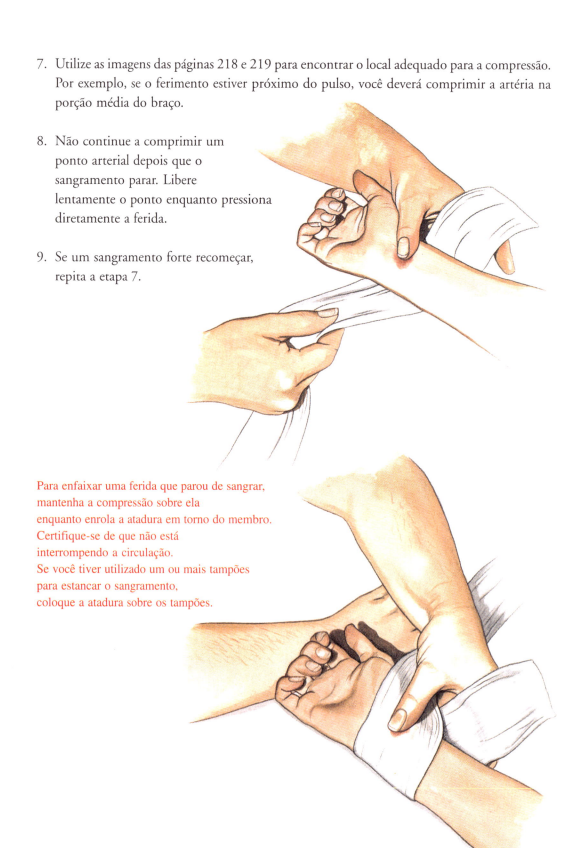

Enciclopédia do bebê e da criança

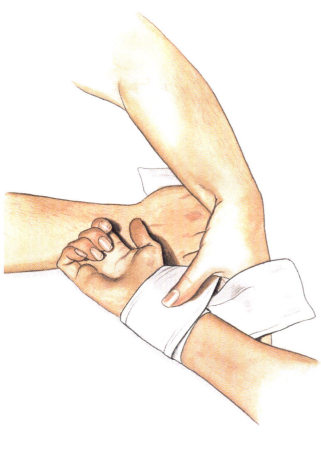

SINAIS DE SANGRAMENTO GRAVE

Externo

- Sangue rutilante que jorra ou escoa de maneira intensa e contínua indica que houve lesão de uma artéria. Esse é o tipo mais grave de sangramento externo, porque o sangue corre pelas artérias com pressão maior do que em outros vasos; dessa forma, uma grande quantidade de sangue pode se perder rapidamente.

- Perda contínua ou em gotas de sangue vermelho-escuro indica que uma veia foi lesada. Esse tipo de sangramento é mais comum em cortes.

Interno

- Vômito ou tosse com sangue, que pode ser rutilante ou parecido com borra de café.
- Presença de sangue nas fezes ou na urina.
- Sangramento pelos ouvidos, nariz ou boca.
- Distensão abdominal.
- Dor ou sensibilidade, sobretudo no abdome.
- Pele pálida.
- Sede excessiva.
- Possível inquietude, apreensão e confusão mental. Além disso, a perda de sangue pode levar ao choque. (Veja a seção "Estado de choque", páginas 209 a 213.)

Sangramento

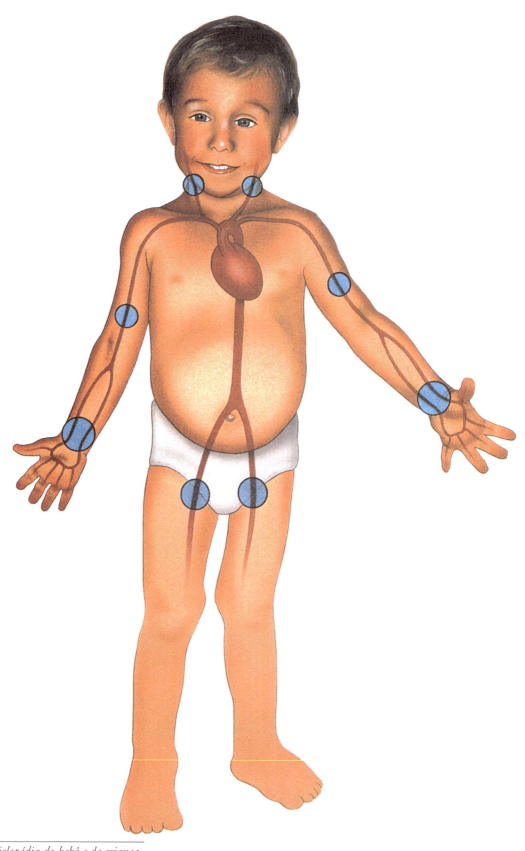

Enciclopédia do bebê e da criança
218

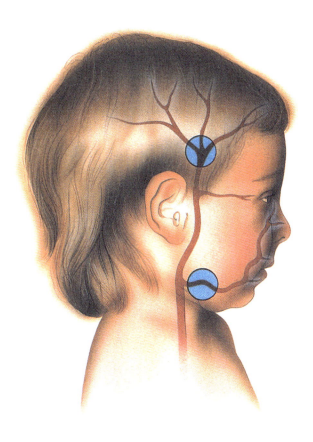
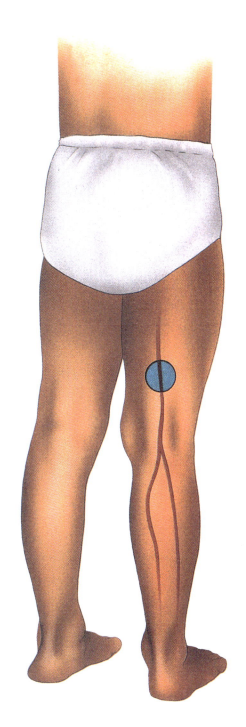

Se a compressão e a elevação não conseguirem estancar o sangramento, encontre o ponto adequado para fazer uma compressão arterial entre o coração e o ferimento; para uma ferida na coxa, por exemplo, utilize um ponto de pressão na virilha.
Nas imagens, os pontos apropriados para compressão aparecem como discos azuis.

Sangramento

QUANDO USAR UM TORNIQUETE

Utilize um torniquete apenas em situações de risco de morte, quando um sangramento intenso não puder ser estancado por compressão de um ponto próprio para pressão arterial e a criança correr o risco de morrer por perda de sangue. Isso pode ocorrer na amputação parcial ou total de um dos membros.

Como aplicar um torniquete:

1. Uma tira de roupa, um cinto, uma gravata ou outra coisa lisa com 5 centímetros de largura ou mais pode servir como torniquete.

2. Coloque o torniquete logo acima da ferida (entre a ferida e o restante do corpo) e enrole-o duas vezes em torno do membro.

3. Faça um meio nó, coloque uma vareta, ou outra coisa resistente e reta no alto, e dê um nó completo em volta da vareta.

4. Rode a vareta ou similar para apertar o torniquete até parar o sangramento. Fixe a vareta amarrando as extremidades soltas do torniquete a fim de mantê-lo no lugar.

5. Chame uma ambulância ou outro transporte para remoção imediata da criança para o pronto-socorro. Não cubra o torniquete e não deixe de avisar a equipe da ambulância a respeito.

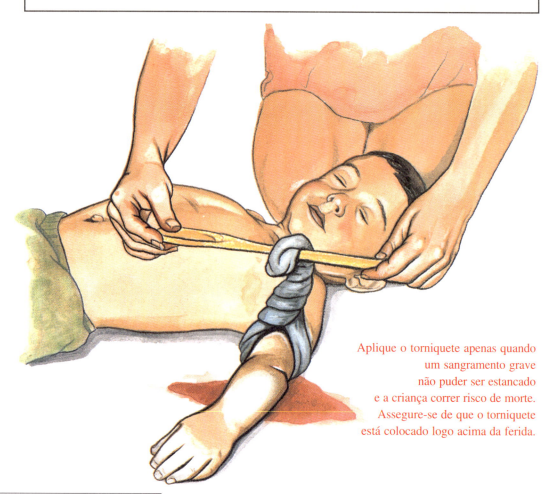

Aplique o torniquete apenas quando um sangramento grave não puder ser estancado e a criança correr risco de morte. Assegure-se de que o torniquete está colocado logo acima da ferida.

Enciclopédia do bebê e da criança

> ### IMPORTANTE
>
> **S**e houver suspeita de hemorragia interna:
>
> - Não dê água, suco ou outros líquidos, mesmo que a criança se queixe de sede. Qualquer coisa que ela venha a ingerir pode causar vômito e interferir no tratamento médico posterior, sobretudo se houver necessidade de cirurgia.
>
> - Mantenha a criança aquecida, mas não use uma almofada térmica, cobertor elétrico ou outra fonte de muito calor. O calor excessivo aumenta a circulação e pode agravar o sangramento interno.

Como prestar primeiros socorros em caso de sangramento interno

O sangramento interno nem sempre é evidente, mas deve-se suspeitar dele após qualquer traumatismo violento, ferimento na cabeça ou outro acidente que possa lesar órgãos internos.

1. Se houver suspeita de sangramento interno, chame o pronto-socorro.

2. Enquanto espera pela ambulância ou pelo serviço de emergência médica, mantenha a criança quieta, deitada no plano, ou, se ela estiver com dificuldade para respirar, ponha sua cabeça e ombros sobre um travesseiro e também levante suas pernas.

3. Cubra a criança com um cobertor leve ou um casaco.

4. Procure sinais de outros ferimentos, tais como fraturas, e ministre os primeiros socorros adequados.

5. Observe indícios de estado de choque, verifique o pulso e a respiração. Faça a RCP, se necessário.

6. Se a criança vomitar, vire sua cabeça de lado e deixe que o material saia pela boca.

Hipersensibilidade e anafilaxia

Uma reação alérgica acontece quando o sistema imune do organismo reage a alguma substância normalmente inócua. Geralmente a reação alérgica produz desconforto mas não provoca risco de morte. As exceções incluem uma reação particularmente grave chamada "anafilaxia", na qual ocorre um edema difuso nos tecidos do organismo. Picadas de abelha e de vespa podem causar uma reação anafilática em algumas crianças. O problema pior são os edemas na garganta e na língua, que bloqueiam as vias aéreas.

Hipersensibilidade e anafilaxia

IMPORTANTE

- Todas as pessoas com história de hipersensibilidade devem portar um estojo de emergência com anti-histamínicos, uma ampola de adrenalina e seringa, de preferência do tipo Epipen, uma agulha com mola, que funcione como a ponta retrátil de um marcador. Se a criança tiver idade suficiente para manipular uma seringa, verifique se sabe como usá-la em caso de emergência.

- Caso seu filho tenha história de reações alérgicas graves, fale com o médico a respeito de tratamento de alergias (imunoterapia).

SINAIS DE REAÇÃO ANAFILÁTICA

- Sinais de edema grave em partes do corpo diferentes do local da picada, principalmente nos olhos e na boca.

- Tosse, chiados, respiração difícil e coloração azulada da pele.

- Prurido intenso e/ou urticária difusa.

- Náuseas, vômitos e possivelmente cólicas gástricas.

- Convulsões.

- Fraqueza, torpor e desmaio.

Como prestar socorro em caso de reação anafilática

- Ligue para a emergência ou leve a criança imediatamente para um pronto-socorro.

- Se a criança estiver inconsciente, verifique a respiração e os batimentos cardíacos. Caso estejam ausentes, comece com a RCP.

- Se houver disponibilidade de um anti-histamínico e/ou adrenalina, aplique logo.

Enciclopédia do bebê e da criança

Intoxicação ou envenenamento

Nos Estados Unidos, durante os últimos vinte e cinco anos, o índice de mortalidade por intoxicação acidental em crianças abaixo de seis anos caiu drasticamente, graças a uma lei, de 1970, que obriga os fabricantes a acondicionar medicamentos em recipientes à prova da ação de crianças. Mas as estatísticas norte-americanas ainda registram aproximadamente um milhão de envenenamentos em pré-escolares (a maioria abaixo de três anos), anualmente.

No Brasil, não temos uma estatística nacional a respeito, mas há um projeto de lei (nº 4.841, de 1994) que determina "a utilização de Embalagem Especial de Proteção à Criança — EEPC em medicamentos e produtos químicos ou de uso doméstico que apresentem potencial de risco à saúde".

SINAIS DE POSSÍVEL ENVENENAMENTO

Suspeite de envenenamento se:

- a criança for encontrada com um vidro de remédio aberto, um produto de limpeza, cosmético ou outra substância similar, ou se você encontrar um desses recipientes fora do lugar de costume;

- o hálito da criança tiver um cheiro diferente ou se existirem manchas recentes, inexplicáveis, nas mãos, na face ou nas roupas — a face e as mãos podem também ter áreas avermelhadas, em carne viva, por queimaduras químicas;

- a criança apresentar vômito repentino inexplicável e dor abdominal, convulsões, dificuldade respiratória, inquietude ou perda de consciência;

- o vômito contiver pedaços de pílulas ou tiver odor de produtos químicos ou cor estranha.

A prevenção é a melhor maneira de enfrentar intoxicações. Afastar as crianças ajuda a evitar muitos envenenamentos, mas também é importante conhecer as circunstâncias nas quais os envenenamentos são mais prováveis e exercer vigilância extra nesses casos. Por exemplo, intoxicações tendem a ocorrer por ocasião de quebras de rotina e estresses, como durante as férias ou quando alguém da família está doente. Podem também ocorrer durante visitas a outras casas (principalmente onde não há crianças) ou quando os avós vêm para uma visita e trazem consigo seus frascos de remédio, emplastros e pomadas.

Como prestar primeiros socorros em caso de intoxicação

1. Se a criança estiver inconsciente, verifique a respiração e os batimentos cardíacos. Se estes não estiverem presentes, chame socorro e comece a RCP.

2. Verifique sinais de choque e ministre tratamento adequado (veja a seção "Estado de choque", páginas 209 a 213).

3. Se possível, descubra a substância que a criança engoliu, bem como a quantidade.

4. Ligue para o serviço de assistência a intoxicações da sua cidade e informe a idade, o nome e a quantidade da substância ingerida, bem como o horário da ingestão. Se você não conseguir contato com esse tipo de serviço, ligue para o pronto-socorro de um hospital ou para uma equipe paramédica.

Intoxicação ou envenenamento

5. Se a criança estiver consciente, faça-a beber um copo com 250 gramas de leite ou água, para diluir o veneno.

6. Se o atendente do serviço de toxicologia ou o médico recomendar a indução ao vômito, dê à criança um medicamento emético, como o xarope de ipeca (que já sugerimos incluir em seu estojo de emergência doméstico), na dose recomendada para a idade. Depois do emético, dê dois copos de água. Se não ocorrer vômito dentro de vinte minutos, repita a dose apenas mais uma vez. (ALERTA: em determinados tipos de envenenamento, como a ingestão de produtos de limpeza contendo ácidos fortes e álcalis, o vômito não deve ser induzido, e o xarope de ipeca não deve ser administrado a bebês com menos de seis meses.)

7. Se vomitar, deixe a cabeça da criança mais baixa do que o resto do corpo, para evitar engasgo. Faça a criança vomitar dentro de um recipiente para que o vômito possa ser examinado no hospital, sobretudo se você ainda não souber ao certo qual foi a substância ingerida.

8. Se a criança estiver inconsciente, não provoque o vômito e mantenha a boca limpa caso este ocorra.

9. Se a intoxicação for grave, talvez seja preciso levar a criança para um pronto-socorro. Tente levar junto o recipiente no qual estava o medicamento ou o veneno. Isso ajudará o médico a tratar da criança, administrando antídotos e medicamentos corretos.

Uma vez prestados os primeiros socorros, o tratamento hospitalar em geral é necessário. Se a criança não estiver consciente ou não tiver vomitado, o médico poderá ter de fazer uma lavagem gástrica durante a qual o conteúdo do estômago é aspirado através de um tubo inserido pela boca. Meia hora após o vômito ou a lavagem gástrica, os atendentes do pronto-socorro poderão dar à criança uma dose oral de carvão vegetal em água, para absorver todo o veneno restante no trato gastrintestinal. Soro endovenoso e, em alguns casos, um suporte artificial à respiração também podem ser necessários.

Envenenamento por inalação e contato

O envenenamento pode ocorrer sem a ingestão de substâncias tóxicas. Gases, como o monóxido de carbono (um subproduto da combustão), podem ser letais quando inalados. Álcalis ou ácidos corrosivos, que muitas vezes estão presentes em produtos de limpeza pesada, como os purificadores de vasos sanitários, podem queimar ou lesar a pele (ou os olhos) por contato.

MEDIDAS DE SEGURANÇA

- Guarde todos os medicamentos em recipientes à prova da curiosidade infantil, fora do seu alcance, de preferência travados e trancados à chave.

- Nunca tome ou administre remédios no escuro. Acenda a luz e verifique o vidro para certificar-se de que é este o que você precisa.

- Descarte medicamentos desnecessários no vaso sanitário.

- Jamais diga que um medicamento é um doce para convencer a criança a tomá-lo.

- Armazene cosméticos, inclusive maquilagem, perfumes e loções, fora do alcance das crianças. Não utilize removedores artificiais de esmalte de unhas contendo acetonitrila; esse composto se transforma em cianureto quando deglutido.

- Mantenha artigos de uso doméstico (limpadores, detergentes, tintas, removedores, fluido de isqueiro, gasolina e substâncias similares) fora do alcance das crianças.

- Sempre armazene medicamentos, cosméticos e artigos de manutenção doméstica em suas embalagens originais.

- Fique atento ao usar produtos de limpeza que possam ser venenosos. Se estiver fazendo limpeza e telefone tocar, leve o produto de limpeza junto com você até o telefone. Se tomar alguma medicação, feche bem o vidro e guarde-o após cada uso.

- Se tiver hóspedes em casa, peça que coloquem seus medicamentos e cosméticos em lugar seguro. Fique especialmente atento(a) quando os avós chegarem em visita, pois as pessoas de mais idade geralmente tomam remédios e muitas vezes os deixam em sua mesa de cabeceira.

- Mantenha as plantas de casa fora do alcance das crianças e verifique seu quintal para ver se está potencialmente livre de plantas tóxicas. Diga a seus filhos de maneira enfática que jamais devem comer bagas silvestres ou sementes ou mastigar qualquer parte de uma planta.

- Mantenha todo o álcool armazenado em local inacessível e jogue fora todos os restos de bebidas alcoólicas antes que uma criança tenha a oportunidade de esvaziar um dos copos. Uma dose excessiva de álcool em crianças pequenas pode ser fatal.

- Lide com vitaminas e suplementos minerais da mesma maneira que com quaisquer outras drogas. Grandes quantidades de ferro, vitamina A e vitamina D são particularmente perigosas e, em uma criança pequena, uma dose excessiva pode levar a doença.

Intoxicação ou envenenamento

Como prestar primeiros socorros em caso de inalação de tóxicos

1. Abra as janelas, se a fumaça tiver enchido o recinto.

2. Leve a criança para fora.

3. Afrouxe as roupas da criança.

4. Se a criança estiver inconsciente, verifique a respiração e os batimentos cardíacos. Se esses sinais vitais estiverem ausentes, chame um pronto-socorro e comece a RCP.

5. Leve a criança para o pronto-socorro do hospital mais próximo, onde possa receber oxigênio e outros tratamentos.

Como prestar primeiros socorros em caso de intoxicação por contato

1. Tire as roupas sobre as quais a substância foi aspergida.

2. Lave a pele afetada com água fria durante alguns minutos; se o veneno tiver entrado nos olhos, lave-os por pelo menos quinze minutos.

3. Se os olhos, a face, a genitália ou uma área extensa da pele tiverem sido atingidos, vá ao pronto-socorro mais próximo. Se possível, leve junto uma amostra da substância tóxica dentro de um recipiente fechado.

OS AGRESSORES MAIS COMUNS

Nos Estados Unidos, as drogas mais freqüentemente envolvidas nos casos de ingestão fatal por criança abaixo de seis anos são:

sulfato ferroso (suplementos alimentares de ferro);
antidepressivos;
medicação cardiovascular;
ácido acetilsalicílico

Os agentes mais freqüentes de envenenamento de crianças durante a primeira infância são:

produtos de uso pessoal;
cáusticos e artigos de limpeza;
plantas;
hidrocarbonetos (como tinta, verniz e cola para aeromodelismo)
inseticidas ou pesticidas.

Baseado em dados da American Association of Poison Control Centers colhidos de 1985 a 1989. FONTE: *Pediatrics* 89:6, junho, 1992.

Enciclopédia do bebê e da criança

Convulsões e ataques

Uma convulsão ou mal súbito ocorre quando existe um distúrbio da atividade elétrica cerebral, que causa espasmos musculares e movimentos espasmódicos. A convulsão é freqüente principalmente em crianças pequenas, acontecendo muitas vezes durante febre alta. Outras causas comuns são:

- traumatismo craniano;

- doses excessivas de medicamentos ou envenenamento;

- infecção envolvendo o sistema nervoso central, especialmente meningite e encefalite;

- distúrbios metabólicos, tais como baixo nível de açúcar no sangue (hipoglicemia) ou uma reação à insulina em diabéticos;

- insolação;

- choque elétrico;

- epilepsia, tumores cerebrais e outras doenças crônicas que afetam o cérebro.

> ### IMPORTANTE
>
> **A**o contrário da crença popular, ao prestar os primeiros socorros a uma criança com mal súbito, **NÃO**:
>
> - tente pôr qualquer coisa em sua boca;
> - borrife água no rosto;
> - impeça pela força os movimentos convulsivos.

A maioria dos males súbitos não dura mais do que alguns segundos e eles raramente são perigosos. No entanto, podem ser sinal de doença grave. Os traumatismos podem ocorrer se a criança cair em cima de algum objeto cortante ou duro ou bater contra ele.

Como prestar primeiros socorros em caso de convulsão e ataque

1. Se a criança estiver sentada ou em pé, deite-a (de preferência na cama, no sofá ou em outra superfície acolchoada) para evitar que caia. Vire a criança sobre o lado esquerdo (ou vire a cabeça para o lado) para proteger as vias aéreas em caso de vômito.

2. Tire a criança de perto de portas de vidro, móveis ou outros objetos nos quais ela possa bater durante o ataque.

3. Não contenha a criança nem coloque qualquer coisa em sua boca. (Ao contrário da crença popular, a criança não consegue "engolir" a língua durante o ataque.)

4. Após o ataque (que pode durar dois ou três minutos), certifique-se de que as vias aéreas estão desobstruídas e que a criança está respirando. É normal a respiração ficar mais lenta ou mesmo parar durante o ataque. No entanto, se a respiração tiver parado e/ou não houver pulso, chame o pronto-socorro e inicie a RCP.

Convulsões e ataques

PROCEDIMENTOS ÚTEIS

- Se for o primeiro mal súbito de seu filho, consulte um médico o quanto antes. Se houver outros sintomas, como forte dor de cabeça, nuca rígida ou febre alta, vá ao pronto-socorro para determinar a causa desencadeante.

- Se uma criança tiver uma série de ataques e o diagnóstico for de doença convulsiva (ou epilepsia), pode ser que você já tenha aprendido a lidar com os ataques. Se não existirem ferimentos, nada mais será necessário depois que o ataque tiver passado. Nesse caso, provavelmente a criança cairá no sono, mas deve ser controlada regularmente para garantir que está bem.

- Se a criança tiver uma doença convulsiva, mantenha um diário de quando acontecem os ataques e que fatos podem estar relacionados, de maneira que o médico possa selecionar os melhores medicamentos para tentar controlar esses ataques.

- Se a criança tiver uma doença convulsiva, uma pulseira de identificação médica é útil. Os professores e outros encarregados devem ser informados sobre o que fazer em caso de ataque.

- Se a convulsão estiver relacionada com febre alta, baixe a temperatura por etapas. Aplique compressas frias ou cubra a criança com um lençol embebido em água fria. Mas não coloque uma criança que esteja tendo uma convulsão na banheira com água.

---

5. Se a criança estiver respirando e tiver pulso depois do ataque, avalie os sintomas para ver se você precisa de ajuda médica. Verifique a existência de possíveis ferimentos, inclusive fraturas.

6. Procure o pronto-socorro se este for o primeiro ataque de seu filho, se o mal súbito demorar mais do que três ou quatro minutos ou se houver repetição.

7. Se não houver necessidade de cuidados médicos imediatos, deixe a criança dormir, mas verifique com freqüência se a respiração e o pulso estão normais.

SINAIS DE CONVULSÃO OU MAL SÚBITO

- Músculos rígidos.

- Movimentos espasmódicos de todo o corpo ou de partes específicas, como as extremidades.

- Olhos virados para cima.

- Cor azulada da pele do rosto.

- Baba ou espuma na boca.

- Perda parcial ou total de consciência.

- Perda do controle do intestino e da bexiga.

- Possível interrupção breve da respiração.

8. Consulte logo seu pediatra a respeito de outros procedimentos ou para fazer uma avaliação, especialmente se houver outros sintomas, como febre alta.

Enciclopédia do bebê e da criança

Queimaduras e eletrocussão

As crianças são as vítimas freqüentes de queimaduras graves. As queimaduras podem ser causadas por calor, chamas, líquidos ou metais quentes, vapor ou água quente, sol, produtos químicos ou por eletricidade. E incêndios são a principal causa de perigo para crianças de todas as idades.

Queimaduras por calor

Primeiros socorros nos casos de queimaduras superficiais (de primeiro grau)
1. Deixe correr água fria sobre a área queimada tão logo seja possível.

2. Queimaduras pequenas e leves podem permanecer em contato com o ar para sarar. As mais dolorosas e extensas devem ser cobertas com um pano limpo ou com uma atadura.

3. Administre um analgésico leve (acetaminofeno), se for necessário acalmar a dor.

4. Não aplique pomadas ou cremes na ferida.

5. Procure conselho médico se a dor permanecer mais do que um ou dois dias, ou se a queimadura atingir o rosto ou os olhos.

Primeiros socorros nos casos de queimaduras moderadas (segundo grau)
1. Mergulhe a área queimada o mais rapidamente possível em água fria ou, se a área for muito extensa, em uma banheira com água fria até que a dor seja aliviada. Como alternativa, aplique compressas frias molhadas sobre a região afetada.

2. Seque de leve a região queimada com uma toalha limpa.

3. Cubra a pele queimada de leve com ataduras esterilizadas.

4. Eleve braços ou pernas se estiverem queimados.

5. Administre um analgésico de venda livre para aliviar a dor, mas não utilize *sprays*, pomadas ou ungüentos analgésicos para queimaduras.

6. Chame uma ambulância se uma vasta área do corpo for queimada ou se você notar problemas respiratórios.

7. Leve a criança para o pronto-socorro se a queimadura envolver os olhos ou se tiver chamuscado os pêlos do nariz, causando problemas respiratórios.

8. Chame o médico imediatamente se:

- qualquer parte do rosto for queimada;

- a queimadura atingir mais do que 10% da superfície corporal da criança;

- a criança inalar fumaça;

- a pele sobre uma articulação (como joelho, cotovelo ou ombro) for queimada. Possíveis cicatrizes podem interferir na movimentação das articulações;

- a dor continuar ou piorar apesar das providências dos primeiros socorros;

- aparecerem sinais de infecção, inclusive febre e aumento do edema e da sensibilidade.

Primeiros socorros nos casos de queimaduras graves (terceiro grau)

1. Chame o pronto-socorro.

2. Verifique a respiração e o pulso da criança se houver parada respiratória e inicie a respiração artificial.

3. Comece a RCP se não houver pulso.

4. Cubra levemente o corpo da criança com ataduras esterilizadas ou com um lençol limpo e seco. Não prenda ataduras embaixo.

5. Eleve os membros, a face ou a nuca se estiverem queimados.

6. Mantenha a criança quieta e deitada até chegar socorro.

7. Se a ajuda médica demorar mais de uma hora para chegar:

- dê pequenos goles de uma solução preparada com uma colher de chá de sal e meia colher de chá de bicarbonato de sódio em um quarto de litro de água; pare se a criança vomitar;

- continue a controlar a respiração e o pulso, e observe sinais de estado de choque ou convulsões.

IMPORTANTE

Se a roupa da criança estiver em chamas:

- abafe as chamas com um casaco ou um cobertor, ou role o bebê ou a criança no chão para apagar o fogo;

- não tente tirar a roupa que aderir à área queimada.

SINAIS DE QUEIMADURAS

As queimaduras são classificadas e tratadas de acordo com o grau e a extensão do tecido lesado e do tipo de agente responsável. Queimaduras na face, pescoço, virilhas, pés e articulações em geral são mais graves do que em outras regiões do corpo.

- As queimaduras de primeiro grau são menos graves, porque atingem apenas a camada externa da pele (EPIDERME). Podem provocar dor, vermelhidão e discreto edema, mas não provocam bolhas.

- As queimaduras de segundo grau envolvem tanto a epiderme como as camadas subjacentes da pele, causando bolhas e exsudato, além de dor, vermelhidão e edema.

- As queimaduras de terceiro grau são as mais graves, porque destroem todas as camadas da pele e danificam os tecidos subjacentes, inclusive os nervos. Na maioria dos casos de queimaduras de terceiro grau não há dor porque os nervos foram destruídos. A zona queimada pode estar branca ou enegrecida pela carbonização, e os músculos ou outros tecidos subjacentes ficam expostos.

Enciclopédia do bebê e da criança

Queimaduras químicas

As queimaduras químicas podem ser causadas tanto por substâncias ácidas quanto por alcalinas. A gravidade e o grau são avaliados de acordo com a extensão da área exposta e da parte do corpo atingida.

Primeiros socorros em caso de queimadura química

1. Enxágüe imediatamente o corpo da criança debaixo do chuveiro, com um esguicho de jardim ou com baldes de água. Utilize água fria e jato fraco, se possível, para evitar lesão da pele. Enxágüe por vinte minutos no mínimo.

2. Enquanto enxágua o corpo, retire toda roupa da criança que tenha entrado em contato com a substância. Continue enxaguando.

3. Se a substância tiver espirrado no olho, derrame água no olho continuamente, evitando deixar a água entrar no outro olho, por quinze minutos no mínimo.

4. Se possível, verifique no rótulo da embalagem da substância química outras instruções de como tratar de queimaduras causadas por ela.

5. Depois de enxaguar, cubra de leve a área queimada com uma gaze esterilizada ou com um pano limpo.

6. Ligue para o médico ou, se a pele apresentar sinais de queimadura grave, leve a criança para um pronto-socorro.

7. Se a criança estiver inconsciente, verifique a respiração e o pulso. Se estiverem ausentes, chame um pronto-socorro e comece a RCP (veja as técnicas às páginas 198 a 206).

8. Após os primeiros socorros iniciais, troque a atadura uma vez por dia, ou com mais freqüência, se ficar suja.

9. Para diminuir o risco de infecção, tente não estourar as bolhas.

10. *Não* aplique ungüentos para queimaduras, *sprays*, pomadas ou remédios caseiros numa área queimada, a menos que tenha recebido a orientação específica de um médico.

Queimaduras e eletrocussão

PRECAUÇÕES SIMPLES PARA EVITAR QUEIMADURAS

- Nunca deixe uma criança sozinha perto de um ferro quente ou na cozinha, quando há comida no fogo.

- Não deixe as crianças brincarem com fósforos e isqueiros.

- Faça treinos contra incêndios e planeje caminhos de fuga.

- Mantenha os cabos das panelas virados para dentro da borda do fogão, fora do alcance das crianças e sem risco de entornarem acidentalmente.

- Nunca deixe crianças sozinhas em casa.

- Escolha roupas de proteção contra fogo para as crianças.

- Aplique um protetor solar na pele da criança antes de ir à praia, à piscina ou para atividade externa demorada, e reaplique depois da natação ou de transpiração intensa.

Queimaduras por eletricidade e choque elétrico

A corrente elétrica causa uma queimadura grave no corpo; pode também estimular contrações musculares espásticas, interromper a atividade elétrica cerebral e cardíaca e lesar órgãos internos. Assim, ao tratar de uma criança após choque elétrico, é importante procurar por outros sinais de lesões.

A maioria dos choques elétricos e das queimaduras em crianças acontece quando elas chupam ou mastigam fios elétricos. Outro grande perigo para as crianças pequenas é enfiar objetos metálicos, como chaves ou grampos de cabelo, em tomadas elétricas.

Ao lidar com uma criança que sofreu um choque elétrico, a prioridade é se certificar de que a corrente elétrica foi interrompida. Por exemplo, quando a mão de uma criança toca uma fonte de eletricidade forte, os músculos da mão se contraem, e mesmo que ela esteja consciente, pode não conseguir soltar o objeto para cortar o contato.

SINAIS DE CHOQUE OU DE QUEIMADURAS POR ELETRICIDADE

Você deve desconfiar de choque elétrico se:

- encontrar a criança inconsciente e próxima a uma tomada elétrica ou cabo de força, ou com um fio elétrico na mão;
- notar áreas queimadas em locais próximos a uma fonte de eletricidade.

Lembre-se de usar materiais não-condutores de eletricidade, como cabos de vassoura de madeira, cartolina, borracha ou roupas, para tentar afastar a criança da fonte de eletricidade, ou você também correrá o risco de ser eletrocutado(a).

Caso um choque elétrico aconteça na água, ela própria estará carregada de eletricidade, tornando mais difícil o salvamento. Também quando há muita umidade ou está chovendo, qualquer umidade pode transformar um material normalmente isolante num condutor de

Enciclopédia do bebê e da criança

eletricidade. Quando o choque elétrico envolver corrente de alta tensão, como a usada para transportar eletricidade a longas distâncias ou a força necessária aos aparelhos de raios X, deve-se tomar muito cuidado porque o material isolante — madeira, papel e mesmo borracha — pode ser penetrado pela corrente de alta tensão. Nessas condições, a estratégia mais segura é desligar a fonte de energia elétrica antes de se aproximar da criança.

Como prestar primeiros socorros em caso de choque elétrico

1. Afaste a criança da fonte de eletricidade. Não toque na pele dela ou você poderá ser eletrocutado(a). Em vez disso, desconecte o fio ou desligue a força.

2. Se você precisar afastar a criança da fonte de eletricidade, pise em uma superfície seca e utilize um objeto não-condutor, como um pedaço de madeira seca ou de borracha, jornal dobrado, revistas, papelão ou roupa pesada.

3. Se a criança estiver inconsciente, verifique a respiração e o pulso. Se estiverem ausentes, chame o pronto-socorro e inicie a RCP (veja as técnicas às páginas 198 a 206).

4. Verifique sinais de estado de choque: pele fria e úmida; desmaio; pulso rápido e fraco; palidez; respiração irregular. Se um ou mais desses sinais estiverem presentes, cubra a criança com um cobertor e eleve suas pernas.

5. Uma vez estabilizados a respiração e o pulso, examine a criança à procura de queimaduras e outros ferimentos, e inicie os primeiros socorros apropriados.

6. Se a criança estiver queimada, cubra-a com um lençol limpo e seco. Não aplique ungüentos, manteiga ou qualquer outro medicamento.

7. Continue controlando a respiração e o pulso até que o pronto-socorro chegue.

IMPORTANTE

Se houver envolvimento de corrente de alta tensão:

- **NÃO** toque na criança e **NÃO** tente afastá-la da linha de alta tensão utilizando materiais como madeira, borracha ou papelão. Esses materiais conduzem eletricidade de alta tensão e você será eletrocutado(a); desligue a eletricidade na fonte antes de se aproximar da criança.

Se a fonte de eletricidade estiver na água junto com a criança:

- **NÃO** entre na água; ela pode estar carregada de eletricidade; desligue a fonte da eletricidade; se você pretende usar um cabo de madeira ou outro material isolante para tocar na criança, não deixe que ele se molhe, ou também se tornará um condutor.

Queimaduras e eletrocussão

MEDIDAS DE SEGURANÇA

- Mantenha capas plásticas em todas as tomadas elétricas que não estiverem em uso.
- Verifique todos os fios elétricos de aparelhos e de lâmpadas, e reponha todos os que estiverem desgastados.
- Mantenha fios elétricos e plugues o mais distante possível do alcance das crianças.
- Mantenha secadores de cabelo, barbeadores, rádios e outros aparelhos longe da banheira.
- Fique atento a pólos ou fios elétricos danificados na vizinhança, e tenha cuidado especial quando se arriscar a sair depois de ventania forte ou de tempestade.
- Instale interruptores com circuito para proteção contra a falta de fio terra (GFCI), se for reformar o seu banheiro. Esses dispositivos controlam equipamentos defeituosos e podem interromper a corrente elétrica se for detectado um problema.
- Não utilize no banheiro aquecedor de ambiente elétrico.
- Mantenha aparelhos elétricos portáteis e fios de extensão longe da piscina.
- Seque bem a criança após o banho ou após a natação, antes de permitir que mexa em qualquer aparelho.
- Assegure-se de que a instalação elétrica externa e a iluminação foram instaladas por um eletricista profissional.
- Mande fazer os consertos de seus aparelhos eletrodomésticos com um profissional.

Utilize material não-condutor de eletricidade, como cabo de vassoura, para interromper o contato entre uma vítima eletrocutada e a fonte de eletricidade.

Enciclopédia do bebê e da criança

Ferimentos ortopédicos

Fratura de crânio e outros ferimentos na cabeça

O crânio humano é projetado para receber batidas ocasionais com efeitos não muito demorados, mas todo ferimento na cabeça que resultar em dano ao cérebro pode ser muito grave. Além disso, geralmente coexiste um certo grau de edema cerebral. Os bebês e as crianças pequenas geralmente têm crânios relativamente flexíveis, por isso podem suportar esse edema melhor do que as crianças maiores e os adultos.

Como socorrer crianças em caso de ferimentos cranianos

Ferimento leve ou contusão

- Faça a criança deitar e permanecer quieta.

- Limpe cortes menores, aplique uma pressão leve com uma atadura esterilizada para estancar o sangramento e depois enfaixe.

- Aplique uma compressa fria num inchaço (galo) que não esteja sangrando.

- Dê analgésico em dosagem apropriada à idade, se houver dor de cabeça.

- Acorde a criança a cada meia hora, se ela adormecer.

- Observe o comportamento por um ou dois dias e procure orientação médica sobre quaisquer alterações, como sonolência, tropeços, entorpecimento ou estado mental alterado.

- Controle o tamanho de qualquer inchaço na cabeça e procure ajuda médica se o galo aumentar rapidamente.

> ### IMPORTANTE
>
> - Procure cuidados médicos em caso de qualquer traumatismo craniano grave.
>
> - Se você suspeitar de lesão no pescoço ou nas costas, NÃO mova a criança, a menos que seja absolutamente necessário tirá-la de uma situação de risco de morte. Certifique-se de que a nuca e a coluna tenham apoio adequado durante a movimentação, para evitar torções que possam lesar a medula.
>
> - Se a criança estiver com um capacete ou outra proteção para a cabeça, NÃO retire, a menos que esteja interferindo na respiração ou haja sangramento grave.

Fratura de crânio ou outra lesão grave da cabeça

- Chame o pronto-socorro.

- Mantenha a criança aquecida para evitar um estado de choque.

- *Não mova* a criança se você suspeitar que existe fratura na coluna ou no crânio.

- Verifique a respiração e o pulso; comece a RCP se esses sinais vitais estiverem ausentes.

- Se a criança estiver respirando, coloque-a com a face virada para um lado, o braço e a perna do mesmo lado dobrados, o braço e a perna do lado oposto esticados. Essa posição facilita a respiração, sobretudo se ela estiver inconsciente.

- Continue a controlar a respiração e o pulso até a chegada de socorro.

Ferimentos ortopédicos

SINAIS DE TRAUMATISMO CRANIANO

Sinais comuns de ferimentos cranianos leves (concussões) incluem:

- perda de consciência, muitas vezes durante apenas poucos segundos;
- dor de cabeça;
- visão dupla;
- confusão temporária;
- galo ou corte na cabeça;
- sonolência durante uma ou duas horas.

Além disso, se o ferimento for leve, a criança deverá ser capaz de movimentar partes do corpo machucadas e responder a perguntas simples, tais como o seu nome.

Sinais de traumatismos cranianos mais graves incluem:

- perda de consciência durante mais do que alguns segundos;
- secreção no nariz ou nos ouvidos, que pode ser clara ou sanguinolenta;
- sonolência intensa ou perda de consciência;
- vômito sem náusea;
- sangramento intenso de ferida na cabeça;
- cabeça deformada;
- pulso lento.

Traumatismos na nuca e na coluna

As fraturas na nuca ou na coluna estão entre as mais graves, por causa dos danos causadas à medula; se esta for cortada, o traumatismo resultará em uma paralisia. A amplitude dessa paralisia vai depender do local da fratura; quanto mais perto da nuca, maior será a lesão.

Sinais de fratura na nuca ou na coluna

Qualquer traumatismo que coloque força excessiva na nuca ou nas costas pode resultar em fratura.

A nuca de uma criança também pode fraturar por sacudidas muito fortes ou por movimento súbito e violento. Pode haver fratura quando a criança apresentar:

- posição peculiar da cabeça e da nuca;
- dormência ou paralisia dos braços, pernas ou outras partes do corpo;
- dor na nuca ou nas costas.

Como socorrer em caso de traumatismo na nuca ou na coluna

- Chame auxílio médico.
- Verifique a respiração e os batimentos cardíacos, e comece a RCP, se estes sinais vitais estiverem ausentes.
- *Não movimente* a criança até que a nuca e as costas estejam convenientemente imobilizadas. Se possível, deixe isso para a equipe treinada do pronto-socorro. Caso a criança precise ser movimentada por risco de morte, como fogo, estabilize a nuca e as costas da melhor forma que puder.
- Para evitar que a criança se mexa, faça uma contenção, se necessário. Utilize um cobertor enrolado, travesseiros ou outros objetos desse tipo para manter a cabeça da criança imóvel.
- Pesquise sinais de estado de choque. Cubra a criança para mantê-la aquecida até que chegue socorro.

Enciclopédia do bebê e da criança

Fraturas

Os ossos das crianças são menos rígidos do que os dos adultos; portanto, as fraturas na infância são bem diferentes das que acontecem na idade adulta. Os ossos de uma criança podem se curvar mais de 45 graus sem quebrar; quando acontecem fraturas, estas freqüentemente são lineares, como "varas verdes", ou são fraturas simples.

Como socorrer em caso de fratura

1. Verifique a respiração e o pulso da criança. Chame o pronto-socorro e inicie a RCP, se os sinais vitais estiverem ausentes.

2. Verifique sinais de estado de choque. Mantenha a criança deitada e o mais calma possível. Cubra-a para mantê-la aquecida.

3. Se houver sangramento sobre o local da suspeita de fratura, coloque um pano limpo ou a mão sobre a ferida e aplique leve pressão para estancar o sangramento.

4. Não movimente a criança a menos que ela corra risco de novos traumatismos, se permanecer onde está deitada. Se a criança precisar ser movimentada, faça uma tala para imobilizar por completo a parte traumatizada.

> ## SINAIS DE FRATURA
>
> **M**uitas vezes é difícil dizer se o osso de uma criança está fraturado. Se você suspeitar de fratura, trate de maneira conveniente, ainda que a aparência seja normal.
>
> **Sinais específicos de fratura incluem:**
>
> - um pedaço de osso se projetando de uma ferida;
> - a criança é incapaz de movimentar a parte ferida;
> - inchaço ou deformidade do membro ou da parte do corpo traumatizado;
> - dor;
> - possíveis sinais de estado de choque.

5. Não permita que a criança ingira comida nem bebida. Líquidos e alimentos podem protelar a aplicação de anestesia geral para uma cirurgia de urgência, se for necessário fazer.

6. Não deixe a criança "experimentar" um braço, uma perna ou outro local com suspeita de fratura, colocando peso sobre ela.

7. Não tente alinhar o osso você mesmo. Aplique uma tala e consulte o médico.

Ferimentos ortopédicos

Qualquer objeto liso e rígido pode ser utilizado como tala.

COMO APLICAR UMA TALA

Uma fratura sempre deve ser imobilizada colocando-se a tala antes que a criança se mova. Para fazer isso você deve observar os passos a seguir.

1. Encontrar um objeto rígido que sirva como tala. Qualquer coisa lisa serve, como um jornal ou uma toalha enrolados, tábuas de madeira, cabo de vassoura ou bambu.

2. Entale o membro na posição em que estiver. Cubra qualquer ruptura de pele com um pano limpo ou esterilizado. Tente acolchoar a tala dura com material mole, como um pedaço de pano ou um cobertor.

3. Amarre ou prenda a tala ao membro fraturado. Ela deve ficar justa, mas sem interromper a circulação.

4. Depois que o membro for imobilizado, coloque um saco de gelo na região da fratura. Coloque-o sobre uma toalha, e não diretamente sobre a pele.

5. Em caso de fratura do braço ou do pulso, coloque a tala e depois use um pedaço de pano ou de roupa para fazer uma tipóia para sustentar o braço. Amarre a tala e o braço próximos ao corpo para imobilizá-lo por completo.

6. Em caso de fratura de tornozelo ou pé, entale a região com um travesseiro.

7. Em caso de fratura de osso da base do pescoço, do ombro ou do cotovelo, utilize um pedaço de pano ou uma roupa para fazer uma tipóia que sustente o braço e a região do pescoço.

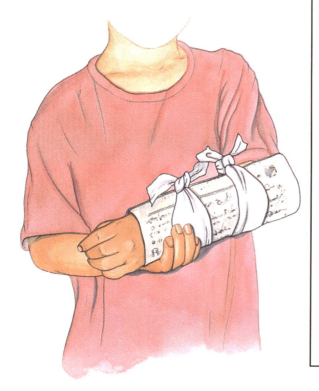

A tala, que deve ser um pouco mais comprida do que o membro fraturado, é amarrada ou presa no local.

Enciclopédia do bebê e da criança

MEDIDAS DE SEGURANÇA

- Verifique se os sapatos das crianças estão em boas condições e garanta que os cordões estejam amarrados.

- Certifique-se de que a criança esteja usando um capacete de proteção ao andar de bicicleta, patinar, montar a cavalo ou em outras atividades dessa espécie.

- Certifique-se de que existem superfícies de proteção no trepa-trepa, nos balanços e em outras estruturas para escalar ou para acrobacias.

Uma vez aplicada a tala em um braço ou pulso fraturado, use uma tipóia suspensa pela nuca para dar apoio.

IMPORTANTE

- As fraturas freqüentemente só são diagnosticadas por radiografias.

- Se o que você pensa ser uma "luxação" continuar inchado e muito dolorido por mais do que um ou dois dias, leve a criança ao médico para excluir a suspeita de uma fratura.

Ferimentos ortopédicos

Tipos comuns de fratura em crianças

FLETIDA. O osso não se endireita por completo após se dobrar, produzindo deformação.

EMPENADA. Uma parte do osso se levanta ou torna-se saliente, porque o osso foi comprimido.

EM VARA VERDE. O osso foi vergado além do seu limite e apresenta uma ruptura no lado que ficou sob tensão, como acontece com um galho verde.

COMPLETA. O osso se quebra em duas partes separadas.

COM DESLOCAMENTO. O osso está fraturado e também deslocado, ou está entreaberto, fora de seu encaixe.

COMPOSTA. O osso fraturado projeta-se para a pele ou para tecidos adjacentes.

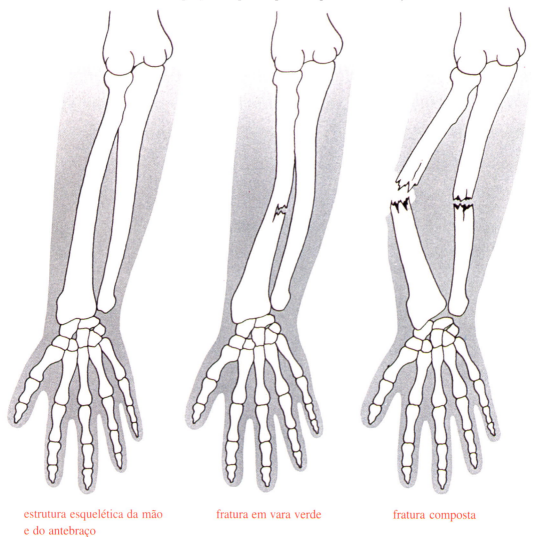

estrutura esquelética da mão e do antebraço

fratura em vara verde

fratura composta

Enciclopédia do bebê e da criança

Deslocamentos e luxações

Uma luxação geralmente acontece quando os ligamentos (faixas de tecido fibroso que conectam os ossos às articulações) se estiram ou são rompidos por um golpe ou por puxão exagerado do membro. Em uma luxação parcial (subluxação), o osso é puxado para fora de seu alinhamento, mas as extremidades dos ossos na articulação continuam em contato com esta. No caso de luxação completa, os ossos não se tocam mais da maneira apropriada.

> ### SINAIS DE LUXAÇÃO
>
> - Uma junta que parece diferente ou mal alinhada.
> - Dor articular, em geral intensa o bastante para a criança evitar movimentar a parte afetada.
> - Rigidez e edema na articulação.
> - Modo de andar ou postura anormais.

Subluxações do ombro ou do cotovelo às vezes ocorrem, casualmente, quando adultos puxam demais a mão da criança enquanto passeiam ou brincam, ou quando balançam a criança pelos braços. Isso geralmente acontece a crianças entre os dois e cinco anos. Pode ou não haver um estalo audível, mas a criança sentirá dor na articulação, que pode ser aliviada em minutos quando o médico realinhar o osso.

Outra luxação comum na infância é a luxação ou subluxação lateral da rótula. Causa dor no joelho ao correr, ao subir e descer escadas ou ao girar para o lado. Luxações também podem acontecer nas articulações dos dedos ou do polegar quando as pontas dos dedos são viradas para trás durante um jogo de bola ou queda.

A luxação no quadril pode ocorrer durante um traumatismo maior, mas mais freqüentemente está presente ao nascer, principalmente em fetos em posição pélvica e nos nascidos por cesariana. A luxação congênita do quadril nem sempre é diagnosticada no nascimento, e pode se manifestar apenas quando a criança começa a engatinhar e andar.

Às vezes os ossos deslocados escorregam de volta para seu lugar sozinhos, outras vezes precisam ser recolocados por um médico. Mas os deslocamentos sempre precisam de cuidados médicos, porque muitas vezes estiram ou rompem músculos e podem danificar as articulações.

Como prestar primeiros socorros em caso de deslocamento ou de luxação

- Não tente movimentar sozinho(a) o membro ou "estalar" o osso para reencaixá-lo.
- Se possível, imobilize a articulação com uma tala, tipóia, ou ambas. (Veja instruções na seção de "Fraturas", às páginas 237 a 240).
- Aplique bolsa de gelo na articulação, usando um pano ou uma atadura grande para proteger a pele.
- Se possível, eleve a articulação atingida.
- Leve a criança ao médico ou ao pronto-socorro. Mesmo que a extremidade do osso tenha voltado ao lugar, pode haver um traumatismo que requeira tratamento.
- Depois que o osso tiver voltado para seu lugar, a criança deve descansar o membro luxado para permitir o restabelecimento.

Ferimentos ortopédicos

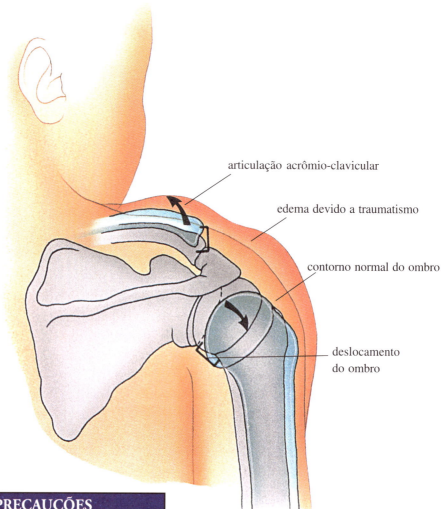

articulação acrômio-clavicular

edema devido a traumatismo

contorno normal do ombro

deslocamento do ombro

A luxação do ombro muitas vezes é acompanhada por afastamento da articulação acrômio-clavicular, onde o ombro se liga à clavícula.

PRECAUÇÕES

- Não erga crianças pelas mãos nem puxe seus braços com força.

- Evite balançar uma criança pelos braços, sobretudo se ela já tiver sofrido luxação no ombro ou no cotovelo.

- Certifique-se de que o médico examine uma possível luxação congênita na criança e teste seus quadris antes que ela tenha idade suficiente para engatinhar ou andar.

- Se uma criança tiver repetidas luxações da rótula, informe-se com seu médico sobre exercícios para tonificar os músculos que mantêm a rótula no lugar.

Enciclopédia do bebê e da criança

Distensões

Uma distensão envolve excessivo estiramento ou rompimento de um ligamento, a faixa firme de tecido conjuntivo que une os ossos entre si ou às articulações. Embora as crianças não estejam tão sujeitas a entorses quanto os adultos, eles podem ocorrer na infância, muitas vezes em conseqüência de um acidente, da prática de esportes ou de queda. Os tornozelos e joelhos são particularmente vulneráveis a distensões.

Tipos de distensões

De acordo com a gravidade, as distensões são classificadas como a seguir:

1º GRAU. Traumatismo leve, sem hemorragia nem afrouxamento da articulação, mas com edema, que pode aparecer horas após o traumatismo.

2º GRAU. Traumatismo moderado com rompimento parcial do ligamento. Dor, edema e diminuição da capacidade de uso da articulação surgem de imediato. O local traumatizado apresenta afrouxamento, mas não significativamente menor que a articulação que não foi traumatizada.

3º GRAU. Traumatismo grave com dor imediata, possível hemorragia e ruptura completa do ligamento. A articulação distendida apresentará muito mais afrouxamento do que a articulação não machucada.

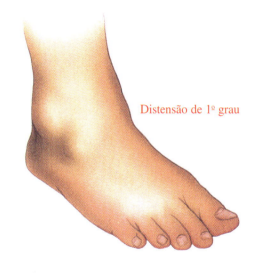
Distensão de 1º grau

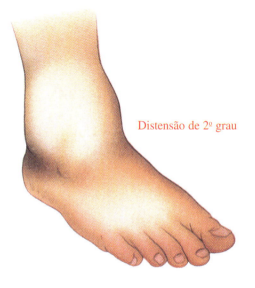
Distensão de 2º grau

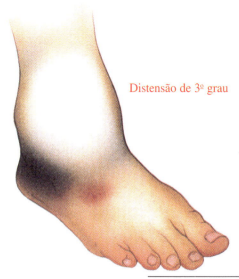
Distensão de 3º grau

Ferimentos ortopédicos

Como prestar primeiros socorros em caso de distensão

Os primeiros socorros em caso de distensão compreendem quatro passos: repouso, gelo, compressão e elevação.

1. Ponha a articulação distendida em repouso. Não coloque peso sobre a junta e impeça que seja usada. Faça uma tipóia, se necessário.

2. Coloque bolsas de gelo ou compressas frias sobre a articulação distendida — faça isso imediatamente e durante o primeiro dia. Não coloque gelo diretamente sobre a pele. Enrole o saco de gelo em uma toalha.

SINAIS DE UMA DISTENSÃO

- Dor ou edema na articulação.
- Contusão ou vermelhidão na articulação.
- Impossibilidade de uso da articulação.
- Afrouxamento da articulação ou sensação de perda.

3. Comprima a parte distendida enrolando-a em uma atadura de apoio (elástica). Enrole a atadura com firmeza, mas não a ponto de interferir na circulação. Afrouxe a atadura caso apareça edema ou se sob a atadura surgir insensibilidade, formigamento ou pele azulada.

4. Faça a criança erguer a parte machucada.

No segundo dia, mude para compressas quentes ou almofada térmica em lugar da bolsa de gelo, desde que o edema não seja muito grave.

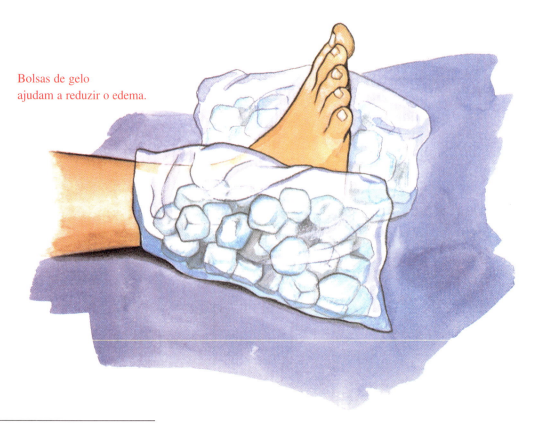

Bolsas de gelo ajudam a reduzir o edema.

Enciclopédia do bebê e da criança

Entre as aplicações de gelo, continue com as outras etapas: repouso, compressão, elevação.

Entorses

Um entorse envolve distensão excessiva ou rompimento de um músculo, que resulta em dor e edema. Pode ocorrer em diferentes músculos do corpo, especialmente nas costas, no pescoço e nos tendões das pernas.

Ferimentos ortopédicos

IMPORTANTE

- Procure atendimento de urgência se o entorse for tão grave que a articulação não possa ser usada.
- Procure o médico se o edema persistir durante mais de dois ou três dias.

INDÍCIOS DE ENTORSE

- Dor, que pode ser aguda e repentina, ou um entorpecimento doloroso.
- Em caso de entorse nas costas, a dor pode estar localizada na porção baixa das costas e irradiar para as nádegas e as pernas. No entorse do pescoço, a dor irradia para os ombros ou os braços.

Como prestar primeiros socorros em caso de entorses

O tratamento imediato consiste em repouso e aplicação de gelo e/ou calor no local do traumatismo.

Entorse nas costas

- Faça a criança descansar em uma superfície dura, como um colchão firme ou uma almofada no chão.
- Coloque um travesseiro debaixo dos joelhos para levantá-los um pouco.
- Coloque uma almofada térmica ou uma bolsa de água quente debaixo das costas, com uma toalha, para evitar queimadura da pele. (Almofadas térmicas devem ser acompanhadas com cuidado, quando em uso.)
- Procure auxílio médico se a dor persistir durante mais do que três ou quatro dias de repouso no leito. Procure antes, caso haja perda de controle da bexiga ou se surgir uma sensação de torpor ou formigamento nos membros.

Abordagem idêntica é utilizada em entorses de outros músculos.

Enciclopédia do bebê e da criança

Ferimentos diversos

Mordidas e picadas

Os ferimentos por mordidas e picadas variam de insignificantes a fatais, dependendo da origem da mordida e da reação da criança. Por exemplo, uma picada de abelha geralmente é sem importância, apesar de dolorosa. No entanto, se a criança for hipersensível ao veneno da abelha, uma picada de abelha pode resultar em choque anafilático fatal. (Veja "Hipersensibilidade e anafilaxia", à página 222). Uma mordida de bicho ou de gente não causa apenas lesão dos tecidos, mas pode levar a infecção grave. Algumas mordidas, como as do carrapato ou de determinados mosquitos, em si parecem insignificantes, mas podem transmitir doenças graves, como a doença de Lyme, malária ou encefalite, quando o inseto é vetor (transmissor) do organismo que causa essas moléstias.

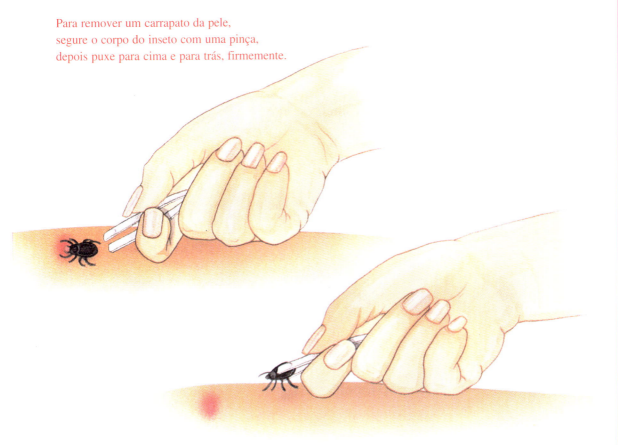

Para remover um carrapato da pele, segure o corpo do inseto com uma pinça, depois puxe para cima e para trás, firmemente.

Como prestar primeiros socorros em caso de mordidas de animais

1. Se a ferida estiver sangrando muito, faça pressão com uma atadura limpa e procure ajuda no pronto-socorro de um hospital.

2. Perfurações profundas ou feridas amplas devem ser limpas e depois levadas aos cuidados de um médico o quanto antes. Ele é quem deve decidir se será preciso suturar a ferida e/ou tomar antibióticos para evitar uma infecção.

3. Se a criança for mordida por um animal selvagem ou perdido, limpe a ferida e consulte seu médico o quanto antes. Se o animal puder ser capturado com segurança, faça-o e consulte a secretaria de saúde local quanto a exames para detectar raiva.

4. Em caso de mordidas menores, limpe a ferida com cuidado e lave a área em torno com sabão e água quente por pelo menos dois minutos. Se a pele tiver sido perfurada ou rompida, aplique uma solução anti-séptica, como água oxigenada ou álcool, e uma pomada com antibiótico.

5. Atente para sinais de infecção em torno da ferida, como vermelhidão, edema e sensibilidade, ou a formação de pus. Fique atento(a) a sintomas parecidos com os do resfriado — tais como calafrios, febre ou transpiração — ou gânglios inchados, que são indicadores de infecção sistêmica ou de doença causada pela mordida.

Crianças muitas vezes recebem mordidas de animais no rosto. Vermelhidão e edema podem indicar infecção.

Enciclopédia do bebê e da criança

PROCEDIMENTOS ÚTEIS

- Cachorros bravos devem ser mantidos presos, sempre. Se você vir perambulando livremente um cachorro conhecido por haver mordido sem provocação, notifique a vigilância sanitária.

- Ensine seu filho a não se aproximar de um animal desconhecido, especialmente em fazendas ou chácaras. Alguns animais do campo transmitem raiva.

- Mesmo um animal de estimação pode reagir de maneira violenta quando maltratado. Ensine a seu filho, desde bem pequeno, a maneira correta de lidar com um animal.

- Previna seu filho para não perturbar um animal enquanto ele estiver comendo ou dormindo, nem tocar em um animal que ainda não percebeu a presença dele. Uma boa idéia é ensinar a criança a falar com o animal ao se aproximar dele, para evitar que se assuste com sua presença.

- Ensine à criança a não aproximar o rosto de nenhum animal.

Como socorrer em caso de mordida humana

Mordidas de pessoas que ocasionaram rompimento da pele podem causar infecções se não forem tratadas, porque a boca do ser humano abriga muitas espécies de microorganismos que podem infectar. Limpe a ferida conforme está descrito na página anterior e consulte o médico de seu filho o mais rapidamente possível. Ele provavelmente prescreverá antibióticos para evitar uma infecção.

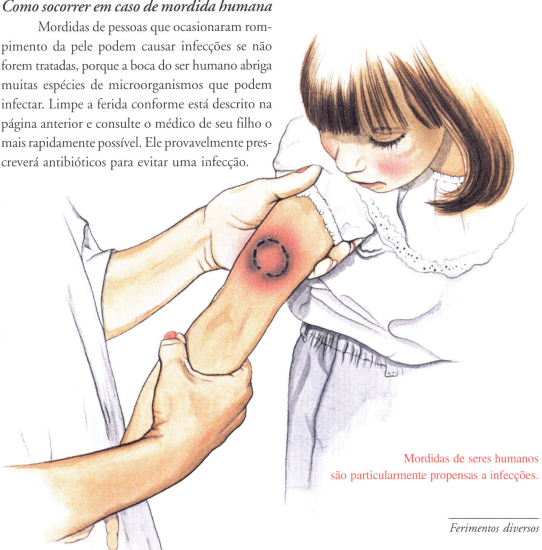

Mordidas de seres humanos são particularmente propensas a infecções.

Ferimentos diversos

Lesões nos olhos

A causa mais comum de lesão nos olhos são: pancadas (geralmente não propositais) com a mão ou o pé de uma outra criança; ferimentos durante a prática de esportes; atividades aparentemente inofensivas, como jogar pedras ou lápis; maltratos de adultos, principalmente queimaduras com cigarros; espingardas de ar comprimido; substâncias químicas ou outros corpos estranhos aos olhos. Uma ruptura do globo ocular pode ocorrer caso um corpo estranho afiado penetre no olho.

Como prestar primeiros socorros em caso de lesão ocular

1. Procure avaliar a gravidade do ferimento. Se o olho da criança estiver doendo muito, inchado, sangrando ou com aspecto estranho, não tente tratar disso sozinho(a). Leve a criança ao pronto-socorro mais próximo.

2. Se o olho estiver injetado de sangue, mesmo na ausência de dor, procure ajuda; em mais de 40% dos casos há um traumatismo por trás. Nunca dê analgésicos ou antiinflamatórios para uma criança com olhos injetados de sangue. Essas drogas podem prolongar o sangramento ou piorar a situação.

3. Se uma substância química irritante tiver entrado no olho, lave-o imediatamente com água límpida e fria, por pelo menos dez minutos. A água enxágua a substância e neutraliza o equilíbrio ácido-básico da química, tornando a substância menos prejudicial.

4. Proteja o olho com uma venda e procure ajuda médica. Se possível, descubra exatamente o que entrou no olho e leve o recipiente da substância para o pronto-socorro.

5. Para remover poeira ou um cílio do olho, segure a pestana da criança e puxe a pálpebra várias vezes para cima e para baixo. Se conseguir enxergar o corpo estranho, passe nele a ponta de algum tecido ou de um lenço, para remover. Se não conseguir ver nada no olho, mas a criança se queixar de dor, lave o olho com água fria, que pode levar para fora o objeto ou deixá-lo à vista para que você possa removê-lo.

6. Se o olho e a pele em volta estiverem machucados (olho preto), cubra a área com uma toalha molhada ou com bolsa de gelo durante dez minutos ou mais.

7. A menos que o problema seja realmente pequeno, ligue para seu pediatra ou um oftalmologista, que examinará os olhos e o lado interno da pálpebra de seu filho, lugar mais comum de se alojarem corpos estranhos.

SINAIS DE LESÃO OCULAR

- Piscar e lacrimejar em excesso.
- Sensação de corpo estranho nos olhos.
- Mudança na forma da pupila ou do globo ocular, ou edema no tecido em volta do olho.
- Visão alterada.
- Dor no olho.
- Olho injetado de sangue.
- Pus ou outra secreção no olho.
- Material saliente na pupila.

Enciclopédia do bebê e da criança

PROCEDIMENTOS ÚTEIS

- Assegure-se de que seu filho use óculos de proteção em atividades nas quais objetos voadores ou lascas possam entrar nos olhos.

- Irritação discreta dos olhos por grãos ou poeira, cílio ou cosméticos, como xampu, em geral dispensam cuidados médicos. Piscar e lacrimejar podem remover o corpo estranho, e a irritação deverá permanecer por apenas alguns minutos.

- Desencoraje o esfregar dos olhos, que pode levar a infecção.

- Tranque substâncias cáusticas para que crianças pequenas não tenham acesso a elas.

- **NUNCA** deixe objetos pontiagudos numa altura que crianças pequenas possam pegar.

- **NUNCA** dê a uma criança espingarda ou revólver de pressão, nem detonadores de fogos de artifício. Mesmo faíscas aparentemente inofensivas e cápsulas podem explodir, ferindo o olho.

- Ensine as crianças a não atirarem brinquedos, pedras, areia ou lama.

- Providencie proteção adequada para o rosto da criança durante a prática de esportes.

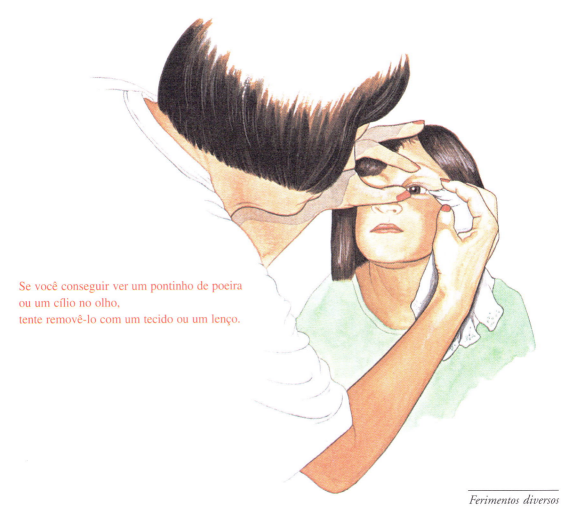

Se você conseguir ver um pontinho de poeira ou um cílio no olho,
tente removê-lo com um tecido ou um lenço.

Ferimentos diversos

251

Sangramentos nasais

O sangramento nasal pode ser provocado por uma pancada no nariz, pelo cutucar das narinas, ou por assoar com muita força. Qualquer que seja a causa, o sangramento pode parecer grave porque as narinas têm uma irrigação rica em vasos sangüíneos muito superficiais. Os sangramentos nasais em crianças são muito freqüentes e raramente perigosos.

Como prestar primeiros socorros em caso de sangramento nasal

Sangramentos nasais discretos

1. Faça a criança se sentar com a parte superior do corpo ligeiramente vergada para a frente, permitindo que o sangue escoe do nariz. (Não dobre a cabeça para trás, porque faz o sangue escorrer pela garganta, podendo causar engasgo ou vômito.)

2. Evite movimentar a criança e estimule-a a respirar normalmente pela boca.

3. Faça uma leve pressão na narina que sangra apertando-a entre um dedo e a cartilagem óssea que a separa da outra narina. Mantenha a pressão por cinco ou dez minutos, deixando o sangue coagular (olhe o relógio).

4. Se possível, faça aplicações de compressas frias na ponte do nariz. Isso ajuda a contrair os vasos sangüíneos e reduz o aporte de sangue.

5. Depois de dez ou quinze minutos, observe. Se o sangramento continuar ou se ele voltar, repita as etapas 1 a 4.

6. Se o sangramento for persistente, leve a criança ao pediatra ou ao pronto-socorro de um hospital.

7. Depois que o sangramento parar, oriente a criança para descansar calmamente por mais ou menos meia hora. Ela deve permanecer sentada ou com travesseiros colocados para levantar a cabeça. Durante esse período, ela deve evitar assoar o nariz ou rir. Também deve tomar cuidado para evitar cutucadas que possam provocar outro sangramento.

IMPORTANTE

Procure um médico o quanto antes se houver:

- uma mudança na forma ou no alinhamento do nariz da criança;
- sangramento nasal persistente ou muito recorrente, sobretudo se houver outros sintomas, como palidez e tendência a hematomas.

Enciclopédia do bebê e da criança

SINAIS DE SANGRAMENTO NASAL DISCRETO

- Sangramento pelo nariz que dura poucos minutos, pára por si mesmo ou é fácil de ser controlado.

- Sangue no travesseiro da criança, na roupa e cama ou nas vestes.

PRECAUÇÕES

- Durante um sangramento pelo nariz, a criança pode ser orientada para se debruçar sobre uma pia ou bacia para que o sangue corra para lá.

- Respirar ar muito seco pode causar sangramento nasal pelo ressecamento da mucosa, o que provoca rachaduras. Se isso ocorrer muitas vezes, pode ser remediado pelo uso de vaporizadores durante o inverno e passando um pouco de vaselina nas narinas da criança na hora de dormir. Gotas de soro fisiológico no nariz também podem ser úteis.

- Desestimule o hábito da criança de cutucar o nariz ou de colocar objetos estranhos nele .

Sangramentos nasais graves

Se houver sinais de sangramento grave (veja quadro abaixo), providenciei uma maneira de levar a criança para o pronto-socorro. Enquanto aguarda o transporte, siga as etapas 1 a 4 para sangramentos leves.

SINAIS DE SANGRAMENTO NASAL MAIS GRAVE

- O sangramento pelo nariz continua depois de dez a quinze minutos.

- Há fluxo intenso de sangue rutilante que vem por jatos, indicando estar uma artéria envolvida.

- Há sangramento pelos ouvidos ou pela boca, além do que ocorre pelo nariz. Esse tipo de sangramento pode ser indício de traumatismo mais grave.

* * * * * *

Ferimentos diversos

Terceira parte

Sintomas de doenças comuns na infância

PARA REFLETIR

A incidência de doenças varia muito de uma criança a outra. Há aquelas perfeitamente normais que apresentam freqüentes desvios da saúde; nada do que os pais façam parece capaz de cortar sucessivos resfriados, infecções de ouvido e assim por diante. E há aqueles filhos "que não dão trabalho" porque atravessam seus primeiros anos de vida com apenas um resfriado.

Entretanto, mesmo a criança mais saudável de vez em quando adoece. Independentemente de onde seu pequeno se enquadre entre os dois extremos, é importante que você, pai, mãe ou responsável, saiba reconhecer os sintomas das doenças infantis mais comuns e seja capaz de identificar quando deve chamar o médico. Esta parte do livro lhe oferece meios para atuar nesse sentido.

Dor abdominal

A popular "dor de barriga" é comum na infância e pode ir desde um ligeiro desconforto até uma emergência com risco de morte, exigindo cuidados imediatos. Se uma criança estiver com dor abdominal forte ou persistente, procure ajuda médica sem perda de tempo. Na maioria dos casos não será necessária uma cirurgia, mas crianças com esse sintoma devem ter total acompanhamento médico para que se tenha certeza de que não existe um problema subjacente mais grave.

O que causa dor abdominal?

Pode ser difícil diagnosticar a causa de uma dor de barriga, porque mais de uma centena de problemas, que atingem diferentes partes do organismo, podem causar dor abdominal. Na infância, a causa mais comum de dor abdominal é a cólica. À medida que a criança fica mais velha, a dor abdominal pode estar associada a pequenos problemas das funções orgânicas normais, como constipação ou obstipação (prisão de ventre), ou com uma variedade de problemas orgânicos ou emocionais. Muitas vezes a dor acompanha doenças de órgãos abdominais, como os intestinos, o fígado, o pâncreas e o estômago. Mas pode estar relacionada a outras partes do corpo mais distantes do abdome; por exemplo, a pneumonia e a infecção estreptocócica da garganta às vezes causam dor de barriga. Hérnias, torção de testículo (em meninos) e a doença de Hirschsprung ou megacolo (dilatação anormal de uma parte do intestino) também são causas possíveis.

Uma das causas mais comuns de emergência médica por dor abdominal, na infância, é a *intussuscepção*, uma dobra no intestino sobre ele mesmo. E a apendicite é a causa mais comum de dor abdominal que requer cirurgia.

DOR ABDOMINAL RECORRENTE

Crianças acima dos três anos, que de resto são perfeitamente sadias, às vezes sofrem dores abdominais recorrentes (geralmente na região do umbigo). Se os exames não demonstrarem anormalidades orgânicas ou funcionais, seu médico poderá concluir que a dor é psicossomática. Mas não rejeite a dor simplesmente por ser psicossomática; apesar da ausência de causa orgânica, a dor é real e exige atenção. Pode indicar um problema emocional, inclusive ansiedade por separação e fobia escolar.

Enciclopédia do bebê e da criança

CUIDANDO DE UMA CRIANÇA COM DOR DE BARRIGA

■ Não dê laxantes a uma criança com dor abdominal sem antes haver consultado seu médico. Se a criança estiver com apendicite, os medicamentos podem causar a ruptura do apêndice, levando a risco de morte por peritonite.

■ Mantenha um registro diário dos sintomas para ajudar o médico a encontrar o diagnóstico. Observe a freqüência da dor, mudanças no seu padrão e sintomas concomitantes.

■ A dor por cólicas melhora com certas mudanças, como dar a alimentação de maneira mais lenta, porções menores, arrotos freqüentes durante e depois da refeição, toques calmantes e movimentação por embalos suaves, e chás de hortelã e erva-doce. Se essas tentativas falharem, será tranqüilizador lembrar que as cólicas muitas vezes desaparecem quando a criança completa três meses de idade.

■ A dor abdominal psicossomática pode melhorar com carícias para acalmar a criança, com massagem suave na barriga e aplicações de compressas quentes.

■ Dores muito intensas podem ser eliminadas virando-se a criança de lado, em geral com as pernas para cima.

Quando devo suspeitar de dor abdominal?

Em bebês e crianças menores, geralmente, você deve procurar os seguintes sinais de dor abdominal: choro, irritabilidade ou repentina recusa a comer. Os sintomas de *intussuscepção* incluem um ciclo de berreiro, com ou sem vômitos, alternando com períodos de calmaria.

O choro pode exacerbar a dor causada por apendicite, a ponto de a criança não chorar. Então, procure sinais de irritabilidade, flexão dos quadris, aspecto doentio e movimento doloroso. É lógico que as crianças que já sabem falar geralmente se queixam de dor de barriga.

QUANDO CHAMAR O MÉDICO?

Toda dor abdominal persistente requer investigação médica. Algumas causas de dor, como a apendicite, a peritonite e a obstrução intestinal, são todas urgências. Procure atendimento médico imediato caso os seguintes sintomas acompanhem a dor abdominal:

■ quadris flexionados;

■ irritabilidade e inquietude;

■ mal-estar ao se movimentar;

■ aspecto geral doentio;

■ diarréia ou prisão de ventre;

■ cansaço extremo;

■ febre alta/calafrios;

■ respiração rápida e superficial;

■ batimentos cardíacos rápidos;

■ palidez;

■ náuseas e vômito;

■ inchaço abdominal.

Dor abdominal

Perda de apetite

Existem muitos motivos pelos quais uma criança pode perder o apetite durante os primeiros seis anos. A maioria deles é perfeitamente normal e sem razão para susto. Mesmo as crianças pequenas apresentam variações diárias de apetite. Além disso, algumas podem usar a comida para manobrar os pais. Não demora muito para que elas percebam que os pais se preocupam com o que comem e que, ao rejeitarem a comida, chamam a atenção. Nessa época em que os adultos controlam tantos aspectos de suas vidas, comer é um setor que algumas crianças usam para assumirem o controle.

O que causa a perda de apetite?

Quando as crianças não se sentem bem, muitas vezes perdem o apetite, principalmente para alimentos novos ou de paladar forte. Isso pode acontecer praticamente em todas as doenças, leves ou graves. Outras causas de perda de apetite são:

- necessidade diminuída — entre os estirões de crescimento, as crianças não precisam de tanta comida como necessitam quando estão crescendo;

- distração — quando as crianças começam a se locomover (em torno dos 12 a 24 meses), podem estar mais interessadas em explorar o ambiente do que em ficar sentadas quietinhas para comer; qualquer mudança no ambiente, nas pessoas que cuidam delas ou nas atividades domésticas também pode desviar a atenção da refeição;

- problemas orais — dores na boca ou dentes cariados podem causar perda de apetite.

Quando devo suspeitar de perda de apetite?

Às vezes é difícil diferenciar "redução normal das necessidades alimentares" de "falta de apetite". Se a criança conserva seu padrão normal de crescimento, um consumo menor de alimentos não deve ser causa de preocupação dos pais. Além disso, muitas vezes as crianças desenvolvem fortes preferências por determinadas comidas e irão se rebelar contra novos alimentos ou outros de que não gostem.

> ### QUANDO CHAMAR O MÉDICO?
>
> Se a perda de apetite estiver associada a outros sintomas, como dor de garganta, vômitos, diarréia, dor de ouvido ou mal-estar geral, é possível que a causa seja uma doença. Se a criança apresentar esses sintomas ou a perda de apetite durar mais do que alguns dias, consulte seu médico.

No entanto, se a criança perder peso e manifestar outros sintomas, talvez seja um problema de apetite causado por alguma doença.

Enciclopédia do bebê e da criança

CUIDANDO DE UMA CRIANÇA COM FALTA DE APETITE

À s vezes as crianças têm dificuldade para se concentrar na refeição... porque existem muitas outras coisas a fazer. Tente oferecer alguns alimentos nutritivos para pegar com os dedos, variando a consistência isso pode tornar o ato de comer mais interessante. Há outras estratégias; veja a seguir.

- Se seu filho esteve doente e não parece interessado na comida, tente oferecer alguns alimentos suaves, como massas ou bolachas. No entanto, se a criança continuar recusando a comida, não insista. Quando a doença tiver passado, seu pequeno voltará a comer.

- Crie uma atmosfera adequada para as refeições. Dê oportunidade para as crianças se aquietarem antes da refeição. Por exemplo, crianças que estão sentadas para uma refeição quando os irmãos ou os pais voltam para casa podem ter problemas em continuar sentadas, quietas. Se seu filho parecer agitado ou irritado demais para comer, sente-se calmamente com ele durante alguns minutos antes de ir para a mesa.

- Aprenda a lidar com o padrão da fome de seu filho. Às vezes o apetite de uma criança está fora de sintonia com o horário das refeições da família. Ela pode estar louca de fome às cinco, comer alguma coisa, e depois não sentir fome quando o jantar for servido. É importante que as crianças atendam a seu organismo e comam quando tiverem fome. Um lanche às três ou quatro horas talvez ajude a criança a chegar até a hora do jantar.

- **NÃO** tente forçar ou coagir a criança a comer. Na maioria dos casos, ela comerá quando tiver fome.

- **NÃO** utilize a comida como suborno. Às vezes é tentador oferecer petiscos especiais, como biscoitos ou sorvete, para fazer a criança comer alguma coisa. Mas isso muitas vezes falha. Essa atitude torna os alimentos adoçados, ricos em gorduras, mais desejáveis do que as refeições balanceadas de vegetais, frutas e grãos — bem o contrário dos valores que você quer ensinar a seu filho.

- Respeite a predileção da criança, mas resista à manipulação por meio da comida. Alguma tentativa de controlar os pais pode ser normal, mas às vezes o filho a leva até um ponto em que ficam comprometidos sua nutrição e seu desenvolvimento.

- Fique atento(a) a sinais de depressão, que pode ser caracterizada por perda de apetite. A depressão muitas vezes é desencadeada por perda ou mudança, como divórcio, morte em família ou nascimento de um irmão. Se você desconfiar de uma depressão ou de qualquer problema emocional, um aconselhamento psicológico pode ser útil.

Perda de apetite

Problemas de sangramento

Pequenos sangramentos por cortes e arranhões são normais na infância, sobretudo depois que a criança começa a brincar mais, correndo, pulando e escalando. Os cortes em crianças sangram apenas pouco tempo, graças a um complexo sistema de células sangüíneas especializadas (plaquetas) e a substâncias conhecidas como "fatores plasmáticos", que interagem para corrigir um vaso sangüíneo lesado sem obstruí-lo.

O sangramento é anormal quando a formação de coágulos demora mais do que deveria ou ocorre contusões na ausência de traumatismos. Quando as crianças têm sangramento interno, pode aparecer sangue na urina ou nas fezes, ou podem vomitar sangue do estômago. (O sangue digerido é preto, portanto as fezes ou vômito com sangue geralmente parecem borra de café.) Em alguns casos, o sangue se acumula em um músculo ou numa articulação.

O que causa problemas de sangramento?

Diversas situações podem causar sangramento anormal. Em alguns casos, sangrar é o principal sintoma, mas em outros, é apenas um dentre muitos. As causas possíveis estão relacionadas a seguir.

DOENÇAS DO SANGUE. A hemofilia, distúrbio genético causado pela ausência congênita de alguns fatores de coagulação, talvez seja a doença mais conhecida associada a sangramento anormal. A localização típica para os sangramentos é debaixo da pele e nas articulações, nos músculos e em outros tecidos moles. Sangramento demorado pode ocorrer depois de circuncisão, da perda de dentes ou em ferimentos leves. A leucemia, câncer dos glóbulos brancos, também pode estar associada a sangramento anormal. Resulta de uma intensa redução de plaquetas envolvidas no controle da perda de sangue através dos vasos sangüíneos. A diminuição de plaquetas também caracteriza a *púrpura trombocitopênica imunológica*, doença adquirida, benigna, da qual a maioria das crianças se recupera. A redução grave das plaquetas resulta em feridas e sangramento pelo nariz e pelas gengivas, na ausência de traumatismos.

INFECÇÕES. Infecções por vírus, bactérias ou parasitas podem levar a sangramento anormal, mais freqüentemente gastrintestinal ou urinário. O sangue pode aparecer no vômito ou nas fezes durante infecções intestinais, como por intoxicação alimentar ou virose gástrica. Em contraste, pode haver quantidade pequena ou microscópica de sangue na urina durante infecções gerais, como na varicela. Freqüentemente aparece sangue na urina no decurso de infecções do trato urinário (cistite e pielonefrite).

Enciclopédia do bebê e da criança

ÚLCERAS GÁSTRICAS. São pequenas áreas de erosão no revestimento do estômago ou do duodeno (primeira porção do intestino delgado), que podem sangrar muito ou pouco. Sangue no vômito ou nas fezes pode ser sinal de úlcera gástrica.

PROBLEMAS DO SISTEMA IMUNOLÓGICO. As assim chamadas "doenças auto-imunes" — nas quais o sistema imunológico monta um ataque contra tecidos normais do organismo — freqüentemente envolvem os rins. Portanto, sangue na urina pode ser um sinal. Uma reação auto-imune comum que pode ter esse efeito é a *glomerulonefrite pó estreptocócica*, que às vezes ocorre após um acesso de faringite estreptocócica.

DOENÇAS INFLAMATÓRIAS DOS INTESTINOS. Esse grupo de doenças, que também têm uma causa auto-imune, geralmente causa diarréia sanguinolenta.

CUIDANDO DE UMA CRIANÇA COM PROBLEMAS DE SANGRAMENTO

- Siga as instruções do médico para o tratamento da causa.

- Atente para episódios de sangramento em crianças com doenças hematológicas, como a hemofilia. Dor (especialmente nas articulações), edema localizado, dor de cabeça, confusão e fraqueza são possíveis sinais de hemorragia interna.

- Diminua o risco de ferimentos em criança com doenças do sangue. Torne seguros a casa e o quintal, o mais possível, e observe-a de perto quando estiver brincando. No entanto, não restrinja a criança no desenvolvimento das habilidades normais, como correr e escalar.

- Evite dar medicamentos contendo ácido acetilsalicílico para crianças com problemas de coagulação, uma vez que essa substância diminui a formação de coágulos.

Problemas de sangramento

> ### QUANDO CHAMAR O MÉDICO?
>
> sangramento anormal sempre precisa receber cuidados médicos imediatos.
>
> **Chame o pediatra o mais rápido possível se a criança:**
>
> - tiver sangue nas fezes ou na urina;
> - tiver inúmeras feridas sem motivo;
> - apresentar sangramento nasal recorrente e episódios de gengivas sangrentas;
> - tiver inchaço em uma articulação sem motivo aparente.
>
> **Ligue para o pediatra e vá a um pronto-socorro se a criança:**
>
> - vomitar sangue;
> - tiver um sangramento nasal grave que não dá mostras de parar, apesar dos primeiros socorros;
> - apresentar um corte ou arranhão que continua sangrando por muito mais de trinta minutos.

Sangramentos normais

Freqüentemente, existe uma explicação simples para a presença de sangue no vômito ou nas fezes. Por exemplo, as crianças podem vomitar depois de engolir sangue durante sangramento do nariz. O sangue deglutido pode atravessar o trato gastrintestinal tornando as fezes escuras e duras. A prisão de ventre pode resultar na passagem dessas fezes com listras de sangue vivo.

Além disso, determinados alimentos, como o alcaçuz, podem deixar as fezes escuras, como acontece também com alguns medicamentos. Naturalmente, alimentos vermelhos (beterraba, por exemplo) e alimentos com corantes artificiais (certos salgadinhos e refrigerantes) podem dar às fezes uma coloração vermelho-brilhante.

Quando devo suspeitar de sangramentos?

Anormalidades de sangramento podem se manifestar de uma das seguintes formas:

- inúmeras pequenas feridas púrpuras no tronco e nos membros;
- sangramentos nasais freqüentes e fortes;
- sangramento freqüente nas gengivas;
- sangramento demorado após ferimentos leves;
- fezes pretas, como alcatrão, e fezes com sangue vermelho visível;
- urina turva e avermelhada;
- vômito escuro, granuloso ou vômito com sangue visível;
- exames laboratoriais comprovando a existência de sangue nas fezes ou na urina. (Uma pequena quantidade de sangue é invisível, sendo necessários exames especializados para sua detecção.)

Enciclopédia do bebê e da criança

Prisão de ventre

A prisão de ventre, constipação ou obstipação diz respeito à passagem difícil, dolorosa ou esporádica de fezes que geralmente são duras e secas. Pode surgir cedo na vida e permanecer no adulto, se deixada sem tratamento, levando a diversas complicações médicas e psicológicas. Mas nem sempre esse distúrbio pode ser caracterizado facilmente, porque as evacuações normais variam de uma criança para outra. Algumas podem ter várias evacuações diárias e outras podem ter uma a cada dois ou três dias. Enquanto as fezes estiverem moles e forem eliminadas com facilidade ou apenas com esforço moderado, não há com que se preocupar.

O que causa a prisão de ventre?

Na infância, esse distúrbio intestinal está relacionado, na maioria dos casos, com a alimentação, como a mudança de leite materno para uma fórmula ou para leite integral de vaca. Alguns medicamentos, como os que contêm ferro, os diuréticos e os anticonvulsivantes, também podem causar obstipação.

Problemas emocionais, como ansiedade persistente ou depressão, podem levar à prisão de ventre. Às vezes, a retenção de fezes é a maneira pela qual uma criança pequena se rebela ou esboça a sua independência. Alguns pais podem provocar a doença por começarem muito cedo com o treino para uso do banheiro ou por fazerem uso de métodos coercivos que levam a criança a desenvolver uma aversão pela evacuação. Acontecimentos tensos, como o nascimento de um novo bebê ou a separação dos pais, também podem provocar uma constipação, principalmente se ocorrerem durante o treino para uso do banheiro.

Algumas crianças desenvolvem um medo absurdo do vaso sanitário. Podem fantasiar que são levadas pelo jato da descarga ou reagir de maneira negativa ao cheiro das fezes. Às vezes a prisão de ventre é familiar e de causa genética. Freqüentemente, não existe um fator isolado que seja responsável pela doença e sim uma associação de causas.

Em um pequeno número de ocorrências, a prisão de ventre é causada por uma anomalia congênita ou por transtornos diversos, como a doença de Hirschsprung, doença celíaca, problemas metabólicos, intoxicação por chumbo, paralisia cerebral e distrofia muscular. Pode, também, ser causada por doenças e infecções secundárias e por mudanças na alimentação que ocorreram durante as enfermidades.

Quando um recém-nascido não apresenta mecônio (as primeiras fezes eliminadas geralmente durante o primeiro dia de vida) e tem subseqüente dificuldade para evacuar, isso pode ser indício de uma enfermidade presente já no nascimento. Uma delas é a de Hirschsprung ou megacolo, que se caracteriza pela ausência, em um segmento intestinal, de células nervosas que controlam o movimento rítmico. Outras causas de ausência de mecônio podem ser o hipotireoidismo e a fibrose cística. É raro o mecônio não ser eliminado porque o bebê nasceu sem a abertura do ânus. Uma diminuição da abertura do ânus pode, ocasionalmente, ocorrer na primeira infância. Mais freqüente é o ânus apresentar fissuras ou hemorróidas, que causam dor

Prisão de ventre

durante a evacuação e levam a criança a reter as fezes. A constipação muitas vezes é o primeiro sinal de botulismo, doença grave causada pelos esporos da bactéria *Clostridium botulinum*, mais freqüente em crianças entre cinco e 12 semanas de idade.

A dor ao evacuar também pode ser devida a uma erupção cutânea provocada pelas fraldas, uma dermatite ou outras irritações da pele nas regiões genital e anal.

Quando devo suspeitar de prisão de ventre?

A constipação é mais comum em crianças com idades entre um e três anos, quando estão desenvolvendo o controle intestinal. Desconfie de prisão de ventre quando as evacuações forem raras e a criança demonstrar sofrimento ao evacuar. No entanto, às vezes, os pais confundem a constipação com a passagem normal das fezes, durante a qual o rosto da criança pode ficar vermelho e ela pode dobrar as pernas.

A criança pode tentar reter uma evacuação, durante o que ela parece concentrada, com as pernas excessivamente esticadas e com punhos cerrados, mas não evacua. Algumas crianças podem contrair as nádegas até que passe a vontade de evacuar. Quando finalmente evacuam, o ato é doloroso, o que reforça novamente seu desejo de reter as fezes, criando, assim, um círculo vicioso de retenção das fezes.

Sinais que indicam prisão de ventre abrangem:

- sangue nas fezes;
- esforço ao evacuar e fezes pequenas e duras;
- evacuações pouco freqüentes, com um ocasional grande volume de fezes, que enche o vaso sanitário;
- a má vontade da criança em permanecer mais do que um minuto no vaso.

Algumas crianças com prisão de ventre também molham a cama ou se queixam de dor de barriga. Se a prisão de ventre se tornar crônica, as fezes poderão formar uma rolha dura no reto, e fezes moles ou líquidas podem extravasar em torno da obstrução, sujando a roupa de baixo. Esse excedente pode, às vezes, ser tomado erroneamente por diarréia.

QUANDO CHAMAR O MÉDICO?

É importante detectar e tratar precocemente a constipação, antes que ela se torne crônica e leve a possível incontinência fecal durante os anos de escola.

Ligue para o médico se a criança:

- não eliminar mecônio nas primeiras 24 horas de vida;
- sofrer ao evacuar;
- apresentar sangue nas fezes;
- tiver fezes pequenas, duras e difíceis de serem eliminadas ou evacuações raras, em grande quantidade;
- manchar a roupa de baixo, depois de haver adquirido controle intestinal.

CUIDANDO DE UMA CRIANÇA COM PRISÃO DE VENTRE

- Aumente a quantidade de líquidos que a criança toma.

- Para o bebê, pergunte ao médico sobre um aumento de líquido ou de açúcar na fórmula da mamadeira.

- Para a criança maior, diminua o volume de leite ou de fórmula láctea e aumente a quantidade de frutas e verduras na alimentação dela.

- Aumente a quantidade de alimentos ricos em fibras na alimentação de uma criança abaixo de cinco anos. Boas fontes de fibras são frutas, verduras, legumes, pão integral e cereais, além de ameixas secas, tâmaras e pipoca.

- Diminua o consumo de açúcar e farinha refinados.

- Dê suco de ameixas e extrato de malte para melhorar, em poucos dias, o movimento peristáltico dos intestinos.

- Certifique-se de que a criança está fazendo exercício suficiente.

- Faça seu filho sentar-se no vaso sanitário duas vezes por dia, de preferência pela manhã e à noite, depois das refeições, até que elimine fezes ou durante dez minutos. Verifique se a criança está sentada de maneira cômoda e se pode apoiar os pés no chão ou em um suporte adequado.

- Use supositórios de glicerina e enemas (lavagens intestinais) somente como último recurso.

- Pergunte ao médico sobre o uso temporário de emolientes para as fezes, supositórios ou óleo mineral para evitar uma evacuação dolorosa no caso de a criança ter fissura anal, ou sobre outras providências para resolver o problema o mais rapidamente possível.

Tosse

A tosse é um ato protetor, uma ação reflexa para livrar as vias aéreas de obstrução ou de irritação. Por exemplo, engolir "pela via errada" sempre provoca um acesso de tosse para limpar a traquéia do alimento ou do líquido.

O que causa a tosse?

A maioria das tosses na infância é uma resposta temporária a resfriados, bronquites ou a outras infecções das vias aéreas superiores. Pneumonia, asma ou outros problemas pulmonares também podem provocar tosse. Às vezes, uma tosse crônica está associada a uma doença subjacente, como a asma alérgica.

Algumas doenças infecciosas são conhecidas pela tosse peculiar que provocam. Por exemplo, a tosse comprida (coqueluche ou pertussis) é uma doença altamente contagiosa que vem acompanhada por tosse forte com ruídos característicos. O crupe (difteria laríngea) produz ataques espasmódicos de tosse como latido rouco e respiração difícil. Alergias, dores e outras irritações na garganta também são causas freqüentes da tosse.

Quando devo suspeitar de tosse?

A tosse é óbvia; a proeza é identificar e, se for o caso, medicar, as causas subjacentes.

QUANDO CHAMAR O MÉDICO?

A maioria das tosses associadas a resfriados e a outras infecções das vias aéreas superiores some por si logo que a causa desaparece. No entanto, chame o médico se a tosse:

- for acompanhada por dor, febre alta, vômito, alguma erupção ou por outros sintomas de doença sistêmica;

- dificultar a respiração da criança, sobretudo se os lábios e os leitos das unhas apresentarem coloração azulada;

- eliminar catarro esverdeado ou com odor pútrido;

- vier acompanhada de sufocação;

- demorar mais de uma semana.

Você também deve procurar socorro imediato se a criança estiver ofegante, ficar roxa ou perder a consciência. Sempre chame a atenção do médico se uma criança não vacinada for exposta a tosse comprida ou a difteria. Não protele a busca de socorro se os sintomas sugerirem o desenvolvimento dessas doenças.

Enciclopédia do bebê e da criança

CUIDANDO DE UMA CRIANÇA COM TOSSE

Uma vez que a finalidade da tosse é limpar as vias aéreas, muitas vezes o melhor é deixar a natureza seguir seu curso, especialmente quando a tosse apresenta MUCO (catarro). No entanto, uma tosse seca, curta e repetida pode interferir no sono (tanto da criança como no seu) e pode ser controlada com supressores da tosse de receituário livre. (Verifique antes com seu pediatra e não use supressores de tosse nos casos em que há muco.) Outras formas de tratamento incluem os tópicos a seguir.

- Oferecer bastante líquidos para tornar o muco mais fluido e fácil de ser expectorado. Um expectorante também pode ajudar a fluidificar a secreção.

- Usar um vaporizador para manter o ar úmido. Muitas das tosses secas de inverno são causadas por irritação na garganta devido à respiração de ar excessivamente seco.

- Perguntar ao médico acerca da prescrição de um anti-histamínico para ajudar a controlar a tosse causada por alergias.

- Estimular a criança a respirar ar quente e úmido para vencer um ataque de crupe. Uma boa tática é levar a criança para um banheiro cheio de vapor, no qual esteja correndo água quente.

- Quando a tosse estiver associada a asma, fibrose cística ou outra doença específica, existem técnicas especiais para ajudar a melhorar os sintomas.

Choro

Todos os pais esperam por uma certa dose de choro de seus filhos. No entanto, poucos cursinhos para pais mencionam o fato de que o bebê normal, com seis semanas de idade, chora em média duas horas e meia por dia ou que boa parte do choro acontece por nenhuma razão aparente apesar dos esforços para acalmá-los.

Os pediatras ficam muito mais preocupados com crianças que raramente choram do que com as que choram muito. O choro normal de um recém-nascido geralmente consiste de um alvoroço ou gemido, que se desenvolve em choro pleno, rítmico, entrecortado por suspiros.

VERDADES SOBRE O CHORO

- Novas mamães (e, com menor freqüência, papais) conhecem seus bebês pelo som do seu choro.

- Crianças sadias choram com mais rapidez por dor do que crianças com danos cerebrais.

- Os bebês em geral choram mais à noite.

Pesquisadores de um modo geral não têm tido êxito em suas tentativas para identificar choros diferentes desencadeados por estímulos diversos (tais como fome). A única exceção é o assim chamado "choro de dor", que é repentino e agudo, começa com uma respiração penosa, seguida por um choro forte que dura aproximadamente dois segundos e vai diminuindo de altura, ou no início aumenta e depois cai.

O que causa choro excessivo?

Qualquer situação que cause desconforto pode ter como conseqüência o choro. Por exemplo, os bebês muitas vezes choram por fome e podem chorar quando precisam ser trocados. A causa mais freqüente de choro excessivo é a cólica, um sintoma mal definido de ataques de choro no final da tarde, que começa em torno do décimo dia de vida e termina em torno do terceiro mês. Febre baixa, dor de ouvido, infecção intestinal e a dentição também provocam choro. É importante lembrar que um bebê nervoso ou que se lamenta em altos brados raramente está com uma enfermidade grave. Apatia, sonolência incomum e uma expressão vaga em geral são sintomas muito mais graves.

É claro que existem exceções. Uma obstrução intestinal pode causar dor forte e choro que não pára, assim como um traumatismo, por exemplo, uma fratura.

QUANDO CHAMAR O MÉDICO?

Procure auxílio médico se o bebê:

- Repentinamente chorar mais do que o habitual.
- Tiver outros sintomas, como vômitos e febre.
- Chorar de um modo diferente — com som muito agudo e fraco, por exemplo.

CUIDANDO DE UM BEBÊ QUE CHORA

Aquietar um bebê ranzinza é um processo de tentativa e erro. Aquilo que funciona um dia pode falhar completamente no dia seguinte, fazendo todo o trabalho parecer inútil. Tendo em mente que os bebês às vezes choram, não importando o que você faça, aqui seguem algumas estratégias que podem ajudar.

- Ofereça o seio materno ou a mamadeira se o bebê não tiver mamado nas últimas duas horas.
- Troque a fralda do bebê, se necessário.
- Certifique-se de que o bebê não está sentindo frio nem calor demais.
- Cante para o bebê ou toque uma música calmante.
- Coloque o bebê num carregador e dê uma volta.
- Enrole o bebê de maneira aconchegante em um cobertor, com os braços ao lado do corpo.
- Embale o bebê.
- Coloque o bebê num balanço mecânico.
- Ofereça uma chupeta para o bebê.
- Leve o bebê para dar uma volta de carro (sempre utilize uma cadeirinha de segurança para bebês).
- Ligue o rádio, a lavadora ou um ventilador para proporcionar ruídos de fundo, o que alguns bebês consideram calmante.
- Deite o bebê no berço ou no cesto. Os bebês muitas vezes choram porque são muito estimulados e estão cansados; assim, deixá-los sozinhos às vezes é o melhor.

Enciclopédia do bebê e da criança

CHORO INCOMUM

A natureza do choro muitas vezes fornece pistas da causa. Por exemplo:

- Recém-nascidos com problemas neurológicos, como meningite e hidrocefalia, emitem choro típico, de duração mais longa ou mais curta do que o de bebês normais. O choro de bebês com lesão neurológica também tende a variar mais na altura, começando em nível moderado e depois se tornando mais agudo.

- Os bebês de mães que usam de opiáceos ou cocaína muitas vezes têm choro estridente, agudo, além de episódios de choro mais demorados. De maneira análoga, bebês com alcoolismo fetal muitas vezes choram mais do que bebês sadios.

- Os bebês desidratados muitas vezes têm um choro agudo e fraco.

Dor de ouvido

A dor de ouvido muitas vezes é o primeiro sintoma de uma infecção que atinge praticamente metade de todas as crianças, em algum momento, durante os primeiros seis anos de vida. A maioria das infecções de ouvido pode ser tratada facilmente pela administração de antibióticos, embora haja alguns casos que se tornam crônicos.

CUIDANDO DE UMA CRIANÇA COM DOR DE OUVIDO

- Aquecer a região com compressas, bolsas de água ou almofada térmica podem ajudar a aliviar a dor de ouvido. No entanto, as bolsas de água e as almofadas térmicas devem ser usadas com cuidado nas crianças, para evitar queimaduras. Enrole a bolsa de água ou a almofada em uma toalha e segure-a sobre a orelha. E não permita que a criança adormeça com a cabeça em uma almofada térmica.

- Ao viajar de avião ou subir em elevador, estimule a criança maior a bocejar e engolir, o que alivia a pressão no ouvido. A um bebê, amamentar, oferecer uma mamadeira ou uma chupeta pode ajudar.

- Certifique-se de que a criança esteja com um boné quente que cubra as orelhas quando sair em dia frio ou de vento.

- Evite cutucar o ouvido da criança. Não tente retirar um eventual excesso de cerume com cotonete ou com outro objeto. Em vez disso, amoleça-o com duas ou três gotas de óleo mineral durante alguns dias. Isso ajuda a eliminar o excesso de cerume do conduto auditivo.

- Depois do banho, de lavar a cabeça ou de nadar, ensine a criança a sacudir a cabeça de lado, para que a água saia do conduto auditivo. Depois seque, delicadamente, a água do conduto externo. (Um secador de cabelos regulado no frio também pode ser utilizado.) Se sua criança tiver tendência a ter otite externa (ouvido de nadador), peça a seu pediatra orientação sobre medidas preventivas.

- Quando um corpo estranho tiver sido removido do ouvido da criança, fique atento(a) a sinais de infecção.

Qual a causa da dor de ouvido?

A principal causa da dor de ouvido é a infecção, tanto bacteriana como virótica. Além das infecções, as causas de dor de ouvido podem ser:

- mudanças na pressão atmosférica durante um vôo ou mesmo ao subir de elevador;

- exposição ao frio ou vento;

- objeto estranho no ouvido (muitas vezes introduzido pela criança);

- excesso de cerume ou cera, a secreção natural do ouvido;

- uma pancada na cabeça ou vibração intensa;

- líquido no ouvido depois do banho, de lavar a cabeça ou de nadar resulta no chamado "ouvido de nadador", um tipo de infecção externa.

Quando devo suspeitar de dor de ouvido?

Uma criança com idade suficiente para falar em geral se queixa de dor no ouvido, embora algumas possam se queixar de dor de cabeça, crepitação ou zumbido no ouvido, ou, em vez disso, de pressão. Veja a seguir os sinais clássicos de dor de ouvido em bebês.

- Puxar ou esfregar a orelha, principalmente depois de resfriado recente, infecção dos seios nasais ou de outra infecção das vias aéreas superiores.
- Irritabilidade incomum.
- Possível febre, diarréia ou outros sinais de infecção.

Em crianças de todas as idades pode haver:

- Secreção sanguinolenta ou espessa e amarela.
- Gânglios linfáticos inchados atrás da orelha.

QUANDO CHAMAR O MÉDICO?

Dor ou outros sinais de infecção no ouvido devem sempre ser avaliados pelo médico.

Se o problema for de infecção no ouvido médio (*otite média*), será necessário tratamento antibiótico para evitar complicações, como a ruptura do tímpano ou infecção mais grave, como mastoidite. O médico deve ser avisado quando:

- houver, no ouvido, sangramento ou secreção diferente do cerume (cera);

- a criança se queixar de dor dentro ou atrás da orelha;

- houver uma perda de audição;

- existir corpo estranho no ouvido;

- a dor de ouvido acontecer após um traumatismo craniano;

- a dor de ouvido ou secreção aparecerem depois de nadar, indicando possível otite externa (ouvido de nadador).

Enciclopédia do bebê e da criança

Febre

A febre é um instrumento de defesa do organismo contra infecções. No entanto, é difícil para os pais encará-la como sinal positivo, porque as crianças, quando estão febris, sentem-se mal e irritadas. Além disso, febre alta pode levar a convulsões e ao risco de complicações graves.

O que causa febre?

Uma série de condições pode provocar a febre, porém as infecções são as mais comuns. Quando uma infecção aciona o sistema de defesa do organismo, os glóbulos brancos atacam as bactérias, vírus ou outros elementos estranhos. Em resposta, uma proteína chamada "pirogênio" é liberada e afeta a parte do cérebro que regula a temperatura, resultando em febre. A temperatura elevada ajuda a destruir os microorganismos responsáveis pela doença.

Quando devo suspeitar de febre?

A temperatura corporal média é de 37 ºC, mas as crianças geralmente têm uma temperatura um pouco mais alta, e os bebês, ainda mais alta. A temperatura corporal também oscila de acordo com a atividade e a hora do dia. Em todas as pessoas é mais alta — em torno de 37,8 ºC — no fim da tarde e à noite, e mais baixa — em torno de 36,4 ºC — entre a meia-noite e a madrugada. Para uma criança de cinco anos ou mais, a temperatura oral acima de 37,8 ºC acusa febre.

A temperatura retal padrão é de 37,8 ºC. Para uma criança com menos de cinco anos, uma temperatura retal acima de 38 ºC, ou axilar acima de 37,2 ºC, indica febre.

A criança com febre normalmente tem olhar turvo, está quente ao toque, irritada ou desatenta. No entanto, uma leitura precisa da temperatura, obtida por meio de um termômetro, é necessária para confirmar a febre.

Como tirar a temperatura de uma criança

Durante a enfermidade de uma criança, o melhor é verificar a temperatura várias vezes todos os dias; a medição de manhã, ao meio-dia e à noite em geral é suficiente, a menos que o estado da criança se modifique e seu médico aconselhe algo diferente.

A temperatura retal fornece uma leitura mais exata, sobretudo se a criança tiver menos de quatro ou cinco anos, embora a temperatura axilar seja uma alternativa válida. Em crianças mais velhas, pode-se medir a temperatura por via oral.

Axilar

1. Retire a roupa da parte superior do corpo da criança para assegurar-se de que nada ficará entre o termômetro e a pele.

2. Coloque a ponta do termômetro no fundo da axila seca.

3. Firme o cotovelo da criança contra o lado do corpo, cerrando a axila durante quatro a oito minutos.

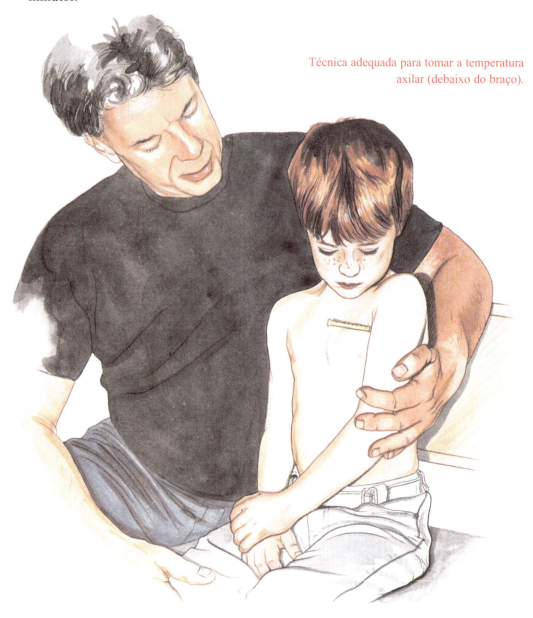

Técnica adequada para tomar a temperatura axilar (debaixo do braço).

Retal

1. Coloque a criança de bruços, de preferência em seu colo. Os quadris da criança devem pousar em você, mas as pernas devem estar dobradas e balançando, em ângulo aproximado de 90 graus. Se a criança estiver na cama, levante os quadris de leve, colocando um travesseiro pequeno por baixo.

2. Use vaselina para lubrificar a ponta do termômetro e abrir o ânus.

3. Com uma mão, separe as nádegas. Não force, mas introduza suavemente a extremidade do reservatório do termômetro aproximadamente 2,5 cm no ânus da criança.

4. Aperte as nádegas para manter o termômetro firme e evite que a criança se movimente.

5. Retire o termômetro depois de dois minutos.

6. Antes de fazer a leitura, use um pano para limpar o termômetro.

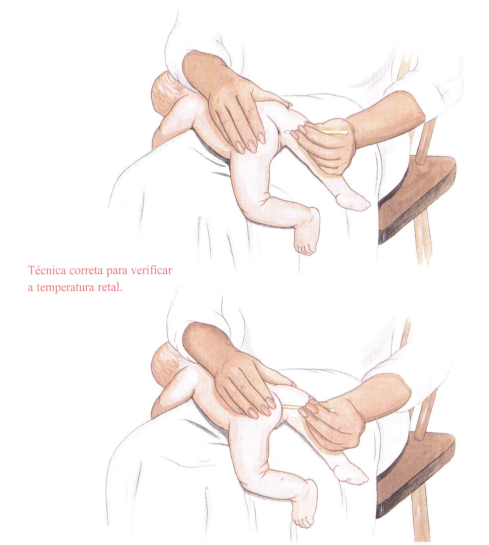

Técnica correta para verificar a temperatura retal.

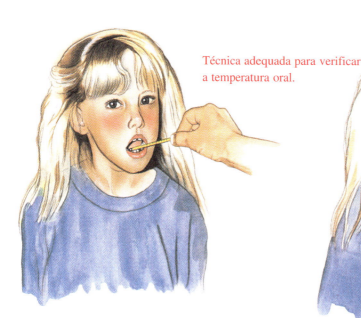

Técnica adequada para verificar a temperatura oral.

Oral

1. Antes de medir a temperatura por via oral, verifique se a criança não tomou uma bebida gelada ou quente. Se ela estiver com o nariz congestionado, tire a temperatura por via axilar.

2. Coloque a ponta do termômetro ao longo do dorso da língua.

3. Diga à criança para segurar o termômetro com os lábios e os dedos (não com os dentes), conservar a boca fechada e respirar pelo nariz.

4. Retire após três minutos.

No ouvido

1. Certifique-se de que é nova a bateria de nove volts do termômetro timpânico.

2. Suavemente, encoste o termômetro no conduto externo do ouvido.

3. Retire o termômetro timpânico assim que um ruído ou uma luz indicarem que a leitura está pronta.

QUANDO CHAMAR O MÉDICO?

Procure o médico quando:

- Uma criança com menos de quatro meses tiver febre. A situação é particularmente urgente se a criança tiver menos de dois meses.

- A temperatura estiver acima de 40 °C, principalmente se a criança tiver menos de dois anos.

- A criança parecer muito doente, estiver transtornada e inconsolável, chorar quando tocada ou movimentada, ou for difícil acordá-la.

- A criança tiver outros sintomas, inclusive rigidez de nuca (sinal precoce de meningite); uma erupção; dificuldade para respirar; convulsões; ardor ou dor para urinar; ou vômito e diarréia (que aumentam o risco de desidratação).

- A febre persistir por mais de três dias ou abrandar e voltar.

- A febre não tiver motivo evidente e durar mais do que 24 horas.

Enciclopédia do bebê e da criança

CUIDANDO DE UMA CRIANÇA COM FEBRE

- Dê um medicamento antipirético (geralmente acetaminofeno) conforme instruções de seu pediatra. Se você esquecer a dosagem adequada para a idade da criança, leia a bula.

- Mantenha a criança fresca e confortável, vestida com roupa folgada, ou nua e coberta com um lençol ou uma manta leve.

- Providencie muitos líquidos para evitar desidratação.

- Refresque o corpo da criança com um banho de esponja umedecida.

- Tente manter a criança calma e quieta.

Cuidados com o termômetro

Ao ler o termômetro, incline-o até encontrar o ponto final da coluna de mercúrio. A escala do termômetro deve ir até os 42 ºC, com cada grau subdividido em dez partes. Se a linha de mercúrio parar na sexta marca depois da linha dos 36 ºC, a temperatura será de 36,6 ºC. Esta é a temperatura normal do corpo. A temperatura axilar geralmente está um grau abaixo da temperatura retal.

Sempre lave e desinfete o termômetro depois de cada uso. Guarde-o em lugar fresco e seco. Se o termômetro quebrar quando em uso e você não conseguir encontrar todo o vidro, chame um médico. O mercúrio utilizado em termômetros não é tóxico, portanto um corte superficial é tudo com que você precisa se preocupar. Mas nunca deixe um bebê ou uma criança pequena a sós com um termômetro.

TIPOS DE TERMÔMETROS

Os médicos geralmente recomendam o uso de termômetros de vidro. O tipo para uso retal é um pouco mais anatômico, mas os termômetros para uso oral e retal podem ser ambos usados para os dois fins, uma vez que tenham sido esterilizados com álcool, e cuidado especial deve ser tomado com a inserção no reto do termômetro do tipo oral.

O termômetro digital em caixa plástica não é recomendado, a menos que seja de qualidade hospitalar. (Os modelos mais baratos nem sempre são exatos.) Leia e siga as instruções de uso.

Faixas para temperatura (faixas de cristal líquido) que são aplicadas na testa para verificar a febre não são consideradas fidedignas. Faixas orais, com pontos químicos, são exatas se permanecerem ao lado da língua durante sessenta segundos mais ou menos.

Recentemente, um novo tipo de termômetro que é inserido 2,5 cm no canal auditivo (algo parecido com o otoscópio do médico) apareceu no mercado. Esse termômetro, embora bastante caro, oferece uma leitura exata da temperatura em poucos segundos.

Febre

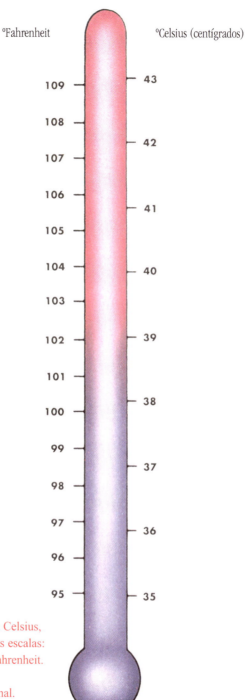

A maioria dos termômetros mede a temperatura na escala Celsius, embora alguns dêem ambas as escalas: em centígrados e em graus Fahrenheit. A leitura de 37 °C ou 98,6 °F é a temperatura corporal normal.

Enciclopédia do bebê e da criança

Deficiência de desenvolvimento

Crianças sadias nascem de todas as formas e de todos os tamanhos, com a hereditariedade exercendo o principal papel na determinação de sua altura: baixa, alta ou entre os dois. Além disso, todas as crianças crescem por estirões; assim, o crescimento de uma criança pode parecer estacionado por alguns meses e depois progredir rapidamente. Essa é a razão pela qual os médicos medem e pesam bebês e crianças a intervalos regulares e marcam os resultados em gráficos que mostram a média normal para cada idade.

O termo deficiência de desenvolvimento descreve uma síndrome na qual o crescimento e a evolução do bebê estão muito atrasados. Seu peso geralmente é inferior a 80% do considerado normal. Além disso, esses bebês são muitas vezes desatentos e irritadiços.

O que determinam os problemas de crescimento e a deficiência no desenvolvimento?

Algumas condições e circunstâncias que podem ser responsáveis por problemas de crescimento e deficiência do desenvolvimento incluem as relacionadas a seguir.

- Anomalias congênitas do coração.
- Doenças crônicas, principalmente infecção crônica, fibrose cística, doenças renais, síndrome da má absorção e outros distúrbios intestinais, anemia e câncer.
- Insuficiência do hormônio da tireóide.
- Distúrbio da hipófise ou tumor que determina excesso ou deficiência do hormônio do crescimento.
- Doenças hereditárias que determinam deficiência do crescimento ósseo.
- Desnutrição.
- Negligência e abuso da criança.
- Algumas formas de retardo mental.

QUANDO CHAMAR O MÉDICO?

Qualquer mudança contínua no padrão de crescimento da criança deve ser levada ao conhecimento de seu pediatra. Além disso, o médico deve ser chamado se a criança:

- não ganhar peso dentro de um ritmo normal ou mantiver uma perda de peso;
- parecer muito menor (ou maior) do que outras crianças da mesma idade;
- ainda não tiver os ossos do crânio consolidados no segundo aniversário;
- estiver sempre desatenta ou irritada, e sem interesse por alimento e pelo ambiente.

Quando devo suspeitar de problemas de crescimento ou de deficiência de desenvolvimento?

Qualquer mudança no padrão de crescimento habitual da criança sugere problemas. Por exemplo, se a criança passar do percentual de 95 ao de 20, o médico provavelmente pedirá um exame minucioso para verificar se existe alguma causa subjacente, ainda que a criança continue dentro do nível normal de altura e peso. É fator característico os problemas de crescimento se tornarem evidentes quando o arco da curva de crescimento controlada pelo pediatra cair no curso de várias mensurações.

Antes de definir que uma criança tem problemas de crescimento, é importante verificar se existe algum fator genético determinando estatura maior ou menor do que a média. Em alguns casos, os bebês que estão geneticamente predeterminados a serem adultos baixos partem de comprimento e peso próximos à média, mas caem para um percentual mais baixo, semelhante ao de seus pais, durante os primeiros dois anos de vida. Mesmo com esse percentual menor, continuam em crescimento contínuo e conservam um peso proporcional a sua altura. Igualmente importante é o fato de que seus ossos têm um índice de maturação proporcional à idade.

Já as crianças com deficiência de hormônio de crescimento (bastante rara) tendem a ser rechonchudas, porque conservam um peso relativamente normal enquanto diminui seu crescimento. Parecem mais novas do que são, em parte porque são pequenas e em parte porque seu aspecto de bebê se deve à falta de maturação óssea. Podem também ter cabelos finos e escassos, e suas unhas crescem lentamente. Como o hormônio do crescimento tem importante papel na manutenção adequada do nível de glicose no sangue, as crianças com produção insuficiente desse hormônio podem apresentar baixa taxa de glicose no sangue quando não comem durante muito tempo.

A deficiência no desenvolvimento muitas vezes já está presente por ocasião do nascimento, principalmente se o bebê for prematuro. As anomalias congênitas ou as doenças genéticas, como a fibrose cística, podem causar deficiência no desenvolvimento, que também é freqüente em bebês de mães que usaram álcool, cocaína e outras substâncias nocivas, durante a gestação. A deficiência de desenvolvimento se manifesta de maneira nítida especialmente em bebês que contraem o vírus da síndrome da imunodeficiência adquirida (HIV, o vírus que causa Aids) durante a gestação.

Enciclopédia do bebê e da criança

CUIDANDO DE UMA CRIANÇA COM DISTÚRBIO DE CRESCIMENTO

- Se a estatura baixa for algo presente em sua família, tente aceitar o fato de que a altura de seu filho é parte de sua constituição genética, não um distúrbio que precise de tratamento.

- Trate a criança que é pequena para a sua idade da mesma maneira como trataria a criança de estatura padrão. Aplique regras e normas de comportamento adequadas à idade.

- Faça de tudo para elevar a auto-estima da criança. Se uma criança quiser participar de atividades esportivas, por exemplo, tente orientar essas atividades para aquelas apropriadas à sua altura.

- Se o problema for causado por deficiência de hormônio do crescimento, siga o regime prescrito pelo médico. Lembre- se, no entanto, que o hormônio do crescimento não é indicado para crianças normais que são geneticamente baixas. (Veja, a seguir, "Terapia com hormônio do crescimento").

TERAPIA COM HORMÔNIO DO CRESCIMENTO

Os exames de sangue geralmente podem detectar uma deficiência no hormônio do crescimento, que é rara. Quando ocorre uma deficiência, ela pode ser o resultado de distúrbios ou traumatismos envolvendo a glândula hipófise. Em poucos casos, a deficiência no hormônio de crescimento pode não estar relacionada a alguma causa específica. Além disso, o problema do crescimento de algumas crianças parece apresentar apenas deficiência discreta do hormônio do crescimento, que pode ser demonstrado por determinados exames.

No passado, era difícil e muito caro encontrar o hormônio do crescimento. A tecnologia genética, agora, torna possível a produção de grandes quantidades desse hormônio, apesar de continuar caro. (O tratamento de uma criança de vinte quilos custa em torno de 10 mil dólares por ano.) A freqüência e a dosagem exatas variam de acordo com a idade e o peso da criança. Normalmente, o hormônio é administrado por injeções três a quatro vezes por semana, em média durante três anos. No primeiro ano de tratamento, a maioria das crianças cresce 6,5 a 10 centímetros, e nos anos seguintes, de 5 a 6,5 centímetros. Embora o hormônio do crescimento ajude a criança a manter uma estatura média, é provável que ela continue um pouco baixa.

Embora o hormônio do crescimento sintético seja seguro, seu emprego em crianças que não têm deficiência desse hormônio é discutível. Pesquisas indicam que algumas crianças baixas demais, com discreto distúrbio da função da hipófise, podem se beneficiar com o tratamento. Em crescente número de casos, no entanto, o hormônio do crescimento está sendo administrado a crianças sadias para ajudar a ganhar um pouco mais de peso — prática que a maioria dos médicos condena.

Deficiência de desenvolvimento

Dor de cabeça

As dores de cabeça são relativamente freqüentes em crianças, mas é raro representarem um problema médico grave, a menos que estejam acompanhadas por outros sintomas. Por exemplo, uma dor de cabeça forte acompanhada por rigidez de nuca e febre pode ser indício de meningite.

O que causa a dor de cabeça?

Nas crianças, muitas vezes esse distúrbio se deve a quedas ou outros acidentes com pancada na cabeça. No entanto, ainda mais freqüente são as dores de cabeça que não têm motivo aparente. Em alguns casos, entretanto, a natureza da dor de cabeça aponta para uma possível origem. As enxaquecas, por exemplo, freqüentemente afetam apenas um lado da cabeça e muitas vezes são precedidas por distúrbios visuais, como luzes cintilantes ou visão deformada. Podem ocorrer, também, vômitos e náuseas. As enxaquecas tendem a ser de incidência familiar; assim, um histórico familiar aumenta a possibilidade de a dor de cabeça da criança se enquadrar nesse grupo.

Embora as dores de cabeça tensionais serem mais comuns em adultos do que em crianças e adolescentes, elas acontecem em crianças, principalmente em períodos de estresse e cansaço. Essas dores de cabeça são caracterizadas por dor vaga que começa principalmente na nuca e se alastra para cima e para a testa.

Uma dor de cabeça muitas vezes indica o início da maioria das doenças próprias da infância, como catapora, sarampo e outras infecções virais. Febre alta, sinusite e adenóides edemaciadas e inflamadas também podem causar dor de cabeça. Outras possibilidades são: depressão, fome, cansaço e, raramente, tumores cerebrais.

QUANDO CHAMAR O MÉDICO?

As dores de cabeça recorrentes, bem como aquelas acompanhadas por outros sintomas, necessitam de investigação médica. Procure atendimento médico imediato se:

- houver vômito em jato, principalmente pela manhã — pode ser sinal de tumor cerebral, se persistir;
- a dor de cabeça for acompanhada por rigidez de nuca, um possível sinal de meningite;
- a dor de cabeça for consecutiva a uma queda ou a outro traumatismo e acompanhada por sangramento pelo nariz ou pelos ouvidos, torpor, estupor ou sinais de estado de choque;
- a dor de cabeça for acompanhada por vômito repentino em jato durante a recuperação de doença virótica — é um possível sinal da SÍNDROME DE REYE, doença rara que ocorre na infância, caracterizada por edema cerebral e degeneração gordurosa do fígado.

Quando devo suspeitar de dor de cabeça?

A criança com idade suficiente para falar geralmente se queixará de dor de cabeça. Em criança menores, possíveis sinais de dor de cabeça são choro ou irritabilidade e esfregar a cabeça. Os olhos semicerrados também podem ser um sinal de dor de cabeça.

CUIDANDO DE UMA CRIANÇA COM DOR DE CABEÇA

Os cuidados a seguir geralmente aliviam as dores de cabeça que não estão associadas a outras doenças.

- Faça a criança se deitar em quarto escuro, com um pano úmido e fresco na testa. Isso muitas vezes basta para vencer a enxaqueca ou a cefaléia por tensão.

- Dê uma dose infantil conveniente de analgésico. (Não deve ser dado ácido acetilsalicílico à criança com uma possível virose, pois suspeita-se de que esteja associada ao aumento de risco da síndrome de Reye.)

Irritabilidade

Antes que uma criança saiba falar, pode ser difícil para os pais distinguirem entre a irritabilidade causada por um problema médico e o alvoroço normal da criança. Em qualquer dos casos, o choro é o principal meio de comunicação e deve ser atendido.

O que causa a irritabilidade?

O choro excessivo pode ocorrer por duas razões: necessidade básica, como fome não atendida ou desconforto. Certifique-se de que o bebê não esteja molhado, com fome ou sede. Talvez esteja apenas cansado demais. Muitos acontecimentos diferentes interromperam a rotina diária? O bebê está quente ou frio demais, ou existe ruído ou odor desconhecido?

Uma vez formuladas essas perguntas, mude para as causas de mal-estar: raiva, desconforto ou dor. Por exemplo, uma criança que esteja puxando a orelha e gemendo pode estar com infecção no ouvido médio.

QUANDO CHAMAR O MÉDICO?

Um bebê ou criança pequena devem ser vistos pelo médico toda vez em que houver suspeita de doença. Não ache absurdo o único sintoma ser irritação, sobretudo se a criança normalmente é tranqüila. Uma pesquisa com 56 crianças levadas a um serviço de emergência por "choro agudo, inexplicável e excessivo" descobriu que quase todas, exceto dez, tinham um motivo médico para seu desconforto.

Um fato isolado de irritabilidade pode sinalizar uma doença. Acessos freqüentes de choro, com maior probabilidade indicam um problema crônico, como cólica, alergia, sensibilidade alimentar, um problema de pele, como brotoeja, ou uma doença grave. Os sentimentos da criança também devem ser levados em conta. A ansiedade de separação, que tende a aparecer em torno do oitavo mês, pode se manifestar por choro e irritabilidade complementares.

A presença de outros sintomas, como vômito ou febre, pode ajudar a localizar a causa da irritabilidade incomum. Pode ser parte da síndrome de Reye, doença grave que está associada ao uso de analgésicos contendo ácido acetilsalicílico pouco antes de uma virose, como gripe ou catapora. Como esse medicamento hoje em dia raramente é usado em crianças com febre, a síndrome de Reye praticamente desapareceu. Nos raros casos em que ocorre, começa por confusão e letargia, e prossegue até a mudanças de personalidade, quando pode aparecer a irritabilidade. Esse é o momento de chamar o médico, porque os sintomas rapidamente se agravam para mal súbito, fraqueza, paralisia de braço ou perna, visão dupla, danos da fala, perda da audição, cansaço e, finalmente, coma. O atendimento médico rápido pode salvar a vida da criança.

Quando devo suspeitar de irritabilidade anormal?

Um choro incomum, que persiste por mais de duas horas, geralmente é sinal de que algo está errado.

CUIDANDO DE UMA CRIANÇA IRRITADA

Você pode determinar a causa da irritabilidade por empatia, buscando entender o que está acontecendo no mundo de seu bebê. Pode ser útil manter um registro dietético dos bebês. Por exemplo, aqueles que são amamentados ao seio podem ter distúrbios intestinais quando suas mães ingerem alimentos condimentados. Lembre-se, também, de que até um recém-nascido é capaz de sentir a tensão de um adulto e reagir com choro.

Enciclopédia do bebê e da criança

Prurido

Qualquer um que tenha tido um ataque grave por contato com erva venenosa ou por um monte de picadas de mosquito sabe como pode ser incômodo sentir uma coceira persistente. O mecanismo exato do prurido é desconhecido, mas a sensação parece ocorrer quando determinados estímulos químicos alcançam fibras nervosas logo abaixo da camada externa da pele. As mensagens de coceira são levadas até o cérebro pelas mesmas vias que carregam mensagens de dor, o que, segundo alguns especialistas, explica por que coçar alivia um prurido: a suave dor causada ao se coçar substitui o prurido. É lógico que o alívio é apenas temporário, e coçar sem parar pode piorar o prurido.

O que causa o prurido?

O prurido tem uma longa lista de causas. A maioria está relacionada a seguir.

- Eczema (dermatite atópica).
- Pele seca.
- Reações alérgicas. Estas incluem reações a substâncias tóxicas, como a erva venenosa que entra em contato com a pele, e reações alérgicas a substâncias ingeridas, tais como medicamentos e determinados alimentos.
- Dermatite de contato, que se manifesta por qualquer erupção causada pela exposição a uma substância irritante. Assadura por fralda é uma forma de dermatite de contato por reação a fezes e urina.
- Mordidas de insetos.
- Erupções pelo calor e formas leves de queimaduras de sol.
- Infecções da pele por fungos (como bicho-de-pé e pé-de-atleta).
- Parasitas, como piolhos de cabeça e do corpo, sarna e oxiúros (parasitas intestinais que podem causar prurido intenso).
- Doenças de pele como psoríase.
- Doenças infecciosas, principalmente catapora.
- Hepatite (inflamação do fígado), que às vezes produz urticária e prurido, até mesmo antes do aparecimento da icterícia (coloração amarela da pele), característica dessa doença.
- Doenças sistêmicas, inclusive tumores malignos, linfoma e leucemia, problemas renais, distúrbios da tireóide e diabetes são causas incomuns de prurido na infância.

QUANDO CHAMAR O MÉDICO?

Procure ajuda médica se, ao se coçar, a criança estiver ferindo a pele, o que leva ao risco de infecção. Também chame o médico por prurido persistente acompanhado de febre, erupção ou outros sintomas. Verifique se a criança esteve exposta recentemente a alguma substância potencialmente irritante, a algum alimento ou medicamento novo, ou a outra criança com alguma erupção.

Prurido

Quando devo suspeitar de prurido?

A coceira é um dos sintomas mais fáceis de serem detectados na criança acima dos três meses de idade, momento em que os bebês têm a coordenação necessária para se coçar. As crianças esfregam, arranham e batem nas áreas pruriginosas até estas ficarem em carne viva e sangrarem. Em muitos casos, sentem a coceira e começam a coçar antes que a erupção seja visível. Em caso de eczema, por exemplo, é típico a erupção aparecer depois que a criança arranha a pele seca, que está coçando.

CUIDANDO DE UMA CRIANÇA COM COCEIRA

A menos que a criança esteja com um eczema grave ou com um ataque por erva venenosa, ou uma infestação, como sarna ou piolhos de cabeça (que requerem tratamento específico), a cura de uma coceira geralmente começa por remédios caseiros. O objetivo é quebrar o ciclo coça-arranha-coça. As estratégias incluem:

- Aplicar compressas frias e cremes para secar erupções descamantes e usar loção de calamina e banhos com farinha de aveia coloidal (encontrada em farmácias de manipulação) para acalmar as erupções úmidas e pruriginosas causadas pela catapora.

- Manter as unhas da criança curtas e lisas.

- Vestir roupa de proteção na criança, tornando o coçar mais difícil.

- Aplicar uma loção ou creme suave, sem perfume, na pele da criança, após o banho.

- Usar compressas frias para aliviar a coceira e remover escamas e crostas da pele.

- No inverno, usar um vaporizador para evitar que o ar fique excessivamente seco.

- No verão, manter sedosas e secas com talco as dobras de pele debaixo dos braços e das pernas rechonchudas do bebê.

- Evitar banhos de espuma, sabonetes perfumados e substâncias potencialmente irritantes.

- Introduzir um alimento novo por vez, o que torna mais fácil identificar aquele que provoca prurido ou outros sintomas de alergia alimentar.

Em casos graves, o médico pode prescrever um anti-histamínico ou pomada de corticóide (às vezes ambos). Como alguns desses medicamentos são de receituário livre, é aconselhável pedir ao pediatra que recomende um que seja seguro e eficiente para crianças. Cremes de corticóides não devem ser usados sem supervisão médica. Aliás, os pais devem evitar dar para as crianças qualquer medicamento vendido sem receita.

Enciclopédia do bebê e da criança

Erupções

A manifestação típica de uma erupção é pele vermelha, inflamada e muitas vezes com coceira. É importante que os pais distingam os diferentes tipos de erupção — alguns começam de forma benigna, calma, enquanto outros necessitam de tratamento médico imediato. Uma simples assadura de fralda, por exemplo, pode ser tratada em casa. No entanto, uma erupção acompanhada de febre, gânglios linfáticos inchados e outros sintomas pode indicar a presença de uma doença subjacente mais séria.

O que determinam as erupções?

As erupções ocorrem por muitas razões. Por exemplo, acompanham doenças próprias da infância, como sarampo, catapora e escarlatina. Outras causas comuns estão relacionadas a seguir.

REAÇÕES ALÉRGICAS. As erupções aparecem com maior freqüência em crianças com história familiar de pele sensível e alergias. Se você suspeitar de uma reação alérgica, tente identificar e remover o alérgeno do ambiente da criança. Se não conseguir identificar o alérgeno, talvez seja necessário que seu pediatra ou um dermatologista faça uma série de testes diagnósticos.

CALOR, ESCORIAÇÕES, EXPOSIÇÃO AO SOL E TENSÃO PSÍQUICA. A pele sensível das crianças é particularmente vulnerável a essas circunstâncias.

REAÇÕES A DROGAS. Muitos medicamentos, principalmente os antibióticos, causam reações alérgicas que produzem erupções e possivelmente outros sintomas. As alergias medicamentosas sempre devem ser comunicadas ao médico.

ECZEMA. Crianças com eczema geralmente estão predispostas a ter reações intensas na pele, causando erupções com coceiras freqüentes, que podem vir acompanhadas por bolhas com exsudato ou espessas placas descamantes. Em crianças de quatro ou mais anos, as erupções da pele tendem a ser mais descamantes do que bolhosas.

DERMATITE DE CONTATO. Esse problema é um tipo de eczema, provocado pelo contato direto com um alérgeno ou substância irritante. Assadura por fraldas é um exemplo comum de dermatite de contato.

INFECÇÕES DA PELE. Isso muitas vezes acontece pelo coçar de pele seca e sensível. Impetigo, uma infecção bacteriana da pele altamente contagiosa, caracterizada por bolhas e feridas vermelhas exsudativas, muitas vezes resulta de problema cutâneo preexistente, como assadura por fralda. A tinha ou porrigem (*tinea corporis*) também é uma erupção contagiosa da pele, causada por um fungo, e apresenta lesões arredondadas, vermelhas, com crostas. A sarna também é altamente contagiosa, provocada por ácaros que se fincam na pele, causando uma erupção vermelha, pruriginosa.

ASSADURAS. A erupção aparece nas dobras da pele, principalmente nos braços, joelhos, pescoço, região da fralda e axilas. A umidade e o calor que se juntam nessas dobras produzem uma erupção vermelha com exsudato.

PITIRÍASE RÓSEA E ECZEMA NUMULAR. São problemas freqüentemente confundidos com tinha, porque ambos são arredondados, vermelhos, descamantes. No entanto, ao contrário da tinha, não são contagiosos.

DOENÇAS SISTÊMICAS. Além das doenças próprias da infância, como a catapora, diversos tipos de sarampo e a escarlatina, as erupções acompanham outras doenças não contagiosas. É o caso da doença de Lyme, da febre reumática e da artrite reumatóide juvenil. Essas doenças sistêmicas geralmente têm outros sintomas, como febre, gânglios linfáticos inchados, dor nas articulações etc., além das erupções.

IRRITANTES AMBIENTAIS. Calor, sol e poluentes químicos estão entre os vários fatores ambientais que causam erupções na infância. A brotoeja, ou miliária, é causada por excesso de calor. Se os condutos das glândulas sudoríparas estiverem obstruídos, a transpiração não poderá ser eliminada. Pode acontecer em qualquer época do ano, e é particularmente freqüente no pescoço e no tronco. As dermatites nas mãos e nos pés podem ocorrer como resultado da exposição a substâncias adstringentes e a condições ambientais. A dermatite de inverno é uma inflamação pruriginosa, descamante, que ocorre durante o inverno, quando o ar está seco, com pouca umidade.

QUANDO CHAMAR O MÉDICO?

Procure auxílio médico se:

- a erupção estiver acompanhada de febre ou gânglios linfáticos inchados;

- a criança demonstrar desconforto por coceira ou dor;

- a erupção que a criança apresentar for grave e não responder a tratamento caseiro;

- existirem sinais de infecção, como bolhas com exsudato, crostas amarelas, vermelhidão incomum ou dor;

- a erupção se expandir ou nova erupção aparecer.

Enciclopédia do bebê e da criança

Quando devo suspeitar de uma erupção?

A maioria das erupções é evidente por si.

CUIDANDO DE UMA ERUPÇÃO INFANTIL

O tratamento varia de acordo com a causa da erupção. Catapora, sarampo e muitas outras erupções são autolimitantes e somem quando a causa subjacente desaparece. Se a erupção for causada por uma doença sistêmica grave, a causa precisa ser identificada e tratada. Se a erupção for o problema principal, as tentativas de tratamento podem incluir os procedimentos a seguir.

- **Pomadas medicamentosas, loções ou cremes:** essas pomadas muitas vezes contêm uma pequena quantidade de cortisona, e devem ser usadas sob supervisão médica. Além do mais, o pediatra pode prescrever um anti histamínico para ajudar a controlar a coceira. Loções ou cremes não-medicamentosos muitas vezes bastam para acalmar uma pele irritada.

- **Outros medicamentos:** antibióticos são prescritos para tratar de infecções da pele e os antimicóticos são usados para tratar da tinha ou de outras micoses. Já os piolhos e a sarna são tratados com medicamentos específicos.

- **Compressas mornas:** podem ser aplicadas em áreas feridas ou pruriginosas.

- **Testes de alergia:** determina o agente que pode estar provocando a erupção (o alérgeno), para afastá-lo da criança ou para dessensibilizá-la ao(s) alérgeno(s) com uma vacina.

Além disso, muitas erupções podem ser evitadas por meio das seguintes táticas:

- utilizar sabonetes suaves, hidratantes e produtos hipoalergênicos;

- evitar produtos irritantes, como roupas de lã e estofados ásperos — em seu lugar, usar roupa de algodão, que deve ser lavada com sabão suave sem alvejantes ou amaciantes;

- utilizar um vaporizador para manter o ar úmido;

- manter as unhas da criança cortadas para diminuir a possibilidade de arranhões.

Erupções

Dor de garganta

A dor de garganta, ou faringite, é uma das causas que mais levam os pais ao consultório do pediatra. Embora muitas vezes seja conhecida apenas como sinônimo para as doenças faringite estreptocócica e amidalite, na verdade a dor de garganta pode ser sintoma de um grande número de transtornos subjacentes.

O que causa a dor de garganta?

QUANDO CHAMAR O MÉDICO?

A dor de garganta geralmente acompanha resfriados de inverno, e nesses casos não é motivo para maior preocupação. No entanto, o médico deve ser consultado se:

- a criança tiver dor de garganta em outras ocasiões durante o ano e não apresentar sintomas de resfriado;

- a dor de garganta persistir ou for extremamente dolorosa;

- houver outros sintomas, como erupção, febre alta, dificuldade para respirar ou para deglutir, dor de cabeça, dor de estômago ou cansaço.

Para determinar a causa da dor de garganta de uma criança, o pediatra talvez tenha de fazer uma cultura. Para isso deve tocar a parte de trás da garganta e as amídalas com um dispositivo cuja ponta, envolvida por algodão, depois é esfregada sobre uma placa de cultura e examinada 24 horas mais tarde para verificar a presença de bactérias. Se forem encontrados estreptococos, serão prescritos antibióticos por no mínimo dez dias.

Em crianças de três a cinco anos, a dor de garganta freqüentemente é causada pelos vírus de resfriados e gripes. Esse tipo de dor de garganta pode estar acompanhado de febre alta, dificuldade para deglutir e mal-estar físico.

A faringite estreptocócica é causada por uma bactéria chamada "estreptococo". As amidalites ocorrem quando as amídalas se edemaciam (incham) e toda a garganta pode se apresentar vermelha e ferida. A mononucleose infecciosa, virose mais comum em crianças maiores e em adolescentes, também pode causar dor de garganta e amidalite.

Em casos raros, a dor de garganta pode ser sintoma de *epiglotite*, infecção que põe em risco a vida, e que pode acontecer com crianças entre os dois e os seis anos. A epiglote, uma saliência no fundo da garganta, inflama-se e incha. Um tratamento de urgência se impõe para evitar que o edema obstrua as vias aéreas, causando sufocação.

Enciclopédia do bebê e da criança

Quando devo suspeitar de dor de garganta?

Um bebê que está irritado e reluta em mamar ou tomar a mamadeira bem pode estar com dor de garganta, principalmente se estiver resfriado. Podem coexistir rouquidão, febre discreta e gânglios inchados na nuca.

CUIDANDO DE UMA CRIANÇA COM DOR DE GARGANTA

Uma inflação discreta, que acompanha um resfriado, geralmente não deve preocupar os pais. Mas o vírus *Coxsackie* pode causar bolhas na garganta da criança e não existe tratamento específico para esse tipo de virose além de repouso e mais líquidos, para acelerar a recuperação. Tratamentos para outros tipos de faringite incluem:

- Antibióticos para tratar a faringite estreptocócica e outras infecções bacterianas. É importante que a criança tome a série completa de antibióticos para erradicar totalmente as bactérias. Os antibióticos também são necessários para tratar de amidalite bacteriana e de epiglotite;

- Se houver suspeita de epiglotite, será necessária hospitalização imediata. Um otorrinolaringologista (especialista em nariz, ouvidos e garganta) pode ser chamado para ser consultado junto com seu médico. No caso raro, porém muito grave, de epiglotite, um tubo poderá ser inserido na traquéia da criança para manter as vias aéreas desobstruídas. Antibióticos também serão administrados.

Dor de garganta

Gânglios inchados

A expressão "gânglios inchados" se refere aos nódulos de tecido que transportam a *linfa* para o corpo por uma rede de canais exclusivos. A linfa é um líquido formado por glóbulos brancos, gorduras e proteínas. Numerosos glóbulos brancos de defesa se agrupam nos gânglios linfáticos, filtrando da linfa possíveis agentes nocivos. Quando acontecem infecções, essas células se multiplicam rapidamente, o que leva esses gânglios a um aumento de volume.

Qual a causa dos gânglios inchados?

Todas as doenças comuns da infância podem, também, provocar gânglios aumentados. Varicela, faringite estreptocócica, sarampo e infecções do ouvido muitas vezes provocam o inchaço de gânglios na nuca. Esse inchaço às vezes também ocorre depois da administração da vacina contra difteria-tétano-pertussis (DTP), sobretudo se a injeção tiver sido aplicada na parte superior do braço.

Febre por arranhaduras de gato pode ocasionar gânglios inchados nas axilas; os nódulos na virilha aumentam como resultado de quaisquer infecções que atinjam as nádegas, a genitália, as pernas ou os pés. Mesmo uma assadura de fralda ou uma mordida de inseto pode levar os gânglios a incharem. A mononucleose e a doença de Lyme causam aumento difuso dos nódulos linfáticos.

Enquanto a grande maioria dos nódulos aumentados é causada por infecções, em raros casos seu aumento é sinal de leucemia, linfoma ou outro tipo de câncer. Um nódulo duro, imóvel e indolor, particularmente na região bem abaixo da clavícula, pode sugerir a presença de câncer. Nódulos grosseiros e achatados podem ocorrer no linfoma e na leucemia.

Outras causas raras de gânglios linfáticos aumentados incluem a tuberculose, infecção por HIV (o vírus que causa Aids), artrite reumatóide juvenil e doença da tireóide (hipertireoidismo).

QUANDO CHAMAR O MÉDICO?

Se seu filho teve uma irritação da pele, resfriado, faringite ou outra doença leve, não há necessidade de chamar o médico por causa de alguns gânglios linfáticos inchados, a menos que a doença subjacente precise de cuidados. Para estar seguro(a), no entanto, verifique os gânglios a cada poucos dias; se continuar a senti-los depois de mais ou menos uma semana, consulte seu pediatra.

Provavelmente será interessante consultar o médico se você encontrar nódulos inchados em outras partes do corpo da criança e não conseguir identificar a possível causa em uma doença recente. Também consulte o médico se outros sintomas estiverem presentes, como febre, dores e fraqueza. Se houver suspeita de doença grave, como câncer, o médico pedirá exames de sangue e outros exames diagnósticos. Se os gânglios estiverem vermelhos e moles, ele poderá inserir uma agulha e drenar um pouco do líquido para verificar se contêm microorganismos. Em alguns casos, é necessária uma biópsia do gânglio, bem como pedidos de exames diagnósticos por técnicas sofisticadas, como ultra-som e tomografia computadorizada.

Enciclopédia do bebê e da criança

Quando devo suspeitar de gânglios inchados?

Sempre que a criança estiver doente, alguns gânglios poderão inchar. Os gânglios linfáticos que você pode sentir mais facilmente estão localizados ao longo da nuca, atrás das orelhas, na axila e na virilha. Nódulos linfáticos ao longo da parte inferior do maxilar, debaixo do queixo e na frente da orelha podem também ser suficientemente grandes para serem apalpados, assim como podem ser sentidos aqueles que ficam logo abaixo da clavícula (se bem que essa última cadeia tem menos probabilidade de inchar por infecções comuns).

O inchaço dos gânglios linfáticos pode ocorrer em diversas regiões do corpo ao mesmo tempo ou pode se restringir a determinada área. Um nódulo isolado inchado (ou um grupo deles na mesma área) geralmente indica alguma forma de infecção ou irritação em área próxima. Assim, infecções, piolhos e mordidas de carrapatos na cabeça podem levar a aumento dos gânglios da nuca, enquanto um abscesso dentário aumenta os gânglios próximos do queixo. Infecções por bactérias podem tornar os gânglios próximos à região infectada vermelhos e amolecidos, além de aumentados.

CUIDANDO DE UMA CRIANÇA COM GÂNGLIOS AUMENTADOS

A maioria dos casos de gânglios inchados não requer tratamento especializado. Se a causa for uma infecção por bactérias ou fungos, o pediatra prescreverá antibióticos adequados ou fungicidas. Os nódulos linfáticos que permanecerem inchados e dolorosos podem necessitar de drenagem por punção, tanto para aliviar os sintomas como para descobrir a causa do inchaço. Senão, será necessário apenas tratamento da causa.

Gânglios inchados

Vômito

Vômitos são freqüentes em bebês e durante a primeira infância, ou seja, até os três anos. Normalmente associados a uma doença ou anomalia orgânica, são caracterizados pelo lançamento violento do conteúdo gástrico. Os vômitos graves causam tensão no estômago e esôfago e podem provocar sangramento interno. Se o vômito for aspirado para os pulmões, o organismo da criança pode desenvolver uma pneumonia. Vômitos sucessivos levam à desidratação, ao choque, à interrupção do metabolismo e ao retardo do crescimento.

É importante distinguir entre vômito e regurgitação ou golfada, que acontecem com freqüência durante a infância. A golfada é o resultado do livre fluxo do conteúdo gástrico por excesso de ingestão ou por mamar depressa demais, e não é motivo para se alarmar.

QUANDO CHAMAR O MÉDICO?

Um episódio isolado de vômito geralmente não precisa de ajuda profissional. Chame seu pediatra, no entanto, se o vômito vier acompanhado por:

- dor abdominal intensa (cólica);
- febre;
- diarréia;
- sonolência;
- sangue ou bílis no vômito.

Também chame o médico se o vômito ocorrer em criança de menos de seis meses, ou com freqüência ou várias vezes durante 24 horas.

O que causa o vômito?

Em recém-nascidos, um vômito persistente pode ser causado por infecção ou anomalia congênita, como um problema metabólico congênito. Entre a segunda e nona semanas de vida, causa grave de vômito persistente é a estenose do piloro, um estreitamento da passagem entre o estômago e o intestino delgado. Em contraste, a golfada em geral se deve a excesso de alimentação, preparo inadequado de fórmula, deglutição excessiva de ar ou manejo inadequado depois das mamadas. A tosse ou restrição prolongada de movimentos também pode induzir o vômito em bebês ou crianças.

O vômito é um sintoma comum em doenças infecciosas, gripe, pneumonia, infecções do trato urinário e meningite; distúrbios do sistema nervoso central, tais como tumores ou inflamação; traumatismos; úlceras pépticas; intoxicação alimentar; e muitas outras situações.

Algumas crianças desenvolvem um padrão cíclico de vômitos por dor abdominal. De modo geral, a criança está bem entre os episódios, mas vomita e tem ânsia durante um ataque. Esses vômitos cíclicos podem aparecer durante uma série de distúrbios, inclusive durante enxaquecas e na epilepsia.

Enciclopédia do bebê e da criança

O vômito persistente sem causa orgânica aparente pode indicar estresse ou problema emocional. Ocasionalmente, pode ser provocado por problemas de visão, por odores ou ruídos. Em crianças mais velhas e em adolescentes, o vômito pode ser resultado de distúrbios alimentares, como anorexia e bulimia. Muitos medicamentos também podem causar vômitos, mesmo antibióticos comuns e analgésicos.

CUIDANDO DE UMA CRIANÇA COM VÔMITOS

Vômitos freqüentes levam à desidratação, principalmente quando são acompanhados por febre. Por isso, é importante repor os líquidos perdidos. Dê à criança soro fisiológico ou soro caseiro, em porções bem pequenas, cerca de 15 ou 30 gramas, de hora em hora. Geralmente a criança que vomita tolera pequenas quantidades melhor do que grandes. Vá aos poucos aumentando a quantidade de líquidos até hidratar.

■ A criança tolera melhor os líquidos gelados ou muito frios. Você pode dar picolés, pedaços de gelo, bebidas leves sem sabor e sem gás, chás ou gelatina. Bebidas com gás podem provocar novos vômitos.

■ Evite alimentos gordurosos, porque demoram mais para serem digeridos do que outros alimentos.

■ Quando os vômitos diminuírem, aos poucos aumente a quantidade de comida e os intervalos entre sua ingestão.

■ NÃO use medicação contra enjôo em bebês e crianças pequenas; os efeitos colaterais graves desses medicamentos são potencializados pela desidratação.

* * * * * *

Vômito